走进我的大学

——共青科技职业学院

主　审：胡忠阳　涂华斌

主　编：王　刚　孔藤桥　孟凡皓

副主编：曹菊琴　杨其龙　党彩云

参　编：李　泽　周秦龙　张梅娟　王胜男　王冬琴

北京理工大学出版社
BEIJING INSTITUTE OF TECHNOLOGY PRESS

图书在版编目（CIP）数据

走进我的大学：共青科技职业学院/王刚，孔藤桥，孟凡皓主编．—北京：北京理工大学出版社，2020.6（2022.8重印）

ISBN 978-7-5682-8439-4

Ⅰ.①走…　Ⅱ.①王…②孔…③孟…　Ⅲ.①大学生-入学教育-高等职业教育-教材　Ⅳ.①G645.5

中国版本图书馆CIP数据核字（2020）第078668号

出版发行／北京理工大学出版社有限责任公司
社　　址／北京市海淀区中关村南大街5号
邮　　编／100081
电　　话／（010）68914775（总编室）
　　　　　（010）82562903（教材售后服务热线）
　　　　　（010）68948351（其他图书服务热线）
网　　址／http：//www.bitpress.com.cn
经　　销／全国各地新华书店
印　　刷／唐山富达印务有限公司
开　　本／787毫米×1092毫米　1/16
印　　张／17
字　　数／362千字
版　　次／2020年6月第1版　2022年8月第2次印刷
定　　价／48.00元

责任编辑／徐艳君
文案编辑／徐艳君
责任校对／周瑞红
责任印制／施胜娟

前言

欢迎您来到神奇而又美丽的大学——共青科技职业学院。

教育兴则国家兴，教育强则国家强。高等教育是一个国家发展水平和发展潜力的重要标志。习近平指出，我国高等教育办学规模和年毕业人数已居世界首位，但规模扩张并不意味着质量和效益增长，走内涵式发展道路是我国高等教育发展的必由之路，并着重谈了学校培养什么样的人、怎样培养人。新时代的大学肩负着高等教育多样化、普及化，为国家现代化建设培养高素质技术技能型人才的重任，应通过实施创新创业教育、新工科建设、产学研合作办学等，优化专业结构，创新人才培养模式，形成自身的专业特色、区域特色、行业特色，实现高等教育内涵式发展。十九大作出中国特色社会主义进入新时代、我国社会主要矛盾转化等重大政治论断，确立了新时代需要的新思想，提出了新时代建设的新方略、新目标和新部署，还明确指出了青年一代所肩负的历史使命，对青年寄予厚望。而大学教育应推进思政工作创新发展，引领青年担当时代使命。努力建设“双高”院校，参照经验打造技术技能人才培养高地和技术技能创新服务平台，支撑国家重点产业、区域支柱产业发展，并自觉地把弘扬中国精神、传承中华文化、体现中国立场作为重要的历史使命，办成中国特色的高水平高等职业院校，切实增强学生的社会责任感、创新精神和实践能力。鉴于此，我们组织编写了《走进我们的大学——共青科技职业学院》一书。

本书的编写是为了更好地、全方位地服务我校学生，使学生进入学校后，对大学有基本的了解，知道自己在大学里要做什么，如何学习、如何生活、如何理财以及如何规划自己的职业生涯，为广大学生指明前进的方向和奋斗的目标，使我校教育、教学和管理工作更加规范化、制度化，维护好学校教育教学秩序和生活秩序，促进大学生德、智、体、美的全面发展。本书主要包括印象篇、学习篇、生活篇、择业篇、制度规范篇等内容。书中的相关规章制度和管理制度是学校实施管理的依据，是在校大学生必须遵守的原则，也是学校开展各项工作的出发点。按照规章制度开展教学工作，必将推进学校管理制度化、规范化建设，确保教学质量的提高。希望同学们在校期间认真学习，严于律己，自觉接受校纪校规的约束，珍惜和利用大学时期的宝贵时光，使自己在观念更新、知识积累、综合素质提高等方面有一个质的飞跃。

良好的教育教学秩序和生活秩序的维护，良好的校风和学风的形成，需要大家的共同努力，我们只有心往一处想，劲往一处使，才能使我校越办越好！通过大家才华的施展，我们的学校才能被社会认可，也才能得到社会丰厚的回报！

同学们，明天的收获，是因为有今天的辛勤！让我们携起手来，共创美好明天！

想今朝，大鹏展翅恨天低！待来年，扶摇百尺冲九天！

心的激荡，血的共鸣，让我们共奏青春的旋律！

编　者

2019 年 11 月

简介

共青科技职业学院简介

共青科技职业学院是经江西省人民政府批准、国家教育部备案的全日制普通高等院校，学校是在原南昌理工学院共青校区基础上设置的，是全省唯一一所经国家交通部海事局批准的具备“海船船员培训资质”的高等院校。学校坐落在闻名遐迩的共青城市，这里地处赣江北部、鄱阳湖之滨，南连南昌，北接九江，是昌九一体化的重要支点，为学校发展提供了优越的地理环境。学校秉承“励志、博学、厚德、创新”的校训，继承“坚韧不拔、艰苦创业、崇尚科学、开拓奋进”的共青精神，坚持“以教学质量求生存，靠科研创新促发展”，着力培养经济社会所需要的高素质、应用型、技能型人才。

学校坚持走产、学、研、用相结合的道路，现建有133个校内实验、实训室，其中有省财政投资664万元兴建的电气自动化实验室、工业机器人技术实训室等实训实验室15个。有与省内外企业共建共享的校外实训基地113个。现有甘露和高新技术产业开发区两个校区，还有甘露湖航运培训基地1个，西海航运培训基地1个，校办企业共青城航天科技有限公司1个。

学校占地面积93.96万平方米（1409亩），校舍建筑总面积22.69万平方米；教学科研仪器设备总值1.2亿元；纸质图书75万册，电子图书120万册，中外期刊208种，电子期刊8100余种。

学校一直坚持人才强校战略，大量引进优秀教育教学管理专家及教师。现有专任教师316人，同时聘有兼任教师12人。专任教师中具有副高及以上职称的教师126人，具有研究生学历的教师156人，双师型教师149名，省级教学名师1人；并聘请了胡德平、欧阳自远院士为客座教授。中国科学院院士、原北京师范大学校长王梓坤为学校学术委员会名誉主任；哈尔滨工业大学导航与制导控制专业博士后、中组部团中央赴赣博士陈志龙为校务委员。学校校长姚电教授，先后被授予“全国优秀教师”“江西省优秀青年教师”“江西省教书育人先进个人”“江西省高校又红又专学科带头人”“江西省高校优秀党务工作者”等称号，连续三届被确定为江西省高校中青年骨干教师，连续三届被确定为江西省高校中青年学科带头人，担任江西省“十一五”“十二五”重点学科带头人，荣获曾宪梓教育基金会全国高校教师三等奖、江西省第三届普通高等学校优秀教材一等奖、江西省第四届普通高等学校优秀教材一等奖、江西省第十一届教学成果一等奖等多项奖励。

学校以 ISO 9001 国际质量管理体系和航海国际船员质量管理体系相结合进行教育教学管理，走内涵式发展道路。在专业设置与学科建设中，学校坚持“立足九江，服务江西，面向长江经济带和长江中游城市群，培养以工学为主体、以航运为特色的应用型人才”的办学定位，已形成了以交通运输、机械制造、信息工程等为主的学科专业群，兼顾教育、医学、管理等协调发展的学科专业体系。下设航海、信息工程、机电工程、建筑工程、经管、创新创业、艺术、教育、护理 9 个二级学院，有航海技术、机电一体化技术、模具设计与制造、汽车检测与维修、环境艺术与设计、产品造型设计、学前教育等 42 个专业。通过构建实践创新型教学体系、优化人才培养方案、建设优质专业课程等方式，不断提升教育教学质量。

学校高标准、优质办学获得了社会及用人单位的高度认可，国内百余家知名企业与学校实行委托培养及订单式人才教育培养合作。学校具有完善的就业服务保障体系，为毕业生提供可靠的跟踪式就业服务。建有大学生创业孵化中心，加强学生职业规划和就业指导，帮助学生选择就业和创业，学生就业率每年均在 96% 以上，在全省高校就业工作评估中被评为优秀等级学校。我校学生近三年在全国各类专业技能大赛中共获奖 257 项，其中获国家级奖项 103 项，省级奖 154 项。学生职业资格证书通过率达 98% 以上，航海类专业学生考证通过率名列长江海事局辖区第一，被国家交通运输部长江海事局评为“优秀”课程论证船员培训机构、2016 年度“优秀海船船员培训机构”、2017 年度“A 级海船船员培训机构”。2017 年、2018 年我校参加长江海事局主办的第一届、第二届海员技能大比武，在长江辖区八个省高校代表队中以总分第一的成绩获得团体第一名的优异成绩。

学校在“十三五”时期，将根据自身的办学定位，积极响应国家发展战略和江西经济社会发展需求，坚持非营利性办学原则，以立德树人为己任，努力把学校建设成为以“工科为主，航运为特”的知名优质应用型高等院校，为江西经济社会发展做贡献。

校徽

（一）办学宗旨

航天科教

兴我中华

国家教育部 柳斌 题

（二）校训

励志 博学

厚德 创新

（三）办学理念

人才强校

质量立校

特色兴校

（四）办学原则

以教学质量求生存

靠科研创新促发展

（五）人才培养目标

培养思想好、技术基础实、实践能力强、有较强学习能力和创新精神、人格健全的高素质技术技能型人才。

（六）三风

校风：文明守纪　团结奋进

教风：科学严谨　尚德善道

学风：勤奋探索　求真践行

目录

1. 印象篇

2. 学习篇

3. 生活篇

4. 择业篇

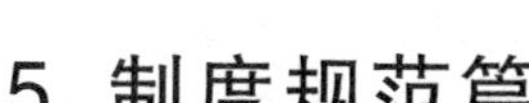

5. 制度规范篇

5.1 国家教育行政法规、教育部有关文件 /61

5.2 共青科技职业学院学生管理与服务文件 /167

1

印象篇

1.1 认识大学

一、什么是大学

大学是人类各阶段教育的高等阶段，学名为普通高等学校，是一种功能独特的文化机构，是与社会的经济和政治机构既相互关联又鼎足而立的传承、研究、融合和创新高深学术的高等学府。它不仅是人类文化发展到一定阶段的产物，还在长期办学实践的基础上，经过历史的积淀、自身的努力和外部环境的影响，逐步形成了一种独特的大学文化。

我国现行的本科高等院校有大学与学院之分，关于大学与学院有什么区别，教育部有非常具体的规定。根据教育部 2006 年 9 月 28 日发布的《普通本科学校设置暂行规定》（教发〔2006〕18 号）和 2006 年 9 月 26 日发布的《教育部关于“十一五”期间普通高等学校设置工作的意见》（教发〔2006〕17 号），大学和学院的主要区别在于：

1. 办学规模

大学全日制在校生规模应在 8000 人以上，在校研究生数不低于全日制在校生总数的 5%；学院全日制在校生规模应在 5000 人以上。

2. 学科与专业

在人文学科（哲学、文学、历史学）、社会学科（经济学、法学、教育学）、理学、工学、农学、医学、管理学等学科门类中，称为学院的应拥有 1 个以上学科门类作为主要学科，称为大学的应拥有 3 个以上学科门类作为主要学科。称为学院的其主要学科门类中应能覆盖该学科门类 3 个以上的专业；称为大学的其每个主要学科门类中的普通本科专业应能覆盖该学科门类 3 个以上的一级学科，每个主要学科门类的全日制本科以上在校生均不低于学校全日制本科以上在校生总数的 15%，且至少有 2 个硕士学位授予点，学校的普通本科专业总数至少在 20 个以上。

3. 师资队伍

称为学院的在建校初期专任教师总数不少于 280 人，专任教师中具有研究生学历的教师数占专任教师总数的比例应不低于 30%，具有副高级专业技术职务以上的专任教师人数一般应不低于专任教师总数的 30%，其中具有正教授职务的专任教师应不少于 10 人。各门公共必修课程和专业基础必修课程，至少应当分别配备具有副高级专业技术职务以上的专任教师 2 人；各门专业必修课程，至少应当分别配备具有副高级专业技术职务以上的专任教师 1 人。每个专业至少配备具有正高级专业技术职务的专任教师 1 人。称为大学的专任教师中具有研究生学位的人员比例一般应达到 50% 以上，其中具有博士学位的专任教师占专任教师总数的比例一般应达到 20% 以上；具有高级专业技术职务的专任教师数一般应不低于 400 人，其中具有正教授职务的专任教师一般应不低于 100 人。

二、做怎样的大学生

大学生活不同于中学生活，这就要求大学生在各方面都异于中学生。大学生应在学好科学文化知识的基础上，加强自己能力的培养，全面提高自身综合素质，努力把自己培养成为能够主动适应社会需要，积极推动甚至引导社会变革的人，能进行各种职业选择和行业转换，能自如地迎接知识经济的挑战，并在社会竞争中不断积累和发展的人。

1. 大学生应具备的知识结构

（1）扎实的基础知识

大学生无论选择何种职业，也不管要向哪个专业方向发展，都少不了扎实的基础知识。近年来科技发展迅猛，知识更新加快，但这里更新的绝不是基础知识，基础知识是知识更新的原动力。随着科技和经济的高速发展，社会的产业、行业、职业结构调整的速度必然加快，大学生在择业、就业上很难再从一而终，职业岗位发生变动的状况不可避免。要适应这种变化，必须靠宽厚扎实的基础知识。

（2）精深的专业知识

大学生是将要从事较强专业性工作的人才，因此，专业知识是其知识结构的核心部分，也是科技人才知识结构的特色所在。无专业特色，也就不能称其为科技人才。所谓精深，是指大学生对自己所学专业的知识和技术要具有一定的深度，有质和量的要求，对基本概念、理论体系、研究方法、学科历史和现状，以及本专业国内外最新信息等都要了解和把握。同时，对其专业邻近领域的知识也要有所了解和熟悉，善于将其所学的领域与其他相关知识领域紧密联系起来。

（3）有一定的其他知识技能

现代各类职业都要求从业者的知识“程度高、内容新、实用强”。“程度高”指知识量大、知识面宽；“内容新”指从业者的知识结构中应以反映当今科学技术发展状况的新知识、新信息为主；“实用强”指从业者的知识在生产、工作中有很强的实用价值。反映上述要求的一个很明显的例子是，目前用人单位普遍要求毕业生能熟练地运用一门外语和掌握计算机。

2. 大学生应具备的能力

（1）主动学习能力

大学里的学习很大程度上是自己主导的，无论选择就业还是继续深造，都不再像中学那样只有学习、升学一条路可选。在这种背景下，主动学习就显得尤为重要。主动学习不仅是学会教材知识，更是要主动学习除本专业知识之外的其他一些必要知识。主动学习还要求大学生学会学习，如果掌握不了学习方法，即便花费了大量的时间学习，但是效率仍然是低下的。

（2）适应社会能力

一个人适应社会的能力是其素质、能力的综合反映。适应社会能力的强弱是与他的思想品德、知识技能、活动能力、创造能力、处理人际关系能力以及健康状况等密切相关的。一般来说，一个素质比较高、各方面能力比较强、身心健康的大学生走上社会后，能够很快适应环境，适应工作，即使是在比较困难的条件下和比较差的环境中，也能变不利的因素为有利因素，通过自己的努力取得好的成绩。

（3）人际交往能力

人际交往能力实际上就是与他人相处的能力。要求大学生重视人际交往能力的培养不仅是因为未来工作环境的需要，还因为社会上的人际关系远比学校的同学、师生关系复杂得多，社会生活要求步出校门的大学生必须与各种各样的人发生这样或那样的关系，能否正确、有效地处理好这些关系，不仅影响到他们对环境的适应状况，而且影响着他们的工作效能、心理健康、生活质量和事业的成败。

（4）组织管理能力

大学生毕业后不可能人人都能走上领导岗位从事管理工作，但每个人在将来的工作中却都会不同程度地运用到组织管理才能，这是现代社会对人才提出的新要求。作为受过高等教育的大学毕业生，不管他从事怎样一项工作，供职于怎样一个部门，都需要与别人进行合作协调，这实际上就是组织管理能力的具体应用。

（5）表达能力

表达能力不仅在工作以后会明显显示出其重要性，如工作汇报、年终总结、文件起草、研究报告等都需要，而且在毕业生求职择业过程中也发挥着不可低估的作用，比如自荐信的撰写、个人材料的准备、回答招聘人员的问题、接受用人单位的面试，等等。可以这样说，在求职这一环节上，表达能力的强弱直接影响到择业的成败。

（6）动手能力

对大学生而言，无论今后从事教学、科研工作，还是在生产第一线，动手能力的强弱都将直接影响能量的发挥程度，因此大学生应注意克服重理论轻实践的倾向。事实上为培养基础知识扎实、动手能力强的一代新人，各高校在教学培养模式上都已做了相当程度的调整，如基本上结合教学进程安排了毕业实习等，问题是大学生本人必须重视这些环节。

（7）开拓创新能力

大学生如果只能熟悉背诵前人的定理、定义，安于现状而不思开拓、创新、进取，那么他学的知识就会变得毫无意义。著名物理学家、诺贝尔奖获得者温柏格说过："不要安于书本上给你答案，要去尝试发现与书本上不同的东西，这种素质可能比智力更重要，往往是最好的学生和次好的学生的分水岭。"因此大学生在学习的过程中，应着意不断培养和强化自己开拓创新的能力。

（8）决策能力

决策能力是在面临的多项选择中及时、果断做出最佳选择的一种能力。人的一生往往会遇到许多重大的选择，优柔寡断误失良机和草率决断抓芝麻丢西瓜一样，都会给整个人生带来莫大的影响。因此大学生在校学习期间，就要有意识地培养自己的决策能力，从日常小事做起，不要事事都请别人拿主意，这样口积月累，就会形成一种能力和习惯。

3. 大学生应具备的素养

（1）思想道德素质是人才素质结构中最基本、最重要的内容，应把加强大学生思想道德素质的培养放在首位

当今世界，科学技术突飞猛进，知识经济已见端倪，国力竞争日趋激烈，教育事业从来没有像今天这样与国家的安危、民族的兴衰息息相关过。近年来，学校推行素质教育已成为教育改革的主流，在高校实施素质教育，培养全面发展人才，是我国高等教育改革的一项重大决策。全面推进素质教育的内涵，就是要全面提高学生的思想道德素质、文化素质、业务素质和身心素质，即全面提高学生的综合素质。其中思想道德素质是重中之重，在人的整体素质中，思想道德素质起着主导的作用。

（2）科学文化基础和文化修养反映人才的素质，加强大学生科学文化素质的培养势在必行

一定的思想道德观念总是以一定的文化底蕴为基础，文化基础和文化修养在更深层次上反映人才的质量，中西文化的碰撞和古今文化的继承与发展，特别是中华民族优秀传统文化的继承与弘扬，要求有新的中国文化精神和理念来推动人自身发展的现代化。一个国家，一个民族，如果没有现代科学，没有先进技术，一打就垮；而如果没有优秀历史传统，没有民族人文精神，不打自垮。知识经济在科学上表现为学科在高度分化的基础上形成的高度综合。大量的交叉学科、横断学科和边缘学科的出现，是这种综合化的表现。

（3）社会需要具有创新精神和实践能力的高素质人才

重视并加强学生创新素质的培养是时代发展的要求，当今世界科学技术日新月异，新的信息不断产生，只有不断创新，才能在这个时代的洪流中立于不败之地。培养创新人才是高等教育基本的价值取向，高等教育法明确规定："高等教育的任务就是培养具有创新精神和实践能力的高级专门人才。"作为担当未来重任的大学生，必须积极培养自己的创新素质和实践能力。

1）积累知识，增加才干。没有知识的积累，缺乏必要的才干，开拓创新就无从谈起。一个人的知识和经验积累得越多，那么他的创新能力就越强。因为一个人只有积累了丰富的知识与经验，具备了过人的胆识，他才能拥有超群的才干，才能接受新思想，吸纳新知识，抓住新机会，创造新成果。

2）培养想象力。想象力并不是文学家、艺术家的专利，从事任何职业的人都需要它。对需要具备创新素质的大学生来说，培养自己的想象力就显得十分重要。

3）注重个性发展。没有个性发展，就没有创造精神的体现，也缺乏创新的基础。

4）培养发散性思维能力。发散性思维又称创造性思维，是培养从不同方向、不同角度，全方位、多层次地寻找解决问题的方法的一种思维方式。

5）从平凡小事做起。对于大家习以为常的事情也能频出新招，久而久之，自然会形成创新的欲望和习惯。

具备了创新素质，可使道德境界更高、更先进，文化底蕴更深厚，文化取向更超前，专业上更不因循守旧。

三、精彩纷繁的大学生活

大学生在大学校园里除了学习还有很多课余文化活动，这些活动与日常学习、生活交织在一起就组成了大学最亮丽的风景线。

1. 军训

军训是大学生的必修课，通过严格的军事训练提高学生的政治觉悟，激发爱国热情，发扬革命英雄主义精神，培养艰苦奋斗、刻苦耐劳的坚强毅力和集体主义精神，增强国防观念和组织纪律性，养成良好的学风和生活作风，掌握基本军事知识和技能。经过军训，肤色虽然暂时会黑一些，但是品格却更加坚强，这是大学生涯最难忘的一课。

2. 迎新晚会

军训结束后大学生所面临的第一个大型文艺活动莫过于迎新晚会了。每年学校主办的迎新晚会，各类节目一般都是从各二级学院选拔出来的，在一定程度上集中了有文艺特长的学生，成为历年新生享受大学生活的一次视听盛宴。

3. 团日活动

团日活动就是以团支部为单位进行的一系列有益于德、智发展的活动，围绕一定的主题展开。团日活动的现实意义是团结支部成员，扩大支部影响力，并加强支部与社会的联系，提升成员的整体素质。好的团日活动可以让成员在体验乐趣的同时收获一定的社会认可，创造一定的社会价值。经过班级团干部的策划，每次团日活动也是精彩纷呈、形式各异，让大学生在快乐中成长。

4. 党和国家纪念日、农历节日风俗庆典活动

每逢党和国家纪念日，各二级学院、各班级纷纷组织形式多样的纪念活动，或观影，

或看话剧，或开展红诗红歌赛，以此来纪念党和国家的历史。在逢农历节日时，各班级往往也会有自己的活动安排，如冬至的集体包饺子、端午时相互赠送粽子等。

5. 社团文化节

大学里的各类社团是由有共同业余爱好的学生创办的，为学生充分展示自身才华提供了平台。学校有文艺社团、学习社团，还有专业社团，众多社团为了充分展示大学生风采，也为了让广大同学认识自己，每年会举办一次声势浩大的社团文化节。在社团文化节上，每个社团都以活动展示本社团的特色，是大学里的一道亮丽风景线。

6. 各类学术报告

大学是知识的殿堂，除正常的课表上课内容以外，学校和各二级学院还会组织众多学术报告会。这些学术报告一般都涉及知识的最前沿，是大学生充实自身专业知识的绝好机会。

7. 运动会

运动会的目的是引导大学生积极参加体育锻炼。每年一度的校运会引人注目，不仅开幕式精彩纷呈，而且各参赛运动员都以“更高、更快、更强”的体育精神来鞭策自己，也都为了自己学院的荣誉而奋战到底，所以田径场战鼓声、呐喊声、加油声此起彼伏。

8. 各类比赛

除了上述各类活动，学校还会组织各类比赛，如辩论赛、篮球赛、排球赛等，专业类比赛有航海大比武、创新创业大赛、护理技能大赛等，这类比赛为大学生愉悦身心、实践自身所学知识提供了平台。

1.2 步入共青科技职业学院

一、共青科技职业学院

共青科技职业学院是一所经江西省人民政府批准、教育部备案的全日制普通高职院校。学校创办于2004年，其前身是南昌理工学院共青分校。学校位于共青城市，现有甘露和高新两个校区，另有西海船员培训中心1个。学校秉承“励志、博学、厚德、创新”的校训，坚持“工科为主，航运为特”的办学特色，立足江西，面向全国，着眼行业发展，关注社会需求，以立德树人为根本，以服务江西经济社会发展为宗旨，以促进就业为导向，建成了以航海技术、机电工程、信息工程等工科为主，管理、经济、艺术等学科协调发展的专业体系，努力培养高素质技术技能型人才。

学校现设有工程学院、航海学院、经管学院、艺术学院、教育学院、护理学院等9个二级学院和2个教学部，开办有机电一体化技术、计算机网络技术、会计、艺术设计等42个专业。现有在校师生近6000人。

学校坚持发展学生，成就教师，以人为本，和谐发展，建设幸福共科的人文理念，坚持以人才培养为中心，深化专业内涵建设，推进课程体系、教学模式改革，不断创新校企合作、产教融合的育人机制，注重加强学生技术、技能的积累。融人文素养、职业精神、职业技能为一体的育人文化初步形成，人才培养质量不断提高。航运类专业学生在2017年5月参加了长江海事局举办的海员技能大比武，取得团体总分第一名、操艇项目第一名的优异成绩。学校设有校内勤工助学、技能大赛奖助学等助学基本项目。毕业生考取专业技能证书通过率达98%以上，毕业生综合素质高，动手能力强，历年就业率均在97%以上，用人单位对毕业生满意率均在95%以上。学校大力支持和鼓励学生自主创业，市政府与学校共建创新创业孵化中心，学校的大学生创业项目入驻其中。

学校积极鼓励广大教师开展科学研究和技术创新。近三年，学校共承担省级科研课题35项，公开发表学术论文207篇，其中SCI收录及核心期刊38篇，出版专著16部、教材45部，获国家专利授权98项。学校获省级优秀社科奖2项、校级教学成果奖7项、教师论文及艺术作品获奖18项、各类教学项目获奖27项。2016年，学校顺利通过了教育部全国高职院校评估；近三年，学校均以优秀的成绩通过了江西省教育厅高职人才培养工作年检。

新的时代给我们提供了良好的发展机遇，国家积极支持社会力量举办高等教育。学校举办者具有明确的教育理念、办学思想和人才培养目标，办学定位清晰；能够提供充足资金，保障学校基本办学条件和运行经费；学校拥有高水平的、数量合理、结构优化的专任教师队伍，各项办学条件基本具备设置本科的要求。共青科技职业学院申本已列入省教育厅以及教育部的发展规划，全校师生员工矢志前行，不忘初心，乘着十九大的强劲东风，在以习近平同志为核心的党中央领导下，上下一心，锐意进取，团结务实，开拓创新，积极申办应用型本科院校。学校坚持“工科为主，航运为特”的办学道路，以“中国制造2025”为抓手，以“人工智能”为引领，在专业设置上，以航海技术、机电工程、信息工程等工科为主，兼顾管理、经济、艺术等协调发展，不断促进学科之间的交叉与融合，努力形成“人工智能+”的复合专业培养新模式，构建对接江西区域经济社会战略发展的“新工科”专业群，努力把学校建设成为具有鲜明特色和较高水平的应用型本科院校，培养地方经济发展急需的高素质技术技能型人才。

二、二级学院情况简介

1. 航海学院

共青科技职业学院航海学院是经江西省教育厅批准、国家交通部海事局资质验收的具有海船船员培训资质的学院，主要培养国际海洋运输高级应用型人才，是江西省唯一一所经中华人民共和国海事局批准的具备“国际远洋船员培训资质”的高等院校，于2017年度被长江海事局评定为“A级海船船员培训机构”，2018年度被评为“五星级海船船员培训机构”。

航海学院设置航海技术、轮机工程技术、国际邮轮乘务管理等7个专业。学院结合当前国际航运形势和国家海事局要求，投资2000万元建设了国内一流的航海实验室，如航海操纵模拟器、轮机模拟器、水上实训中心、轮机综合实训室、电子海图实训室等实训室，为学生上岗实习打下扎实的基础。为了使学生更好地学习专业知识，掌握专业技能，学院制定了优良的人才培养方案和培养模式。所开设专业课均按照国家海事局要求精心打造，加上学工交替、校企结合的人才培养模式，为学生在校的理论知识学习及在企业的实践学习，提供了良好的学习条件。为此，学院和多家航运公司进行校企联合，让学生在最后一学期能上船顶岗实习。通过近三年的改革与实践，学院航运类专业人才培养质量显著提高，在国内航运界产生了较大影响。近三年毕业生就业率均超过97%，专业对口率86%以上，毕业生起薪高，社会满意度好。

航海类专业是学校重点建设的特色学科之一。长期以来，学院为国家航运事业培养了一批又一批高素质技术技能型人才，为实现“两个一百年”提供海事人才和智力支撑，助推国家“一带一路”建设，增加江西省航海特色及相应工科特色专业，进位赶超，绿色崛起，为发展“赣江新区”作出积极贡献。

2. 机电工程学院

机电工程学院现设有机电一体化技术、模具设计与制造、机械制造及自动化、数控技术、汽车检测与维修、新能源汽车技术、材料成型与控制技术等 7 个专业。学院现有专任教师 27 人，其中具有高级职称的教师 21 人，研究生学历及以上教师 10 人，双师型教师 15 人；目前在校学生 733 人。

学院坚持“发展学生，成就教师，以人为本，和谐发展，建设幸福共科”的人文理念，坚持以人才培养为中心，深化专业内涵建设，推进课程体系、教学模式改革，人才培养质量不断提高。学院注重学生思想政治建设，坚持教书育人，教育引导学生学习实践社会主义核心价值观，积极营造健康向上的校园环境和学习氛围。

近三年，学院积极组织学生参加国家级、省级各类技能大赛，取得了丰硕的成果，获得国家级奖项 15 项（其中二等奖 10 项，三等奖 5 项），省级奖项 58 项（其中一等奖 25 项，二等奖 20 项，三等奖 13 项）。毕业生考取专业技能证书通过率达 95% 以上，历年就业率均在 96% 以上，一些专业毕业生供不应求。学院教师主持各级科研和教改纵向课题 9 项，其中省级课题 5 项，获专利权 8 项，公开发表学术论文 30 篇，其中核心论文 3 篇。

展望未来，学院将更加注重教学研究和改革，积极引进先进教学方法和手段，不断提高教学质量，注重工匠精神培育，努力培养高素质技术技能型技术人才，以满足江西省经济建设和社会发展需要。

3. 信息工程学院

信息工程学院现有计算机网络技术、软件技术、电子信息工程技术、电气自动化技术、物联网技术、工业机器人技术 6 个专业，20 个教学班，在校生 895 人。根据学校服务地方和培养工科类应用型人才的办学宗旨，学院不断调整专业设置，加强课程建设，深化教学改革。学院由原来 3 个专业发展到现在 6 个专业，由原来的 1 门校级精品课程发展到现在的 5 门校级精品课程。学院现建有校级计算机实验教学示范中心、电工电子实训中心、网络综合布线实训中心等教学机构。由于我院专业布局与江西省 IT 主导行业紧密对接，从而保证了学生的就业，历年毕业生就业率都在 96% 以上，为江西省区域经济的发展培养了大批高素质技术技能型人才。

学生在真实服务器上动手操作

学生在实训室上机操作

学院现有专职教师35人，兼职教师9人。专职教师中有教授3人，副教授13人，具有研究生学历的教师12人，双师型教师21人，省级学科带头人1人，省级教学名师3人，省级优秀教师3人，省级中青年骨干教师7人，校级教学名师19人，获得省级奖项教师15人，组成了一支结构合理、专业基础雄厚、学术严谨、积极进取、具备良好师德师风的教学团队，完全能够满足应用型本科教育教学及专业改革需要。近三年，我院教师主持各级纵向科研和教改课题8项，出版学术专著、各类教材6部，发表学术论文30余篇，其中被SCI、EI、ISTP收录的论文有4篇。

4. 建筑工程学院

建筑工程学院现设有建筑和造价2个教研室，拥有一支爱岗敬业、结构合理、业务水平较高的专兼职教师队伍。目前全院共有专职教师22人，其中教授3人，副教授6人；具有硕士研究生学历教师14人；双师型教师6人；聘兼职教师2人。

学院现设有建筑工程技术、工程造价、建筑室内设计3个高职专业，目前在校学生500余人。除高职专科生外，还办有职业教育五年一贯制试点班（中高职3+2分段培养），有效地构建了中高等职业教育立交桥培养体系。

学院秉承“励志、博学、厚德、创新”的校训，坚持人才强院，质量立院，特色兴院的办学理念，根据国家和区域发展战略以及企业需求，立足江西，面向全国，努力培养技能型高素质专业技术人才。

学院遵循“立足学生成才，深化素质拓展，提高育人质量”的思路，以培养学生分析问题和解决问题的能力和创新创业精神为出发点，以提高学生社会竞争力为主要目标，大力推动“课程设置与产业需求对接，课程内容与职业标准对接，教学过程与生产过程对接，毕业证书与职业资格证书对接，职业教育与终身学习对接”的改革尝试，为高等职业教育和“新工科”人才的培养进行了大胆的探索和实践。

学院设有建筑工程实训中心，建设了一批与我院专业应用型人才培养相适应、起点比较高的实训室。主要有工程测量实训室、建筑材料实训室、建筑模型展示室、建筑CAD实训室等。学生通过实训实习可获得建筑工程制图与识图、建筑施工技术、工程造价、各类建筑软件应用的能力和工程建设各种技能。实训中心除了完成上述课程的教学实习实训任务外，还以“教、学、做一体化”的教学方式为学生考取建筑行业类职业资格证书，如二级造价工程师、施工员、测量员、质检员、安全员、资料员、监理员、建筑CAD绘图员等，进行考前培训和技能训练。各种证书的通过率屡创新高，有的专业技能证书通过率达100%，大大提高了学生的专业技能水平和职业应用能力，为学生就业打下了坚实的基础。

学院在多个建筑工程公司、建筑装饰装修工程公司、工程造价公司、工程监理和工程咨询公司建立了校外实习基地，为学生的实习实践创造了良好的条件。每年学校教师带领学生到企业顶岗实习，学校教师和企业技术人员联合培养学生，学生的企业文化和实践技

能得到普遍的提高。产教融合、校企合作不仅有效地提高了人才培养的质量，同时也为建设一支“双师型”教师队伍提供了保障。

为了强化学生的专业技能，学院积极组织师生参加各项大学生竞赛，主要包括江西省教育厅主办的职业技能竞赛、科技创新与技能竞赛，团中央及教指委组织的各类大学生竞赛，如“优路杯”“高教杯”等行业类技能竞赛，连续多年在上述各项赛事中取得好成绩，近几年获得国家级、省部级、行业类技能大赛奖项共 36 项。

学院大力提倡和积极鼓励教师进行科学研究、教学改革、技术创新。近年来全院教师共发表学术论文 30 余篇，主编和参编教材（包括校企合作教材）5 部，获省（部）、市、校各种奖项十多项。

多年来，我院毕业生供不应求，人才培养质量获得了社会广泛的好评和赞誉。鉴于我国经济建设和社会发展对建筑工程类人才的迫切需求，学院规划在近期内新增几个社会发展急需的专业，新建一批专业实验实训室，力争把建筑工程学院建设成为江西省建筑工程技术人才培养基地，为当地社会和经济发展，为城镇化建设和美丽共青建设作出我们应有的贡献。

5. 艺术学院

艺术学院是共青科技职业学院最具特色的二级学院之一。近年来，学院先后开设四个统招专业：环境艺术设计、服饰与服装设计、产品设计、艺术设计。经过多年的努力建设，教学设施齐备，如雕花工艺实训室、环艺模型制作室、陶瓷工艺实训室、陶瓷烧制实训室、装饰材料实训室、产品油泥实训室、服装实训室、服装制版室、服装展示厅、电脑设计实训室、摄影实训室、云桌面 CAD 实验室、环境设计图形制作室、常态授课教室、语音教室、画室及工艺制作室，占地面积 5000 平方米。

学院目前有在校学生 200 余人。学院拥有综合素质能力强、专业结构和职称结构比较合理的教师队伍，教授 5 名，副教授 4 名；博士 1 人，硕士研究生 13 名；全国美术协会会员 6 名。学院注重对学生全面素质和综合能力的培养，学生具备扎实的专业理论知识、专业技能和动手、实践、创新的综合能力。现有近 30 家的就业校企订单合作单位，历届毕业生就业率高达 98%以上，深受用人单位的好评。

为加强校企合作，发挥校企合作专业建设专家指导委员会的作用，让企业家和艺术设计师参与专业人才培养方案的制定和教学，加强实践教学环节。进行人才培养模式改革，导入社会、市场、企业真实项目进行实践教学，做到“双主体”——学校与企业，“双课堂”——校内实训室与校外实践教学基地，“双导师”——学校专职教师和企业兼职教师，共同培养人才。在校内外建设了一系列的实践教学基地，为学生开拓实习、实训场所，使其了解职业岗位工作流程，使学生在真实的项目、真实的环境的实践中得到艺术能力、团队合作能力的培养，实现高等教育与职业教学一体化，教学与生产一体化，职业与专业一体化，学生与学徒一体化，教师与师傅一体化。

艺术学院实训中心下设电脑辅助艺术实训室一、电脑辅助艺术实训室二、艺术基础实训室、多功能实训室、装修材料与制作实训室共 6 间，在校外建设实践教学基地 15 个，设有学生创新创业孵化基地 5 个。

根据高等职业教育艺术专业应用型、技能型人才培养的定位和职业岗位工作能力的需求，进行社会、市场、企业人才需求和毕业生就业跟踪调查；根据市场调查，对教学方法、教学内容、课程标准、专业基础课程和核心课程进行改革，提倡案例式教学方法，推行“学徒制”实践教学模式；增加创新、创业课程，加强学生综合素质的培养；组织教师编写特色教材，建立教学资源库。

学院鼓励教师积极参加各类科研工作，在国家级专业刊物发表论文及入选作品 60 余幅（篇），设计比赛中获得省级以上奖励 20 余项，教师各类获奖 37 项，出版专著、画册、教材超过 8 部，立项及完成省市级科研课题十余项。

艺术学院立足于共青城市及社会经济的发展和建设，以培养学生职业岗位需求工作能力为导向，校企合作，共育人才、走“产、学、研为一体”的人才培养模式。全面提升学生的综合素质与专业素养，培养具有扎实的专业基础和技能，有创新和综合素质与竞争能力，以及有良好职业道德与团队意识的高素质应用型和技能型人才。

6. 教育学院

教育学院成立于 2016 年 5 月，位于学校西侧门综合楼 A 区，设置学前教育专业、社会体育专业。学院现拥有教学特色实训室 17 间和一座室内体育综合馆，实训室有精品作品展厅、微格教室、手工房、画室、舞蹈房、电钢琴房和独立钢琴房等。

教育学院以刘文春教授为领队的师资团队中有专职教师 40 余人，其中教授 6 人，副教授 12 人，讲师 12 人；其中研究生学历占比高达 43.7%，双师型教师占比 48.2%，获高级职称教师达 40.8%。学院教学仪器设备造价多达 130 余万元，校外实训基地 17 处，校内实训室 8 处。

学院成立以来共完成省级科研课题 2 项，校级教改课题 5 项；在国家级核心期刊共发表论文 5 项、省级期刊共发表论文 37 项；发表专著 1 部；完成专业咨询报告共 4 场；学生荣获省级竞赛奖次多达 48 项。

7. 护理学院

护理学院以“维护和促进人民健康”为指导思想，转变教育理念，创新培养模式，注重品行教育，提升人文素养，加强实践能力培养，致力培养“厚人文，强技能，高素质”，能胜任健康服务业领域工作的技能型护理人才，为人民群众的生命健康保驾护航。护理专业（高职）是学校重点建设专业。

为培养高素质的护理人才，学校高度重视师资队伍建设。现设有基础医学教研室、基础护理教研室、临床护理教研室和共青医院护理教研室。建有一支专兼结合的具有丰富教学经验和临床经验的护理师资队伍，其中具有正副教授、正副主任护师等高级职称的教师占 30% 以上。学校聘请一批护理专家组成了专业教学指导委员会，国内知名的护理教育专

家史瑞芬教授为主任委员。

护理学院建有理念先进、管理规范、设备现代、环境优美的护理专业实验实训中心，包括基础医学实验室和护理技能实训室。基础医学实验室含有生物化学实验室、人体解剖与组织胚胎学实验室、生理学实验室、病理学实验室、病原生物与免疫学实验室和药理学实验室等。护理技能实训中心仿真现代医院环境建设，有模拟护士站、模拟治疗室和处置室、模拟病房、模拟 ICU、模拟手术室等。建有护理示教室、心理护理实训室、形体训练及护士礼仪实训室、院前急救实训室、健康评估实训室、基础护理实训室、内外科护理实训室、妇产科护理实训室、儿科护理实训室、无菌技术实训室、社区护理实训室、康复护理实训室和老年护理实训室。实验实训中心面积 3000 余平方米，配备了先进的教学设备和护理设备，能满足学生的实验与实训要求。

学校高度重视学生的实习就业工作，正在积极建设校外实习基地，实行校院合作办学的模式。目前已建设 10 余家实践教学基地，包括综合性医院、妇幼保健院、社区卫生服务站及养老机构等。

学院重视学生的护理职业素质教育，开展形式多样的活动，如演讲比赛、护理操作能手竞赛、国际护士节授帽仪式、文艺表演、社区天使志愿者活动等，注重培养学生的人际沟通能力、临床护理能力和健康教育能力等。

护理学院全体教职员工将团结协作，奋发向上，用勤劳和智慧、汗水和爱心，以远见卓识的抱负、锐意进取的勇气和踏实工作的态度，努力开创护理专业发展的新进步。

8. 经济管理学院

经济管理学院是学校的骨干二级学院之一，学院以培养德智体美劳全面发展，能适应社会主义市场经济需要的，具有扎实的经济学和管理学理论基础和实践技能的高素质技术技能型人才为己任。

学院专业设置以社会需求为导向，立足地方经济建设、市场需求和就业需要。学院设有管理、会计两个教研室，有工商企业管理、会计、物流管理、旅游管理、高速铁路客运乘务、财务管理共 6 个专业。

学院现拥有一支政治素养高、专业素质强、治学严谨、团结务实、注重实效、具有开拓创新意识的专兼教师队伍。其中，获得高级职称的有 13 人；博士研究生以上学历 1 人；硕士研究生以上学历 15 人；双师型教师 20 人。教师队伍中既有经验丰富的专家教授，也有年富力强的中青年教师，还有朝气蓬勃的后起之秀。

学院树立了以学生为本，以知识传授、能力培养、素质提高、协调发展为目标的实验教学理念，明确了实验教学建设和改革的思路，建有会计电算化实训室、管理综合实训室等 10 个实训室，校外有 15 处实训基地。

学院教改科研硕果累累，获省级科研成果奖 1 项，校级教学成果奖 1 项，完成省部级课题 7 项，其他课题 8 项；主编、参编专著 2 部，规划教材 11 部；公开发表核心论文 3 篇，一般论文 37 篇；教师教学项目类获奖 3 项；学生获国家级比赛奖项 1 项，省级比赛奖项 3 项。

学院坚持“产、学、研、用”教学方针，秉承“励志、博学、厚德、创新”校训，为创建国内优秀的高职院校而努力。

9．创新创业学院

创新创业学院是由原经济管理学院下的部分创新型专业组成的，学校为响应国家“创新驱动发展”和“大众创业，万众创新”战略号召，依据国务院办公厅《关于深化高等学校创新创业教育改革的实施意见》和秉承“励志，博学，厚德，创新”的校训成立的新的骨干院系之一。

学院继承“坚忍不拔、艰苦创业、崇尚科学、开拓奋进”的共青精神，依托共青科技职业学院科技、教育、人才优势，旨在整合社会优质资源，建立跨学科协同创新的教育孵化平台，着力培养新时代经济社会所需要的高素质应用创新型人才，促进科技成果转移孵化，形成开放式创新创业生态系统，服务创新型国家战略，以培养德智体全面发展，能适应社会主义市场经济需要的，具有扎实的理论基础和实际技能的高素质应用型专门人才为己任。专业设置以社会需求为导向，立足地方经济建设、市场需求和就业需要。学院设有商贸教研室，有电子商务、市场营销、国际经济与贸易、汽车营销与服务、商务英语跨境电子商务等专业。现有专职教师 20 人，其中，高级职称 7 人，中级职称 8 人；硕士研究生以上学历 10 人。在校学生近 500 人。

学院贯彻学校办学方针、理念，以市场为导向，以科学发展为主题，以改革创新为动力，以人才培养为根本，以提高教学质量为核心，强化教学中心地位，不断改善办学条件，加强师资队伍建设，努力提高办学质量，增强学院核心竞争力。紧紧围绕高职人才培养的目标要求，培养管理、建设和服务的高端技能应用型人才，不断完善“学工交替”“校企合作”等人才培养模式，大力推进“项目化教学”“任务驱动”等教学改革，加强课程建设和师资建设，为培养学生具备扎实的专业技能和良好的职业道德素质创造良好的条件。学院现拥有一支政治素养高、专业素质强、治学严谨、团结务实、注重实效、具有开拓创新意识的专兼职教师队伍，其中既有经验丰富的专家教授，也有年富力强的中青年教师，还有朝气蓬勃的后起之秀。

学院树立了以学生为本，以知识传授、能力培养、素质提高、协调发展为目标的实验教学理念，明确了实验教学建设和改革的思路，即搭建以计算机技术、网络技术、现代通信技术为基础的信息化实验教学平台，运用信息资源和软件资源，进行开放式实验教学，为学生提供经济现象分析、业务过程仿真模拟的虚拟实验环境。建有电子商务实训室、市场营销实训室、商务谈判实训室等多媒体教室 21 个。

学院的师资队伍和实训室建设不仅能够保证教学质量，还能完全满足学生实训操作需要，确保了各专业人才培养方案的实现。毕业生深受企业欢迎，并得到了用人单位的高度评价——“用得着、留得下、靠得住”。

学院坚持“产、学、研、用”教学方针，秉承“励志、博学、厚德、创新”校训，为创建国内优秀的高职院校而努力。

三、融入“共青科技职业学院”

如果你是一名新生，由于军训没得选，课又没得选，所以入学以后面临的第一次选择通常是加入社团和学生组织。社团有很多种类，有兴趣类社团，比如文学社、舞蹈社、话剧社。在学生社团组织中不仅可以交到朋友，同时也可以锻炼自己的能力，能够帮助你更快地融入大学生活。

四、精神滋养

无论做任何事情，物质与信息都是必要的，精神力量也同样重要，而在一些关键的时刻，精神力量甚至可以起到决定性的作用。正如国有国之精神，民有民之精神，各所大学也有各自的精神。中国正面临教育改革的关键时期，大学精神的建构也已经成为高等教育事业改革的核心诉求。大学精神是大学在长期的发展过程中所形成的约束大学生行为的价值和规范体系，以及体现这种价值和规范体系的独特气质。大学精神是抽象的，也是具体的；是无形的，也是有形的；是不成文的，但却铭刻在人们的心中。它无时不在，无处不在，无事不在；它活跃在讲台上，在校园里，在人们的言谈和行动中。学生在学校中学到的知识，或许会因为时代的进步而老化，而淡忘，但大学精神却影响学生的事业，长久、久远，直到永远。

在尝试给大学精神下一个明确定义的同时，我们必须承认，大学精神并不是一个僵死固定的专有名词，而是一个内涵稳定、外延模糊、蕴含极为深广的概念。正是由于它外延的不确定性和模糊性，才使得它本身具有无限的发展可能性，从而也才使人们对大学精神具体包含哪些内容仁者见仁。有的人认为大学精神包括人文理念、自由、创新、个性和风格；有的人认为大学精神包括创造精神、批判精神和社会关怀精神；有的人认为大学精神包括自觉的学术精神、永恒的道德精神、敏锐的时代精神；有的人认为大学精神包括自由精神、民主精神、科学精神和创新精神；有的人认为大学精神包括以人为本、注重学术、服务社会、科学管理。不同的研究者是从不同的角度来看待大学精神的。如果再从新的角度或层面来探讨大学精神的外延，还会有更多的提法。因此，我们只能从普遍的意义上探讨大学精神，找出大学精神的基本内容。我们认为，大学精神的基本内容包括爱国精神与民族精神、自由精神、民主精神、学术精神、人文精神、科学精神、创新精神和批判精神等几个相互联系的方面。大学精神有什么用呢？青年人成才有四个条件是非常重要的：第一是强烈的追求，有崇高的理想和志向；第二，要有浓厚的兴趣，对所追求的目标有浓厚的兴趣，不断地追求；第三，要有长期的奋斗和艰苦努力的精神；第四，要有高尚的灵魂。这四者正是大学精神的用武之地。

1. 爱国精神与民族精神

中国大学的产生和发展的过程体现着爱国主义的伟大精神，体现了中华民族不甘落后、自强不息的民族精神。中国现代大学既传承中华民族的传统文化，又不断发扬和丰富中华文化。中国现代大学办学理念是在继承儒家文化中对君子、士的理想人格追求的基础上，吸收两方的人文精神而形成的。在中国现代大学办学理念的指导下，各高校结合各自的办学特点，经过长期的办学实践，形成了各具特色的大学精神，而爱国精神和民族精神是这些各具特色的大学精神的核心。

2. 自由精神

自由精神是大学精神的基本内涵。国际大学联合会将学术自由的含义描述为：学术自由是学术团体中的成员（包括学者、教师、学生）在那个团体决定的框架内根据伦理规则和国际标准来从事他们的活动的自由，而没有任何外部的压力。具体来说，一是指思想自由，大学是各种观念自由发展的场所；二是学术自由，大学是探索高深学问的场所，学术自由包括教学自由、研究自由、出版自由和学习自由，其宗旨是指大学的探索与研究活动要服从真理的标准；三是指言论自由，大学是自由表达思想、观念的场所，大学应鼓励和支持公开的、自由的、平等的交流。

3. 民主精神

现代大学必须大力倡导民主，让民主精神深入人心，让学术权力发挥其应有的作用，让学术的自由得到应有的尊重。“教授治校”“学术为重”“人人平等”等理念对于发展大学的学术具有重要的意义。民主氛围的营造和民主制度的构建，会极大地激发学者治学的热情和创新的激情，能够为学者创造和传播知识提供更广阔的空间。

大学不仅要培养学生，而且要出学术成果；大学不仅要传承人类的精神文明成果，而且要创新，包括思想创新、知识创新、技术创新和方法创新。这些都需要民主的师生关系，需要教师和学生都具有一种批判思维，敢于挑战权威，敢于站在巨人的肩膀上去开拓创新。只有师生关系民主，只有营造一个崇尚理性、尊重事实、开放进取、尊重知识、尊重人才、不惧失败、不盲从、不唯上的精神氛围，才能做到思想自由、兼容并包。

4. 学术精神

学术精神首先体现在政府应使大学在学术水平上不断提高，从而不断地开创更广阔的事业基础，并且使人力、物力发挥更大的功能，让大学和社会保持相对的超脱与独立，这是大学长远发展的前提。

蔡元培担任北京大学校长的时间不到 3 年，但其影响一直持续到今天。他主张的“兼容并包，网罗百家，大学独立，学术自由，教授治校，学生自治”，到现在还是我们的愿景。他对大学的定位是：“大学者，研究高深学问者也。”“大学为纯粹研究学问之机关，不可视为养成资格之所，亦不可视为贩卖知识之所。学者当有研究学问之兴趣，尤当养成学问家之人格。”今天也不过时。他是这么说的，也是这么做的，他不仅网罗了陈独秀、胡适这样的新文化运动的领袖，也网罗了辜鸿铭这样的文化保守主义的高人。

看看莫斯科大学，那里是大师云集的学府，墙壁上到处是学术报告的通知，除了学术报告还是学术报告。人们谈论的是新的学术进展，或者讨论某一项研究成果。数学像一支有形的火箭，你看到它每天都是在前进。如果讨论班少去了一次，下次便会感到很吃力，

如果三次缺席，就再难赶上了。每一篇数学论文，都是沉甸甸的，字印得很小，决不放过一寸版面。师生们都像上紧了发条的钟，争分夺秒地奔跑在学术发展的大道上。

5. 人文精神

一所大学精神的核心应该是道求真理，厚爱人民。大学的任务首先是传授知识和锻炼能力，这是最原始的，进一步发展成为研究、创新，即发现新的规律、新的真理。近几年来，由于科技、经济的迅速发展，大学有了第三个任务——服务社会。这三个任务分别主要由本科、研究生院和工、商、医学、远程教育等专业学院所承担。虽然不是绝对的分工，但无论如何，要出色完成各项任务，必须有追求真理、厚爱人民的精神。发现真理需要智慧，而维护真理需要勇气。没有厚爱人民的精神，不可能在紧要关头维护真理。人文精神的衰落表现之一是大学向“钱”看，很多大学片面强调大学为经济建设服务的职能，放弃曾经清高的立场，以校办工厂、开设函授夜班等贩卖文凭的“学店”等方式，追求教育的经济利润。大学不仅教给学生技术，而且培养他们健康的情操，使学生在处理人与自身、人与社会、人与自然的关系中持有正确的价值观以及建立在这种价值观基础上的行为规范。大学是人类的精神殿堂，是探究学问、追求真理和终极关怀的地方。人文关怀的核心是超越个体、超越族群、超越国家、超越具体人伦事物，从人类整体甚至宇宙大局的角度考虑世界，是建立在自觉道德意识、关怀意识和悲悯情怀之上的，诸如友好相处、和谐发展、学会感恩、孝敬父母、报效国家等。

利益驱动原则改变了人们生活的基本逻辑和社会价值的基本趋向，造成社会的畸形化与人的精神维度的缺失，人文精神的失落使现代人彻底失去了精神居所。技术时代是一个极其脆弱的时代，人类的命运高度依赖于人文精神的救赎。据此，我们亟待返身大学这个为社会育人的场所，重塑大学精神中的人文向度。人文精神要以宽容为情境，只有在宽容的情境中，人文精神才能在大学人之间传递，才能在不同主体间生发，才能实现与“他者”的共在。

6. 科学精神

大学应该是一个最讲科学的地方。科学是大学最神圣的法则，是大学唯一的真理。应大力倡导科学的风气，求真务实，不断创新，不断超越前人，不断取得新成果。一切大学的活动都应该建立在科学的基础上，对科学的追求，对真理的追求，是大学最重要的品格。任何学者治学都必须建立在科学的基础上，严谨客观地对待学术。科学精神有丰富的内涵，首先是一种顺应自然，是在科学探索中与自然和谐相处；其次是在科学研究中保持幻想和建立逆向思维，如果大学里一定要照本宣科，一定要有标准答案，那就不能培养科学精神。

在现代社会，科学技术是社会存在和发展的基础，它深刻地影响着人类社会生活的各个方面，正是人类的科技活动塑造和改变了现代社会的基本面貌。知识经济时代的到来，更加凸显科学技术的重要地位。在此种语境下，求真的大学精神就展现为科学精神的诉求。科学精神是一种理性精神，“是什么”和“为什么”是其永恒的诉求，具体外化为客观、求实和无私利的科学品格。大学是进行审慎的科学研究、向社会输送科学人才的重要基地，求真的科学精神的培育就显得尤为重要。

大学的使命就是通过科学知识教育、培养人才。大学向来是先进文化的创造者和传播者，大学以其先进的文化引领社会的潮流与发展的方向，大学精神中的教育性既体现在对内部大学师生的教育影响上，又体现在对外部社会公众的教育影响上。大学精神应不断地引领社会进步，不断地引领广大民众提高综合素质和追求精神价值，促进社会全面发展。

7. 创新精神

评价一所大学最重要的、决定性的标准是它的毕业生对社会的贡献，对人类进步的贡献，这是最根本的。创新精神是大学精神存在的价值所在，是大学精神的本质属性，是大学在社会有机体中保持自身品位的根本生命力。不断创新文化，产出更多的科技成果，促进科学文化的发展与繁荣，是现代大学的使命和应承担的社会责任；不断地营造创新、创造的文化氛围，培养大学生的创新力和创造力，则是现代大学的神圣任务和基本职能。大学只有不断地创新、创造，才能焕发应有的生命力，才能实现自身快速、持续的发展。

大学是探索、发现、传播新知识的场所。大学的创新精神一是指科学研究，它通过鼓励开拓科学这个无止境的境界，取得大量开拓性的成果，培育大批的科学家、发明家；二是指社会发展，大学的新思想、新制度能够改造社会，推动社会的进步；三是指人才培养，大学把培养具有开拓创新精神的人才作为自己最根本的任务；四是指大学本身，一代代大学人不断根据社会发展和大学的逻辑需要来设置大学、发展大学，使大学成为时代精神的体现者。

8. 批判精神

大学是探索高深学问的场所，它能对各种前沿问题、疑难问题等作出科学的判断，能发掘出知识的内在逻辑并不断向前发展。这使得大学成为一种能独立思考和判断的机构，使大学具有其他社会机构所不具备的理智力量和清醒头脑。因此，大学精神也包含了追求真理、批判错误、纠正错误的精神。

大学教育本质上应该是苏格拉底式的教育，学生在自由境遇中，通过教师的外在启发可以获得内在的自由，而自由的路径必然导向批判和创新。由此可见，理性批判是自由的科学精神的题中之义，是包裹在科学精神最深处的核心意义。大学从来就是探求新知识的殿堂，学术研究的本质就是对旧的知识体系的质疑和批判，如此才能探索未知，进而实现创新和超越。此外，从根本上来说，大学也是孕育理想与传承文化的场所，不论理想的孕育还是文化的薪火相传，都需要批判精神作为动力支撑。没有超越，传承就会变得守旧和僵化；没有批判，理想也会失去存在的合理性维度。正是教学与研究中的理性批判，才使得大学学术真正具有价值，科学精神也最终能够落到实处。

批判精神是大学精神的组成部分。批判不是彻底否定，而是一种扬弃，不仅包括否定的指向，更包括一种建构和完善。在以创造和创新为主题性标志的当今社会，如果没有批判，就谈不上会有什么创新，社会的进步也就停滞了。大学的批判是不带任何功利色彩和世俗目的的，是根据人类的基本价值观念所持有的批判，是基于一定的理论根据、学术态度和不惧怕任何外在压力所进行的批判，这种批判反过来进一步促进了学术的发展。

9. 工匠精神

“工匠精神”一词，最早出自著名企业家、教育家聂圣哲，他培养出来的一流木工匠士，正是来自这种精神。相信随着国家产业战略和教育战略的调整，人们的求学观念、就业观念以及单位的用人观念都会随之转变，“工匠精神”将成为普遍追求，除了“匠士”，还会有更多的“士”脱颖而出。

在 2016 年的政府工作报告中，李克强总理说“要鼓励企业开展个性化定制、柔性化生产，培育精益求精的工匠精神”。近些年来充斥媒体的“中国智造”“中国创造”“中国精造”“工匠精神”，如今成为决策层共识，写进政府工作报告，显得尤为难得和宝贵。

聂圣哲曾呼吁：“中国制造”是世界给予中国的最好礼物，要珍惜这个练兵的机会，决不能轻易丢失。“中国制造”熟能生巧了，就可以过渡到“中国精造”。“中国精造”稳定了，不怕没有“中国创造”。千万不要让“中国制造”还没有成熟就夭折了，路要一步一步走，人动化（手艺活）是自动化的基础与前提。要有工匠精神，从“匠心”到“匠魂”。一流工匠要从少年培养，有些行业甚至要从 12 岁开始训练。要尽早恢复学徒制。

2

学习篇

2.1 大学生的学习与考核

一、大学生如何学习

“大学”是在适龄的时候，培养自己的学习能力，以达到相应的自我独立和自我认知的水平。大学是人一生中最为关键的阶段。从入学的第一天起，同学们就应当对大学学习生活有一个正确的认识和规划，以使自己在学习中享受到最大的快乐，把自己培养成为一个有能力、有思想、有价值、有前途的人。大学里面要学的东西很多，要培养的能力也很多，大学生只有不断提高自己的知识水平，才能适应知识经济时代的发展，铺就成功之路。

同时也要明确学习目标，为大学专业学习打好一定的基础，争取获得优良成绩，能切实在大学里学到丰富的专业知识和基础常识；增加文化素养，提升自身能力，端正学习态度，培养积极勤奋的学风；做学习计划来自我敦促，自我勉励；反思自己有哪些方面做得不足，该如何改善，反思自己继续努力的方向方法，认识到自己有哪些方面值得肯定，只有不断地反省，才能为未来的路指明方向。

1. 主动学习

进入大学校园，同学们就必须从被动转向主动。大学的课堂教学往往是提纲挈领式的，教师在课堂上只讲重难点，其余的需要同学们在课下多花时间自己去攻读、理解和掌握。因此在大学的学习中，不能像中学一样完全依赖教师的计划和安排，必须充分发挥主观能动性，自主学习。在大学里，没有人比你更在乎你自己的工作、学习、生活和未来，你必须成为自己未来的主人，你必须积极地管理自己的学业和将来的事业。积极主动首先表现为对自己的一切负责，不要把不确定的或困难的事情一味搁置起来。有句话是这样说的：“在中学时，大学像是黑暗中的一盏明灯，指引着我们前进的方向，进了大学后，天亮了，我们不知道该向何处去。”这正是部分一年级新生思想的真实写照，许多同学入校后进入了目标盲区。有部分同学到了大四才开始做人生和职业规划，而一个主动的学生应该从进入大学时就开始规划自己的未来。如果你不知道自己的志向和兴趣，你就应该通过听讲座、上网，与你的老师、朋友交流，发掘自己的志向和兴趣。只要认真制定、管理、评估和调整自己的人生规划，你就会离你自己的目标越来越近。

2. 专业学习

大学学习的专业性十分明显。大学生的学习实际上是专业学习，从入学开始就有了职业定向，再经过几年的学习，大学生逐步成为基础知识扎实、专业知识结构合理、能力强、创造性高、品行高尚的德、智、体、美全面发展的高级专门人才。

3. 多样学习

大学生的学习形式多种多样。在大学里，虽然课堂教学还是主要形式，但大学生可以依靠多种渠道来获得知识，同时大学的实践性教学活动也占有很大的比重。因而要通过自学、讨论、听学术讲座等活动来获取知识，加强实验、实习、社会实践和科研等实践性的环节，这些都是大学增长知识和才干的重要途径。

4. 探索学习

大学生的学习具有明显的探索和研究的性质。大学的教学内容由确定结论的论述逐步转向介绍各派理论观点和最新学术发展动向方面的知识。人文学科的内容变化更大，知识更新更快。这就要求大学生的学习观念从正确再现教学内容向汇集百家之长、形成个人见解的方向转变。大学生从在教师指导下完成作业，到独立完成毕业论文（或毕业设计），都带有明显的探索的性质。

二、大学生专业课程学习

从中学到大学，是人生的重大转折，大学生活的重要特点表现在：生活上要自理，管理上要自治，思想上要自我教育，学习上要求高度自觉。尤其是学习的内容、方法和要求上，比起中学的学习发生了很大的变化。要想真正学到知识和本领，除了继续发扬勤奋刻苦的学习精神，还要适应大学的教学规律，掌握大学的学习特点，选择适合自己的学习方法。大学的学习既要求我们掌握比较深厚的基础理论和专业知识，还要求重视各种能力的培养。我们除扎扎实实掌握书本知识之外，还要培养研究和解决问题的能力。因此，我们要特别注意自学能力的培养，学会独立地支配学习时间，自觉地、主动地、生动活泼地学习，还要注意思维能力、创造能力、组织管理能力、表达能力的培养，为将来适应社会工作打下良好的基础。

1. 课前预习

预习是掌握听课主动权的主要方法。预习中要把不理解的问题记下来，听课时增加求知的针对性，既节省学习时间，又能提高听课效率，是学习中非常重要的环节。

2. 课上记笔记

听课记好笔记。上课时要集中精力，全神贯注，对老师强调的要点、难点和独到的见解，要认真记好笔记。课堂上力争弄懂老师所讲内容，经过认真思考，消化吸收，变成自己的东西。

3. 课后复习，查阅参考书籍

课后及时复习，是巩固所学知识必不可少的一环。复习中要认真整理课堂笔记，将其与课本和参考书对照，要学会使用图书馆、电子阅览室等查阅有关资料，借助各种参考书籍学习，补充和拓展知识，进行归纳，并把多余的部分删掉，经过反复思考写出自己的心得和摘要。每过一个月或一个阶段要进行一次总结，以融会贯通所学知识，温故而知新，形成自己的思路，把握所学知识的来龙去脉，使所学知识更加完整系统。

4. 实践与总结

在专业课的学习中，我们不仅要学习课本上的理论知识，更要在生活中参加实践活动，提高动手实践能力，将理论结合实际，在实践中体会知识的便捷与作用，然后总结经验回到课堂学习。通过不断的学习和实践，提高自己的专业素养和专业能力，为将来从事专业工作打下良好基础。

5. 作业与考试

做作业是巩固、消化知识，考试是检验对所学知识掌握的程度，它们都起到了及时找出薄弱环节，加以弥补的作用。做作业要举一反三，触类旁通，要养成良好习惯，对考试要有正确态度，不作弊，不单纯追求高分，要把考试作为检验自己学习效果和培养独立解决问题能力的演练。在学习中抓住这几个基本环节，进行思考，在理解的基础上进行记忆，及时注意消化和吸收。经过不断思考，不断消化，不断加深理解，这样得到的知识和能力才是扎实的。大学学习除了把握好以上主要环节，还要有目的地研究学习规律，选择适合自己特点的学习方法，提高获取知识的能力。具体来说，这些方法主要有：

（1）要制订科学的学习规划和计划

大学学习单凭勤奋和刻苦精神是远远不够的，只有掌握了学习规律，相应地制订出学习的规划和计划，才能有计划地逐步完成预定的学习目标。首先，从个人的实际出发，根据总目标的要求，从战略角度制订出基本规划。如设想在大学自己要达到的目标，达到什么样的知识结构，学完哪些科目，培养哪几种能力等。大学新生制订整体规划是困难的，最好请教本专业的老师和求教高年级同学，先制订好一年级的整体计划，经过一年的实践，待熟悉了大学的特点之后，再完善四年的整体规划。其次要制订阶段性具体计划，如一个学期、一个月或一周的安排，这种计划的制订主要是依据自己入学后的学习情况、适应程度，主要是学习的重点、学习时间的分配、学习方法以及如何调整、选择和使用什么教科书和参考书等。这种计划要遵照符合实际、切实可行、不断总结、适当调整的原则。

（2）要讲究读书的方法和艺术

大学学习不光是完成课堂教学的任务，更重要的是如何发挥自学的能力，在有限的时间里去充实自己，选择与学业及自己的兴趣有关的书籍来读是最好的办法。莎士比亚说："书籍是全世界的营养品。"培根也说："书籍是在时代的波涛中航行的思想之船，它小心翼翼地把珍贵的货物送给一代又一代。"学会在浩如烟海的书籍中选取自己必读之书，就需要有读书的艺术。首先是确定读什么书，其次对确定要读的书进行分类，一般来讲可分为三类，第一类是浏览性质，第二类是通读性质，第三类是精读性质。正如“知识就是力量”的提出者培根所说：“有些书可供一赏，有些书可以吞下，不多的几部书应当咀嚼消化。”浏览可粗，通读要快，精读要精，这样就能在较短的时间里读很多书，既广泛地了解最新科学文化信息，又能深入研究重要理论知识，这是一种较好的读书方法。读书时还要做到如下两点：一是读思结合，读书要深入思考，不能浮光掠影，不求甚解；二是读书不唯书，不读死书，这样才能学到真知。

（3）做时间的主人，充分利用时间

大学期间，除上课、睡觉和集体活动之外，其余的时间机动性很大，科学地安排好时间对成就学业是很重要的。首先，要安排好每日的作息时间表。哪段时间做什么，安排时要根据自己的身体和用脑习惯，在大脑最好用时干什么，大脑疲惫时干什么，做到既调整大脑休息，又能进行一些其他的诸如文体活动等。一旦安排好时间表，就要严格执行，切忌拖拉和随意改变，养成今日事今日做的习惯，千万不要等明日，我生待明日，万事成蹉跎。其次，要珍惜零星时间。大学生活越丰富多彩，时间切割得就越细，零星时间越多。华罗庚曾说：“时间是由分秒积成的，善于利用零星时间的人，才会作出更大的成绩来。”英国数学家科尔 1903 年因攻克一道 200 年无人攻破的数学难题而轰动世界，而这一成就是他用了近三年的星期天才取得的。

（4）完善知识结构，注意能力培养

所谓合理的知识结构，就是既有精深的专门知识，又有广博的知识面，具有事业发展实际需要的最合理、最优化的知识体系。大学生建立知识结构，一定要防止知识面过窄的单打一偏向。当然，建立合理的知识结构是一个复杂、长期的过程，必须注意如下原则：①整体性原则，即专博相济，一专多通，广采百家为我所用。②层次性原则，即合理知识结构的建立必须从低到高，在纵向联系中划分基础层次、中间层次和最高层次。没有基础层次，较高层次就会成为空中楼阁，没有高层次，则显示不出水平，因此任何层次都不能忽视。③比例性，即各种知识在顾全大局时，数量和质量之间合理配比。比例的原则应根据培养目标来定，成才方向不同，知识结构的组成就不一样。④动态性原则，即所追求的知识结构决不应当处于僵化状态，而须是能够不断进行自我调节的动态结构。这是为适应科技发展、知识更新、研究探索新的课题和领域、职业和工作变动等因素的需要，不然跟不上飞速发展的时代步伐。

大学生要培养的能力范围很广，主要包括自学能力，操作能力，研究能力，表达能力，组织能力，社交能力，查阅资料、选择参考书的能力，创造能力，等等。这些能力都是为将来在事业上奋飞做准备的，正如爱因斯坦所说：“高等教育必须重视培养学生具备会思考、探索问题的本领。人们解决世上的所有问题是用大脑的思维能力和智慧，而不是搬书本。”总之，凡是将来从事的工作所需要的能力和素质，我们必须高度重视，并在学习的过程中自觉认真地去培养。

三、大学生选修课程学习

对于习惯了中小学课程（所有的课程由学校统一安排，而且科目从小学到高中有连续性）的大学新生来说，大学的课程多得令他们眼花缭乱，课程分类也比较复杂，因此选课对他们而言还是一件新鲜而陌生的事物。但大学的学习与选课有莫大的关系，必须了解它，才能掌握主动权。

充分和翔实的信息可以减少选课中的盲目性。反之，在选课中凭兴趣或实用办事，不讲究个人的条件及学习中的策略性，不做好调查，则可能在后来的选课中吃大亏，遇到意想不到的麻烦。可以多听听过来人的经验之谈。如选课之前可以问问师兄师姐，哪些课老师讲得比较好，可以学到哪些东西，毕竟选课是花时间去听的，付出了就该得到相应的回报；另外，还可以从他们那里了解一下专业课数量和难易程度，以便安排自己的学习时间。知己知彼，选起课来才会有的放矢。

四、大学生考证

近年来，我国高等教育发展很快，大学教育已逐渐大众化，高校扩招后的毕业高峰来临、“双向选择”就业制度以及最近各行业“持证上岗”制度的实行，严峻的就业形势使相当多的大学生充满危机意识。因此，“考证热”这一大学常有现象也渐渐变得司空见惯。无论大学生的自身发展，还是用人单位对大学生要求的多样化，最终都反映在大学生综合能力方面，而大学生的各项证书正是大学生综合能力的集中体现。

（一）英语四、六级证

1. 介绍

四、六级考试对象是修完大学英语相应阶段课程的在校大学生。考试目的是参照《大学英语教学指南》（教育部高等学校大学外语教学指导委员会 2015 年制定）设定的教学目标对我国大学生英语综合运用能力进行科学的测量，同时也为用人单位了解我国大学生英语水平提供参照依据。

四、六级考试系列分为大学英语四级考试（简称四级考试）和大学英语六级考试（简称六级考试）。四级考试包括四级笔试和四级口试；六级考试包括六级笔试和六级口试。笔试和口试每年各举行两次。

2. 时间

笔试在每年 6 月和 12 月各一次；口试在笔试前进行，每年 5 月和 11 月各一次。

1）英语四级：每年 6 月和 12 月第三个星期六 9:00—11:20。

2）英语六级：每年 6 月和 12 月第三个星期六 15:00—17:25。

（二）驾驶证

1．介绍

大学的课外时间相对来说会比较充裕，可以利用起来去考驾照，因为等以后工作了，时间相对来说会不好控制，所以大学的时候可以利用闲余时间考取驾照。

考试科目内容及合格标准全国统一，考试顺序按照科目一、科目二、科目三、科目四依次进行，前一科目考试合格后，方准参加后一科目的考试。科目一：道路交通安全法律、法规和相关知识考试科目。科目二：场地驾驶技能考试科目。科目三：道路驾驶技能考试科目。科目四：安全文明驾驶常识。

我校就有一所现代化的驾校，大家可以进班后咨询辅导员。

2．合格标准

1）交通法规及相关知识（科目一）——笔试，100 分为满分，90 分以上为合格（包括 90 分）。

2）场地驾驶（科目二）——场内，实车。只分合格和不合格。倒车入库、侧方位停车、S 弯、直角拐弯、坡道定点起步与停车，这五项必考且依次进行。100 分为满分，80 分以上为合格（包括 80 分），大型客车、中型客车、大型货车 90 分以上为合格（包括 90 分）。

3）道路驾驶（科目三）——公路或模拟场地，实车。100 分为满分，90 分以上为合格（包括 90 分）。

4）安全文明驾驶相关知识（科目四）——笔试，100 分为满分，90 分以上为合格（含 90 分）。

（三）计算机证书

1．介绍

全国计算机等级考试是经教育部批准，由教育部考试中心主办，面向社会，用于考查应试人员计算机应用知识与技能的全国性计算机水平考试体系。

全国计算机等级考试采用全国统一命题，统一考试的形式。每年安排三次考试，一般安排在 3 月、9 月和 12 月，其中 3 月份和 9 月份考试开考全部级别全部科目，12 月份考试开考一、二级的全部科目。

2．分类

（1）计算机一级证书

考试科目：一级 MS Office、一级 WPS Office、一级 PhotoShop，一级共三个科目。

考试形式：完全采取上机考试形式，各科上机考试时间均为 90 分钟。

（2）计算机二级证书

计算机二级证书是非计算机类专业学生可以选择考取的证书，考试科目设置如表 2-1 所示。

表 2-1 NCRE 二级科目设置体系

考试等级	考试科目	考试时间	考试方式	备注
二级	C 语言程序设计	120 分钟	无纸化	
	VB 语言程序设计	120 分钟	无纸化	
	VFP 数据库程序设计	120 分钟	无纸化	2018 年 3 月停考
	Java 语言程序设计	120 分钟	无纸化	
	Access 数据库程序设计	120 分钟	无纸化	
	C++ 语言程序设计	120 分钟	无纸化	
	MySQL 数据库程序设计	120 分钟	无纸化	
	Web 程序设计	120 分钟	无纸化	
	MS Office 高级应用	120 分钟	无纸化	
	Python 语言程序设计	120 分钟	无纸化	

注：上述科目只需选考一门即可，并非所有科目都考。

（3）计算机三级证书

定位和描述：工程师预备级。三级证书面向已持有二级相关证书的考生，考核面向应用、面向职业的岗位专业技能。三级证书表明持有人初步掌握与信息技术有关岗位的基本技能，能够参与软硬件系统的开发、运维、管理和服务工作。

考试科目：三级网络技术、数据库技术、软件测试技术、信息安全技术、嵌入式系统开发技术共五个科目。

获证条件：通过三级科目的考试，并已经（或同时）获得二级相关证书。三级数据库技术证书要求已经（或同时）获得二级数据库程序设计类证书；网络技术、软件测试技术、信息安全技术、嵌入式系统开发技术等四个证书要求已经（或同时）获得二级语言程序设计类证书。考生早期获得的证书（如 Pascal、FoxBase 等），不严格区分语言程序设计和数据库程序设计，可以直接报考三级。

（4）计算机四级证书

计算机等级四级是对计算机的熟练程度以及掌握程度进行评估的一种国家型等级考试。

（四）教师资格证

1. 介绍

教师资格证是教育行业从业教师的许可证。在我国，师范类大学毕业生须在学期期末考试中通过学校开设的教育学和教育心理学课程考试，并且要在全省统一组织的普通话考试中成绩达到二级乙等（中文专业为二级甲等）以上，方可在毕业时领取教师资格证。非师范类和其他社会人员需要在社会上参加认证考试等一系列测试后才能申请教师资格证。

2. 分类

幼儿园教师资格；小学教师资格；初级中学教师和初级职业学校文化课、专业课教师资格；高级中学教师资格；中等专业学校、技工学校、职业高级中学文化课、专业课教师资格；中等专业学校、技工学校、职业高级中学实习指导教师资格；高等学校教师资格。

3. 申请时间

教师资格认定机构和依法接受委托的高等学校，每年春季、秋季各有一次受理资格认定时间。

（五）普通话证

1. 介绍

普通话等级证书是证明应试人普通话水平的有效凭证，证书由国家语言文字工作委员会统一印制。普通话一级乙等以下成绩的证书由省（自治区、直辖市）级语言文字工作委员会加盖印章后颁发，普通话一级甲等的证书须经国家普通话水平测试中心审核并加盖国家普通话水平测试中心印章后方为有效。有效的普通话水平测试等级证书全国通用。

根据国家及有关部委的要求，现阶段各类人员的普通话水平应达到的等级标准如下：播音员、节目主持人、影视话剧演员为一级以上水平；教师和大学生为二级以上水平；公务员和社会公共服务行业从业人员为三级以上水平。

2. 普通话等级

（1）一级（标准的普通话）

1）一级甲等（测试得分：97~100 分）；

2）一级乙等（测试得分：92~96.99 分）。

（2）二级（比较标准的普通话）

1）二级甲等（测试得分：87~91.99 分）；

2）二级乙等（测试得分：80~86.99 分）。

（3）三级（一般水平的普通话）

1）三级甲等（测试得分：70~79.99 分）；

2）三级乙等（测试得分：60~69.99 分）。

3. 考试时间

各地考试时间不统一，详情请关注全国普通话培训测试资源网或各地语言文字水平测试中心（语言文字网）。以当年公布的报名时间、考试时间为准。

（六）初级、中级会计证

1. 介绍

初级会计证是会计证书的一种。会计证书一般有三个等级：初级的叫助理会计师资格证，高一级的就是中级会计师资格证，最高一级的叫高级会计师资格证，需要通过几轮的考试才能获得。

初级会计证全称为初级会计职称资格证书，通过初级会计职称考试后，颁发人事部统一印制的“会计专业技术资格证书”，该证书在全国范围内有效。

初级会计专业技术资格实行全国统一组织、统一考试时间、统一考试大纲、统一考试命题、统一合格标准的考试制度。初级会计专业技术资格考试，原则上每年举行一次。在国家机关、社会团体、企业、事业单位和其他组织中从事会计工作，并符合报名条件的人员，均可报考。

2. 报考时间

报考时间一般安排在考试年度上一年的 11 月份开始，以当年财政部通知为准。

3. 考试时间

考试时间定于本年度 5 月进行，以当地通知时间为准。

（七）注册会计师

1. 介绍

注册会计师，是指通过注册会计师执业资格考试并取得注册会计师证书在会计师事务所执业的人员，英文全称 Certified Public Accountant，简称为 CPA。注册会计师考试科目为《会计》《审计》《财务成本管理》《经济法》《税法》《战略与风险管理》。

2. 考试时间

报名的具体时间在各年度财政部考委会发布的报名简章中规定，地方考委会应当据此确定本地区具体报名日期，并向社会公告。

每科目考试的具体时间，在各年度财政部考委会发布的报名简章中明确。

（八）物流师职业资格证书

1. 介绍

具有物流师职业资格的所有人员都将被加入物流人才库，供物流或相关企业进行人才交流或选聘。物流师职业资格认证的级别分为助理物流师、物流师、高级物流师三个级别。

2. 报名时间

每年的 3 月 1 日—31 日和 9 月 1 日—31 日。

3. 考试时间

全国认证统一考试时间每年 2 次，考试时间是 5 月份的第三周的周日和 11 月份的第一周的周日。

（九）导游资格证

1. 介绍

导游证是导游人员从业行为能力的证明文件，是表明导游人员身份的外在标识，它是国家准许从事导游工作的证件。根据《导游人员管理条例》的规定：在中华人民共和国境内从事导游活动，必须取得导游证。经管学院的旅游管理专业的同学可以考取导游证，其余有业余爱好的同学也可以报考。

2. 考试时间

笔试的考试时间：一般在当年的 11 月，报名以后当地旅游局会有具体的通知。

面试的考试时间：面试的考试一般比笔试的考试延后一段时间，在当年的 11 月份到 12 月份底举行。报名以后当地旅游局会有具体的通知。

（十）证券从业资格证

1. 介绍

证券从业资格证是进入证券行业的必备证书，是进入银行或非银行金融机构、上市公司、投资公司、大型企业集团、财经媒体、政府经济部门的重要参考，因此，证券从业资格证同时也被称为证券行业的准入证，参加证券从业人员资格考试是从事证券职业的第一道关口。考试时间由中国证券业协会每年统一确定，已全部采用网上报名，采用全国统考、闭卷方式进行考核。

2. 考试时间

考试计划可能会根据市场情况进行调整，如有变动，以当期公告为准。

（十一）外贸从业资格证书

1. 介绍

中国对外贸易经济合作企业协会在广泛调研的基础上，针对国际贸易企业业务部门领导和业务骨干，率先推出了专业认证，即高级国际贸易业务员、国际贸易业务员、高级国际商务秘书、国际商务秘书、国际商务英语等级考试（初级）等职业经理人资格认证项目，使国际贸易专业人才从业资格认证在原有的基础上得以扩大和延伸。

2. 考试时间

每年 11 月，具体时间根据当地通知为准。

（十二）人力资源管理师证

1. 介绍

企业人力资源管理人员全国统一考试按照国家职业标准分为人力资源管理员（国家职业资格四级）、助理人力资源管理师（国家职业资格三级）、人力资源管理师（国家职业资格二级）、高级人力资源师（国家职业资格一级）。凡考核合格者，由国家人力资源和社会保障部颁发相应等级的职业资格证书，并实行统一编号登记管理和国家人力资源和社会保障部官方网站网上查询，是相关人员求职、任职、晋升、出国等的法律上的有效证件，可记入档案、全国通用。

2. 报考时间

人力资源师考试时间每年两次，在每年的 5 月份、11 月份的第二个周末。报名时间通常为考前两个月开始。

（十三）电子商务师证

1. 介绍

电子商务师是指利用计算机技术、网络技术，通过专业的网络商务平台等现代信息技术，帮助商家与顾客或商家与商家之间从事各类商务活动或相关工作的人员，可以说是融 IT 与商务于一身的高素质复合型人才。

2. 考试时间

电子商务师考试一年只安排 1~2 次，时间大约在上半年的 5 月和下半年的 10 月。电子商务师考试的报名一般安排在考前的三个月开始。

（十四）司法考试、国家法律职业资格考试

1. 介绍

国家司法考试是中华人民共和国司法部依据《中华人民共和国法官法》《中华人民共和国检察官法》《中华人民共和国律师法》《中华人民共和国公证法》和《国家司法考试实施办法》的有关规定设立的法律类职业证书考试。担任律师、法官、检察官和公证员必须通过国家司法考试。国家司法考试每年的通过率一般在全国考生人数的 10% 左右。考试主要内容包括：理论法学、应用法学、现行法律规定、法律实务和法律职业道德。国家司法考试实行全国统一命题和评卷，成绩由中华人民共和国司法部国家司法考试办公室公布。国家司法考试的考试成绩一次有效。通过国家司法考试的人员，由中华人民共和国司法部统一颁发相关证书并可以从事律师、法官、检察官和公证员的工作。从 2018 年开始，国家司法考试改为国家法律职业资格考试。不只是律师、法官、检察官、公证员需要通过该考试，从事行政处罚决定审核、行政复议、行政裁决的工作人员，以及法律顾问、法律类仲裁员也需要参加并通过该考试。

2. 考试时间

国家司法考试一般确定在每年 9 月的第三个周末举行。

（十五）一、二级建造师资格证

1. 介绍

建造师是指从事建设工程项目总承包和施工管理关键岗位的执业注册人员。建造师执业资格制度起源于 1834 年的西方资本主义国家英国。建造师的含义是指懂管理、懂技术、懂经济、懂法规，综合素质较高的综合型人员，既要有理论水平，也要有丰富的实践经验和较强的组织能力。

2. 报名及考试时间

报名时间一般在考前 4、5 个月进行（通常都在考试当年的 5~6 月报名）。考试通常安排在每年 9 月份第一个周末。

（十六）造价工程师资格证

1. 介绍

造价工程师是通过全国造价工程师执业资格统一考试或者资格认定、资格互认，取得中华人民共和国造价工程师执业资格，并按照《注册造价工程师管理办法》注册，取得中华人民共和国造价工程师注册执业证书和执业印章，从事工程造价活动的专业人员。全国造价工程师执业资格考试由国家住房和城乡建设部与国家人力资源和社会保障部共同组织，实行全国统一大纲、统一命题、统一组织的办法。原则上每年举行一次，只在省会城市设立考点。考试采用滚动管理，共设 4 个科目，单科滚动周期为 2 年。

2. 报考时间

每年 7 月中旬。

（十七）英语专业四级证书

1. 介绍

英语专业四级考试，全称为全国高校英语专业四级考试，考试合格即可获得高等学校英语专业四级证书。自 1991 年起由教育部实行，考查全国综合性大学英语专业学生。

考试内容涵盖英语听、说、读、写四个方面。口试自 1998 年开始正式实施，须另行报名。

2. 考试时间

每年 4 月份的第三个周六。

以上仅介绍了大学生可考的部分证书的内容，同学们可以从专业出发，根据人才培养方案的规定进行选择。

2.2 国防安全教育

一、大学生国防教育

（一）国防教育的意义

1. 高校开展国防教育是贯彻落实法律法规的要求

《中华人民共和国国防教育法》规定，普及和加强国防教育是全社会的共同责任。学校国防教育是全民国防教育的基础，是实施素质教育的重要内容。高等学校应当设置适当的国防教育课程，将课堂教学与军事训练相结合，对学生进行国防教育，并将国防教育列入学校的工作和教学计划，采取有效措施，保证国防教育的质量和效果。教育部制定的《普通高等学校军事课教学大纲》中对此强调指出，学生军训是普通高校本、专科学生的必修课，学校要纳入教学计划。普通高校本、专科的军事理论课教学时间为36学时，军事技能课训练时间为2~3周。

2. 高校开展国防教育是当前国际形势的需要

当今世界多极化成为主流，军备竞赛由数量转为质量的竞赛。尽管和平与发展是当今时代主题，但霸权主义和强权政治仍然存在。国际敌对势力处心积虑遏制中国的发展，千方百计地推行西化，将战略重点放在台湾和西藏及新疆等地区。同时还千方百计进行思想渗透，与我们争夺下一代，或策划颠覆破坏活动，企图搞垮国家政权，或窃取中国政治、军事、经济、科技等方面的重要情报。而且中国周边环境也存在较多危机，我们必须时刻提高警惕，掌握必要的国防常识，随时为祖国领土完整和主权独立作出贡献。

3. 高校开展国防教育是加强国防建设的需要

高校是培养强大国防预备役力量的重要阵地。现代高技术战争，需要高质量、高素质的兵员和强大的预备役力量，而军校的培养远远不能满足现代战争的需要。作为培养高级专业技术人才的高校，理所应当承担这份责任和义务。《中华人民共和国兵役法》规定，受过军训的大学生是预备役军官的重要来源和战争动员的主要对象。

4. 国防教育有利于培养国防后备人才，促进国防现代化

我国国防建设一直坚持走精干的常备军和强大的后备力量相结合的道路，这也是我国新时期国防建设的根本指导思想。大学生作为一个特殊的社会群体，具有较高的科学文化素质，易于掌握现代科技知识。如果抓好这个群体的国防教育，我们便储备了一大批具有较高科学文化素质而又掌握了一定军事技能的高素质的国防后备力量。为此，对大学生进行军事理论教学、必要的军事训练，以便必要时为部队输送高技术军事人才，成为战时扩建、组建部队的骨干，为打赢未来高技术局部战争创造条件，为国防建设和军事斗争准备提供有力保障。因而，大学国防教育有利于提高大学生的国防能力。

未来高技术条件的局部战争仍要坚持人民战争。随着科学技术的飞速发展和大批高新技术用于军事领域，虽然在一定程度上看，传统的人民战争的方式已经过时了，但是，人民战争的理念不能丢。在新的形势下，人民战争仍有它存在的意义，如信息战、网络战等一些没有硝烟的战争，人民群众中的技术群体会大有作为，他们可以充分发挥其聪明才智投入维护国家安全的行列中来。那么，青年大学生，无论在校生还是毕业生，他们个个都有专长，如果他们受过较好的大学国防教育，走上社会之后，他们之中的绝大多数将成为各行各业的骨干力量，他们的一言一行、一举一动都将影响周围的人，而一部分人还将走上领导岗位，其影响和作用就更大了。在和平时期，他们是国防教育的骨干，而一旦战争发生，他们便成为人民战争的排头兵，能发动和组织广大群众参与战争，形成强大的合力，取得战争的胜利，为未来高技术条件下的人民战争打牢坚实的基础。

二、大学生军事训练

（一）学生军训的起源

学生军训，在我国可追溯到古代的奴隶社会。据《礼记》《周礼》等记载，西周官学已有“国学”与“乡学”之分，并有小学和大学两级。西周大学，以习武为主，教师一般由军官担任，军训主要内容是习射，即学射箭、驾驭五种战车的方法等。这是我国古代最早对学生进行军训的记载。以后各朝代都有过对学生实施军训的记载。

在国民党政府统治时期，也实行了童子军训练制度，并规定了童子军军事训练的内容和管理。

我国对学生实施军事训练真正走向正轨，还是中华人民共和国成立以后。1955 年 7 月，经第一届全国人民代表大会第二次会议审议颁发的《中华人民共和国兵役法》，第一次从法律上对学生军训做了规定。1955 年 8 月，中央军委根据兵役法的规定和广大大中学生的要求，就高等院校进行学生军事训练，为部队培养预备役军官问题，向毛主席、党中央请示：高等院校的军事训练，除学习一般军事知识，进行军事生活锻炼外，应在普通学科的基础上，增加学习有关的军事专业知识；训练时间，5 年制学校为 400 小时，4 年制学校为 300 小时，并利用假期进行一次野营训练。1955 年 11 月 1 日，毛主席、党中央批准了上述请示。从 1955 年冬季起，首先在北京体育学院（现为北京体育大学）、北京钢铁学院（现为北京科技大学）进行试点。1956 年暑期后，经国务院批准，又增加了北

京邮电学院（现为北京邮电大学）等 12 所高等院校。在两批共 14 所高等院校中，进行了 21 种军事专业课的训练，受训学生 10000 多人。1956 年年初，高等教育部根据周恩来总理关于培养经济建设干部要求要多、要快、要好以及高等院校学生军事训练应当减少时间或缓办的指示，经中国人民解放军训练总监部反复研究，提出了关于高等院校学生军事训练时间的意见，并报国务院审批。当年 7 月 28 日，国务院常务会议决定，1956 年秋在北京邮电学院等 12 所高等院校的军事训练时间全部为 150 小时，最多不超过 200 小时。1955 年至 1957 年间，国家教育部和国防部为了对中等学校学生进行征集前的军事训练，并为高等院校军事训练打下基础，依据《中华人民共和国兵役法》的规定，先后在全国 127 所中等学校进行了学生军训试点，训练时间为 100 小时，受训学生 70000 余人。当时，高等院校重点是为中国人民解放军培养预备役技术军官，高级中学重点是进行基础军事训练。实践证明，上述这些军事训练对于激发学生的爱国主义热情，增强学生的国防观念，以及扩大知识面，促进学校教学，培养祖国需要的合格人才，都起到了积极的作用。20 世纪 60 年代初，经国务院批准，全国 53 个大、中城市的 38 所高等院校和 70 所高级中学或中等专业学校的一年级学生进行了军训试点。1965 年，根据党中央有关大专院校学生到部队当一段时间兵的指示精神，全国又有部分大专院校学生到部队下连当兵。“文化大革命”期间，我们党、国家、军队和人民遭受到中华人民共和国成立以来最严重的动乱，有些学校虽然也组织过一些军事训练，但那是在“学军”的口号下进行的，无论军事训练的指导思想和内容，还是军事训练的组织、领导，都严重背离学生军训的初衷，看起来轰轰烈烈，实际上冲击了业务学习，冲击了教学秩序，留下了许多后遗症，以致对后来的学生军事训练带来了很多不良的影响。

党的十一届三中全会以后，我国的政治、经济和国防建设形势出现了中华人民共和国成立以来少有的大好局面，恢复学生军事训练的时机渐趋成熟。中共中央在〔1981〕11 号文件中，规定高等院校要把学生军事训练纳入教学计划，从此，部分高等院校又恢复了学生军训的工作。1984 年，六届人大二次会议通过并颁布了新的兵役法，把高等院校和高级中学学生的军事训练单列一章，再一次从法律上对学生军训做了明确规定。1985 年，我国有 52 所高等院校、102 所高级中学（含中等专业学校）进行了学生军训试点。1986 年年初，中央领导同志强调，今后对高等院校新生要集中进行军事训练，过一段严格的军事生活。中央军委领导同志也强调指出，学生军训不但要搞，而且要搞好，搞成功，要形成制度，军队要把这项工作作为一件大事来抓，只能办好，不能办坏。这一年，学生军训试点的高等院校增加到 69 所。1987 年，学生军训试点的范围进一步扩大，高等院校增加到 105 所，其中，到部队训练的 40 所，在校内训练的 65 所。为了进一步搞好学生军训试点工作，国家教育委员会，解放军总参谋部、总政治部、总后勤部又于 1987 年 5 月联合下发文件，从军事训练的试点范围、训练时间、训练内容、军事教员的配备以及学生军训的经费和物资保障等方面均做了明确规定，有力推动了全国学生军训的迅速发展。

2001 年 7 月，国务院办公厅、中央军委办公厅以国办发〔2001〕48 号文件转发了《教育部、总参谋部、总政治部关于在普通高等学校和高级中学开展学生军事训练工作的意见》；11 月，教育部、总参谋部、总政治部联合在天津召开全国学生军训工作会议。文件下发和会议的召开，标志着自 1985 年开始的、历经 16 年的学生军训“试点”工作的结束，同时也标志着学生军训进入制度化的轨道和新的发展时期。

（二）军训的目的和科目

1. 军训的目的

通过严格的军事训练提高学生的政治觉悟，激发爱国热情，发扬革命英雄主义精神，培养艰苦奋斗、刻苦耐劳的坚强毅力和集体主义精神，增强国防观念和组织纪律性，养成良好的学风和生活作风，掌握基本军事知识和技能。

2. 军训的科目

（1）单个军人队列动作

立正、跨立、稍息。

（2）停止间转法

理论提示：停止间转法是停止间变换方向的一种队列动作，分为向右转、向左转、向后转。需要时，也可以半面向右转或半面向左转。

（3）行进、立定

① 齐步行进与立定；② 正步行进与立定；③ 跑步行进与立定；④ 踏步；⑤ 移步。

（4）步法变换

① 齐步与正步互换；② 齐步与跑步互换；③ 齐步与踏步互换。

（5）坐下、蹲下、起立

（6）脱帽、戴帽

（7）敬礼

① 停止间徒手敬礼；② 行进间徒手敬礼；③ 注目礼。

2. 班排连的队列动作

（1）集合

① 班集合；② 排集合；③ 连集合；④ 营集合。

（2）离散

① 离开；② 解散。

3

生活篇

3.1 大学生人际交往

一、大学生人际交往的礼仪

礼仪，是我们人类在长期社会实践和生活中形成的人际间相互关系的一种表现形式，它在治国安邦、立身处世方面具有重要作用。它既是衡量一个人道德水准高低、有无教养的尺度，也是国民精神素质的一个重要内容，是精神文明的具体体现。中华民族是举世闻名的礼仪之邦，礼仪文化的教育传统源远流长。如今，随着社会的发展和人们社交面的扩大，礼仪已经渗透到社会生活的方方面面，我们要交往、要工作、要生活，时时刻刻都离不开礼仪。

大学生在生活和学习的时时刻刻都与他人处于联系和交往活动之中，特别要注重交往礼仪问题。掌握好的社交礼仪是必要的，也是必需的，它能够帮助大学生建立良好的人际关系，在人际交往中塑造良好的个人形象，提升个人魅力，获得自信。

礼仪是指人们在社会交往中由于受历史传统、风俗习惯、时代潮流等因素的影响而形成，既为人们所认同，又为人们所遵守，以建立和谐关系为目的的各种符合礼的精神、要求的行为准则或规范的总和。礼仪具有以下特点：

1. 规范性

礼仪是一种规范，它不是人们主观臆断形成的结果。礼仪规范是对人们在社会交往实践中形成的一定礼仪关系的概括和反映，通过风俗、习惯和传统的方式保留下来。进一步说，礼仪是一定社会或阶级对人们的言谈举止所提出的要求，并由社会思想家们集中概括出来，见之于人们生活实践，从而形成人们普遍遵循的行为准则。每个人要想在社交场合表现得彬彬有礼、很有修养，都必须无条件地遵守礼仪规范。任何人如果不按照被社会认可的礼仪规范去工作、生活，而是随心所欲地按自己的方式去做，那么其行为必然令很多交往对象难以接受。所以，规范性是礼仪的一个极为重要的特性。

2. 多样性

礼仪作为一种行为规范，涉及社会生活的各个方面，从而决定了其有多样性的特点。

人们因为不同的职业、不同的生活领域需要遵循不同的礼仪规范，因此，不管在内容上，还是形式上，礼仪都是丰富多样的。

3. 继承性

人们交际活动中的行为习惯以准则的形式固定下来。这种固化程式随着时间的推移沿袭下来，从而形成种种行为规范。每一个民族的礼仪文化，都是在本民族固有传统文化的基础上，通过不断吸收其他民族的礼仪文化而发展起来的，人们对待流传下来的礼仪规范应采取“取其精华，弃其糟粕”的态度。

4. 差异性

礼仪是在各种社会实践中逐渐沉淀下来的文化遗产，所以对于礼仪的具体运用，会因时间、地点等现实条件的不同而呈现出一定的差异性。另外，同一种礼仪形式，在不同的场合，针对不同的对象，会有细微的差别。如同样的一句话对北方人说可能觉得是笑话，但对于南方人来说，则可能会令彼此尴尬。正因为礼仪存在这些差别，就要求人们在社交活动中，尽可能多地熟悉和掌握社交礼仪，熟练地运用礼仪规范来展示自己的风采，使自己在社交场合中保持良好的形象，促进社会交往的成功。

5. 社会性

礼仪贯穿于整个人类的始终，遍及社会各个领域，渗透到各种社会关系之中，只要有人和人的关系存在，就会有作为人的行为准则和规范的礼仪存在。在现实生活中，每个人都不能脱离社会而独立存在，都希望在自己的交际活动中取得成功，那么礼仪就是一把能让你在社会活动中取得成功的金钥匙。

6. 发展性

礼仪是逐渐形成的，并随着时代的发展而变化。任何时代的礼仪，都体现着时代的要求、社会的发展、历史的进步，由此而引起的众多社交活动的新特点、新问题的出现，要求礼仪随着时代的进步而有所发展。如从封建时代的“三从四德”到社会主义时代的男女平等，礼仪随着社会的进步而更新，以符合时代的要求。

二、大学生人际交往的特点

1. 人际关系

狭义的人际关系是指人们在交往过程中所形成的心理关系。当代很多大学生在开始的交往中往往会很相信对方，相信对方不会故意占自己的便宜，认为最后会达到大致的平衡，所以能够容忍一时的不平衡，以致到最后发现自己过于付出、有太多的不平衡，此时就会选择离开对方，放弃这段人际关系，也会对人际关系感到厌烦。也有些同学与人交往失败的原因在于不够诚实，和他人沟通不够，只会在最后说“我们曾经是朋友，现在怎么会弄成现在这个局面”，然而他没有思考过别人为何不愿意同他交往。事实上是他过于保护自己，不想让任何人看到自己真实的一面，久而久之他人也就厌烦了他这

种虚伪的面目。适当地表露自己是对他人的信任，也是缩短彼此之间的距离、相互理解与信任的方式。

2. 社会认知

在人际交往中要懂得自我知觉，也就是个人对自己的认识和评价，在此包括了给他人的第一印象、建立良好的第一印象。人际关系是在人们的交往中产生的，交往伊始，谁不想给对方留下一个美好的印象呢？同样，谁不想与给自己留下好印象的人继续往来，以此作为深入交往的基础呢？在交往中要注重自己的自尊心，同时也不要去践踏他人的自尊心，否则就会失去一段友谊，在人际交往方面将会得到他人的冷面、冷语。所以在人际交往中要懂得树立自我自尊心和保护他人自尊。

3. 社会动机

动机是引起、维持和促进个体行动的内在力量。人的主要动机有生理需要、安全需要、归属和爱需要、尊重需要、自我实现的需要。当代大学生的许多动机是获得更加优秀的成绩，让老师去特意地关注自己，获得荣誉，但很多大学生却往往以隐蔽的形式去实现这些动机，从而被其他人厌恶，很难获得同学之间的友好关系。也许表面上是很好的关系，当面临利益冲突的时候，彼此之间就像陌生人一样。这样的交际在大学里面往往有很多，也是被批判的。大学生自我保护意识很强，就会形成自我意识，以自我为中心，不会去听取他人建议，这样使彼此之间失去了沟通的机会，久而久之，也就失去了语言上的交际。

不会处理人际关系，是大学生中普遍存在的一个心理问题。大学生在人际交往中，与同学或朋友发生矛盾和冲突时，多数人选择了听之任之的态度；当自己遭遇挫折时，多数人会采取默默承受的方式，只有少部分人会找人倾诉。因此，大学生之间发自内心的交流日趋减少，同学之间的关系逐渐淡漠。然而，在调查中，很多大学生都表示，他们特别渴望与他人建立亲密的人际关系，而往往又有许多的交往让他们失去交往的信心，觉得在大学里不可能存在建立友谊的交往，也就淡化了人际关系。

三、大学生人际交往中的注意事项

1. 热情交往

人际关系是互动的，不要总是消极地等待别人来主动关心自己，而要主动地与周围的同学交往沟通。开放自我是有感染性的，你对别人开放，别人也对你会开放。当对方走出故步自封、自我封闭的死圈子的时候，你不仅会对对方有更深一层的认识，更重要的是，你对自己也会有新的认识和体验。

2. 理解尊重

每个人都有自己的气质和性格特点、成长背景和生活习惯，所以在与同学交往的过程中，如果能互相理解尊重，大家的关系就容易融洽，也会减少不必要的摩擦。

3. 以诚相待

人与人的交往，最重要的是真诚和善意，这也是做人的根本原则。口是心非、虚伪傲慢的人是很难有朋友的。

4. 宽容谅解

俗话说："金无足赤，人无完人。"我们周围的同学都还处于成长的阶段，处理问题会有很多不妥之处，在许多问题上同学间也会有不同见解，这就要求我们能够从对方的角度考虑问题，相互谅解，就不会产生敌意。

5. 消除依赖感

在人际交往中还有一种不健康的心态，就是依赖感过强，总是希望别人像父母兄姐一样关心自己，凡事都要别人替自己拿主意，这是缺乏独立意识的表现。过强的依赖感还会发展成为控制欲，他们强求别人和自己一起学习，一起复习功课，向自己通报行动计划，甚至限制别人同其他同学的交往。

四、大学生人际交往的意义

人际交往是大学生在大学生活、学习过程中不可或缺的社会活动，它能够在生理和心理上对大学生发生影响，解决大学生在个人发展过程中遇到的困境，完善个人的成长。总体来说，大学生的人际交往有以下方面的重要意义：

1）人际交往有助于大学生尽早了解社会；

2）人际交往能够帮助大学生认识自我、完善自我；

3）人际交往有利于大学生身心健康发展；

4）人际交往能够帮助大学生了解外界信息；

5）人际交往能够使大学生获得安全感的需要；

6）人际交往是大学生个人发展的需要。

3.2 校园安全常识

一、防火

大学生用电安全意识不强，购买劣质插排，并将插排随意放置，离开宿舍时不及时断电；防火意识不强，宿舍物品摆放不规范，随意堆放，将书籍及易燃物品堆放在电源附近；对文明宿舍建设重要性认识不足，宿舍内务整理标准落实不到位，物品随意摆放，存在安全隐患；安全上存在侥幸心理，对存在的安全隐患整改不及时。这些都是可能导致火灾发生的因素。

如何做好宿舍防火：

1）强化安全用电意识，购买正牌插排和电器，并按规定使用，养成不用时及时断电的习惯。

2）宿舍物品摆放有序、整洁，易燃物品远离电器，不使用大功率电器，宿舍不乱拉、乱扯电线。

3）养成日常打扫宿舍卫生，检查宿舍电线、电器的习惯，及时排除安全隐患。

二、防盗

大学生防盗意识不强、重要财物保管不善等都是导致被盗的原因。

如何避免被盗：

1）加强防盗意识，不在宿舍存放或随身携带大量现金。现金最好的保管办法是存入银行，尤其是数额较大的要及时存入，存入时应选用适当的储蓄种类，就近储蓄。

2）每学期开学初和临近期末，社会闲杂人员会趁机混进宿舍，对陌生人要谨慎防范。贵重物品不用时最好锁在抽屉、柜子里，以防被乘虚而入者盗走。放假离校应将贵重物品随身带走或托可靠的人保管，不可留在寝室。

3）特殊时间要锁好宿舍门窗，尤其是每栋楼二层宿舍，宿舍门钥匙不要随便乱放、乱借或丢失。

三、防传销

学生缺乏基本的警惕心理，易轻信他人。现代网络技术发达，学生交流广泛，同学之间联系也相对频繁，但是网络的虚拟性容易使人丧失警惕。现代大学生独立欲望比较强烈，他们渴望经济独立，提高自己的社会地位，以此回报家人。大学生社会接触面不广，往往急功近利，对生活的期望值过高，很容易被那些宣称能暴富的传销组织“洗脑”，上当受骗。

如何避免误入传销：

1）增强自身警惕性，不要轻易相信他人，对虚拟的网络友人更应该高度戒备。

2）不被高回报、高利润等形式的金钱诱惑，传销基本上是利用人们急于改变现实的心理，许以高回报。

3）找兼职工作要通过正规途径，凡是工作前需要交押金、上交身份证的要多加小心。

四、防诈骗

沉迷网络，过度依赖轻信网络虚拟的东西；涉世未深，缺乏鉴别判断能力；遇到问题缺乏应变能力，处理问题的方式过于单一和机械等容易被诈骗。

如何防止被骗：

1）理性、慎重对待虚拟网络交友，课余时间多参加体育文化活动，通过现实生活扩大自己的朋友圈，对陌生网友保持高度戒备。

2）离校要走正常请假手续，并告知老师和同学自己出行的时间段、目的地及返回时间，以便老师能随时联系上。

3）遇危险时要学会自保，勿以硬碰硬，在自己势单力薄时不要进行激烈反抗，暂时顺从不法人员，有合适机遇再寻机求救。

五、防人身伤害

争强好胜，相互之间攀比；法律意识淡薄，漠视他人生命；被哥们儿义气蒙蔽了双眼等不成熟的心理都可能会造成自己或他人的人身伤害。

如何防止人身伤害：

1）外出乘坐正规交通工具，并尽量早回学校，切勿贪图方便而选择黑车，尤其是无营业资质的三轮车。

2）要有强烈的法律意识，尊重他人生命。现代社会是法治社会，每个人都要有法律意识，无论何时都要牢记人的生命是第一位的，在哥们儿义气面前不被冲动迷失了自我。

六、防心理疾病

造成心理问题的原因可能有学生家庭环境影响、自身抗压能力太弱、缓解压力知识匮

乏、缺乏独立性和开朗性格、不会适当调整心理状况等。

如何防止心理疾病：

1）培养广泛的兴趣爱好，锻炼交际能力，积极乐观、胸襟开阔，遇事时沉着冷静、从容不迫。

2）遇有心理不适要学会通过与朋友倾诉来宣泄不良情绪或寻求学校心理咨询中心的帮助，掌握心理调节的方法，自觉地控制情绪。

七、防网贷

同学之间互相攀比，消费观有偏差，高消费、为了不被发现而借更多的钱等都是造成现在大学生群体出现大额网贷现象的原因。

如何防止网贷：

1）擦亮眼睛。增强防范意识，谨慎使用个人信息，不随意填写和泄露个人信息，对于推销的网贷产品，切勿盲目信任，提高自身对网贷业务的甄别、抵制能力。

2）找准组织。上学遇到经济困难时，请及时找学校资助部门，只要上学有经济困难，国家和学校都会提供适当帮助。解决学费、住宿费问题，以国家助学贷款为主；解决生活费问题，以国家助学金为主；解决突发临时困难问题，以临时困难补助等为主；解决综合能力和生活补助问题，以勤工助学等为主。

3）理性消费。培养勤俭意识，摒弃超前消费、过度消费和从众消费等错误观念，合理安排生活支出，不盲从、不攀比、不炫耀。

参加社会实践，体验生活的艰辛。借助社会实践可以充分体验社会生活的不易，进而培养自己勤俭节约的意识。

八、防艾滋病

艾滋病是一种危害性极大的传染病，由感染艾滋病病毒（HIV）引起。HIV 是一种能攻击人体免疫系统的病毒。它把人体免疫系统中最重要的 CD4T 淋巴细胞作为主要攻击目标，大量破坏该细胞，使人体丧失免疫功能。因此，人体易于感染各种疾病，并可发生恶性肿瘤，病死率较高。HIV 在人体内的潜伏期平均为 8 ~ 9 年，患艾滋病以前，可以没有任何症状地生活和工作多年。

如何预防艾滋病：

目前尚无预防艾滋病的有效疫苗，因此最重要的是采取预防措施。其方法是：

1）坚持洁身自爱，不卖淫、嫖娼，避免高危性行为。

2）严禁吸毒，不与他人共用注射器。

3）不要擅自输血和使用血制品，要在医生的指导下使用。

4）不要借用或共用牙刷、剃须刀、刮脸刀等个人用品。

5）使用安全套是性生活中最有效的预防性病和艾滋病的措施之一。

6）要避免直接与艾滋病患者的血液、精液、乳汁接触，切断其传播途径。

除了以上提及的安全问题，在大学学习和生活中也要养成个人良好的卫生习惯、注重饮食卫生、加强个人运动和运动安全意识、注意疾病及其防治意识等安全保护意识，只有这样才能够健康愉快地度过美好的大学生活。

4

择业篇

4.1 了解环境，认知自我

一、大学生就业环境

大学生对环境的了解和分析应该包括对社会环境和职业环境的了解和分析。对社会环境的了解和分析包括当前社会政治、经济发展趋势，社会热点职业与人才需求状况，所选职业在当前与未来社会中的地位与发展情况等。对职业环境的了解包括对所选职业内部环境分析和企业所面临的外部环境分析。大学生在进行职业规划时，应全面分析社会环境和职业环境，从而准确把握大的环境形势，便于自身就业的选择和职业的发展。

1. 社会环境

社会环境主要包括政治、经济、文化、法律、人才等各方面的发展环境，属于宏观层面的职业环境探索，主要目的是引导大学生认识到社会环境对个人职业发展的重要性，能够顺应环境，规划自己的职业发展。

2. 职业环境

大学生对未来从事的职业进行理论分析和实际调研，了解该职业甚至是该行业的发展趋势和未来前景，目的是对目标职业有充分的了解，在了解的基础上有针对性地进行取舍，从而便于自己对自身职业的把控和规划。

3. 社会对人才的需求

当代社会对人才素质的要求更全面，学科交叉、知识融合、技术集成的复合型人才通常具有扎实的专业知识和广泛的文化素养，能够将创新与实践相结合，善于沟通与合作，能够在团队中发挥自己的潜能，比较受欢迎。同时除了传统行业对科技人才、技术工人的需求外，各类服务行业的管理咨询人才、信息行业的维护管理人才、新兴行业及跨国公司人才的需求变得多种多样。

二、大学生的自身了解与发展

大学生对自身的了解又称为自我认知，是通过对自己的观察和思考，对自身的感知、思维和意向等方面的觉察，通过对自己的想法、期望、行为及人格特征的判断与评估，实现自我调节与自我评估，从而更好地了解自身情况，科学促进自身职业发展。自我认知主要包括以下几方面的内容：

1）自身兴趣爱好；

2）自身职业性格；

3）关注他人态度；

4）自身职业能力；

5）自我认知的方法。

4.2 职业生涯规划与就业指导

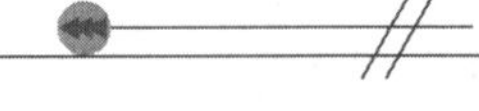

一、大学生职业生涯规划

职业生涯规划又叫“职业生涯设计”。大学生生涯规划，是指结合学生自身以及环境相关因素，在对大学生涯的主客观条件进行测定、分析、总结的基础上，对自己的兴趣、爱好、能力、特点进行综合分析与权衡，结合时代特点，根据自己的学业和职业倾向，确定最佳的奋斗目标，并为实现这一目标作出行之有效的安排。

1. 职业生涯规划理论

从人的终身发展这一角度出发，美国职业学家萨珀将人的职业生涯发展分为五个大的阶段：成长、探索、建立、维持、衰退。在不同的生命周期，职业生涯规划处于不同的阶段，每个阶段的规划内容和重点也有所区别，但各阶段的职业生涯规划又是连续的、互相影响的，从而形成贯穿人生发展始终的完整的职业生涯规划过程。

2. 大学生职业生涯规划的意义

大学生职业生涯规划对大学生未来的发展是很重要的，对于帮助大学生掌握现在、看到未来，促进自我认识、自我定位、自我发展以及自我实现有重要的意义：大学生职业生涯规划有助于大学生认识自我、明确奋斗目标，有助于全面提高大学生的综合素质。

3. 职业生涯规划的步骤

职业生涯规划包括以下步骤：确定志向、自我评估、职业生涯机会的评估、职业的选择、职业生涯路线的选择、设定职业生涯目标、制定行动计划与措施。

二、大学生就业指导

1. 大学生就业信息渠道

收集就业信息的渠道很广泛，此处列举几种常见的途径：各高校的主管部门、各级毕业主管部门和就业指导机构、各类“双向选择洽谈会”、有关新闻媒介、各种社会关系、社会实践或毕业实习、直接与用人单位联系等。

2. 大学生主要的就业去向

近年来大学生毕业的就业去向多元化，在不同方向、不同岗位都有比较优秀的表现。主要的就业方向有：到城乡基层工作；支教、支医、支农、扶贫的“三支一扶”；志愿服务西部计划；农村义务教育阶段学校教师特设岗位；选聘高校毕业生到村任职；国家公务员；各类企业等。

4.3　大学生创业

一、什么是大学生创业

大学生创业就是大学生在校学习期间或毕业离校之时发现并抓住机会，整合各种资源，独立开创或参与开创新企业，提供新产品或新服务，最终实现自身创业目的的一系列活动。

二、大学生创业的特征

1. 大学生创业者具有活力优势

年轻人有活力，刚刚进入社会，对工作和事务充满激情与动力。自信心强，具有很强的拼搏毅力。

2. 大学生创业者具有内在的知识和技术优势

因为自身特点，大学生在学校里学到了很多理论性的东西，有着较高层次的知识和技术优势，有很强的专业能力。

3. 大学生创业者具有浓烈的创业精神

当代大学生有对传统观念和传统行业挑战的信心和欲望，这种创新精神也造就了大学生创业的动力源泉，成为成功创业的精神支柱。

4. 大学生创业者创业具有一定的盲目性

由于刚刚踏足社会，大学生往往社会经验不足，常常盲目乐观，没有充足的创业心理准备，急于求成，缺乏市场意识及商业管理经验，这使得大学生创业具有一定的盲目性。

三、大学生创业的类型

1. 网络创业模式

随着互联网的迅速发展，网络蕴含着巨大的商机和良好的前景。主要的网络创业模式有：创办网站、网上开店、网上自由职业等。

2. 模拟孵化模式

参加各类创业大赛，利用创业大赛提供的平台和机会展示自己的能力，熟悉创业程序，储备创业知识和经验，接触了解社会，积累人脉资源。

3. 积累式创业模式

从基础做起，在创业过程中不断学习，不断积累资本和经验，积少成多，积小成大。从量的积累开始，到最后质的转变，成就事业。

4. 依附加盟模式

在社会交往中，充分利用好公司好平台，在职积累创业经验和资源，建立自己的创业基础，条件成熟后开创自己的事业。同时依托品牌，加盟已有的连锁品牌或者经营模式，利用健全的运营模式和市场机制开展自己的事业也是不错的选择。

四、大学生创业的相关政策

《国务院关于进一步做好新形势下就业创业工作的意见》（国发〔2015〕23号）、《国务院办公厅关于深化高等学校创新创业教育改革的实施意见》（国办发〔2015〕36号）等文件对于大学生等高校毕业生自主创业、实现人生价值提供了便利的优惠政策。

1. 税收优惠

持人社部门核发《就业创业证》（注明“毕业年度内自主创业税收政策”）的高校毕业生在毕业年度内（指毕业所在自然年，即1月1日至12月31日）创办个体工商户、个人独资企业的，3年内按每户每年8000元为限额依次扣减其当年实际应缴纳的营业税、城市维护建设税、教育费附加和个人所得税。对高校毕业生创办的小型微利企业，按国家规

定享受相关税收支持政策。

2. 创业担保贷款和贴息支持

对符合条件的高校毕业生自主创业的，可在创业地按规定申请创业担保贷款，贷款额度为 10 万元。鼓励金融机构参照贷款基础利率，结合风险分担情况，合理确定贷款利率水平，对个人发放的创业担保贷款，在贷款基础利率基础上上浮 3 个百分点以内的，由财政给予贴息。

3. 免收有关行政事业性收费

毕业 2 年以内的普通高校毕业生从事个体经营（除国家限制的行业外）的，自其在工商部门首次注册登记之日起 3 年内，免收管理类、登记类和证照类等有关行政事业性收费。

4. 享受培训补贴

对高校毕业生在毕业学年（即从毕业前一年 7 月 1 日起的 12 个月）内参加创业培训的，根据其获得创业培训合格证书或就业、创业情况，按规定给予培训补贴。

5. 免费创业服务

有创业意愿的高校毕业生，可免费获得公共就业和人才服务机构提供的创业指导服务，包括政策咨询、信息服务、项目开发、风险评估、开业指导、融资服务、跟踪扶持等“一条龙”创业服务。各地在充分发挥各类创业孵化基地作用的基础上，因地制宜建设一批大学生创业孵化基地，并给予相关政策扶持。对基地内大学生创业企业要提供培训和指导服务，落实扶持政策，努力提高创业成功率，延长企业存活期。

6. 享受落户政策

取消高校毕业生落户限制，允许高校毕业生在创业地办理落户手续（直辖市按有关规定执行）。

五、“互联网 +”大学生创新创业大赛

2019 年 6 月 13 日，李克强总理在浙江杭州出席 2019 年全国大众创业万众创新活动周，并发表重要讲话。在活动现场，李克强总理走进中国“互联网 +”大学生创新创业大赛优秀成果展展位，听取教育部高教司司长吴岩关于大赛情况介绍及第三届“互联网 +”大赛冠军、浙江大学管理学院管理科学与工程专业 2014 级博士生白云峰的项目汇报。

6 月 14 日，第五届中国“互联网 +”大学生创新创业大赛“青年红色筑梦之旅”活动启动仪式在浙江嘉兴举行，来自全国 32 个省、自治区、直辖市 175 所高校的 550 多名优秀学子齐聚美丽嘉兴，同上一堂“全国最大的思政课”。

“青年红色筑梦之旅”活动旨在引导广大青年学生扎根中国大地，了解国情民情，在创新创业中增长智慧才干，在艰苦奋斗中锤炼意志品质，为中国特色社会主义事业培养有理想、有本领、有担当的热血青春力量。

此次的“青年红色筑梦之旅”将立足红色传承、立足实际需求、立足强国建设，组织

百万名大学生以及企业家、投资人、社会工作者等，以“科技中国小分队”“健康中国小分队”“幸福中国小分队”“教育中国小分队”“法治中国小分队”“形象中国小分队”“政策宣讲小分队”或项目团队等形式，走进革命老区、贫困地区、城乡社区，从乡村振兴、策精准扶贫、社区治理等多个方面开展帮扶工作，为全面建成小康社会、加快推进社会主义现代化建设贡献智慧。

5

制度规范篇

5.1 国家教育行政法规、教育部有关文件

一、习近平总书记在全国高校思想政治工作会议上的重要讲话

全国高校思想政治工作会议2016年12月7日至8日在北京召开。中共中央总书记、国家主席、中央军委主席习近平出席会议并发表重要讲话。他强调，高校思想政治工作关系高校培养什么样的人、如何培养人以及为谁培养人这个根本问题。要坚持把立德树人作为中心环节，把思想政治工作贯穿教育教学全过程，实现全程育人、全方位育人，努力开创我国高等教育事业发展新局面。

习近平在讲话中指出，教育强则国家强。高等教育发展水平是一个国家发展水平和发展潜力的重要标志。实现中华民族伟大复兴，教育的地位和作用不可忽视。我们对高等教育的需要比以往任何时候都更加迫切，对科学知识和卓越人才的渴求比以往任何时候都更加强烈。党中央作出加快建设世界一流大学和一流学科的战略决策，就是要提高我国高等教育发展水平，增强国家核心竞争力。

习近平强调，我国有独特的历史、独特的文化、独特的国情，决定了我国必须走自己的高等教育发展道路，扎实办好中国特色社会主义高校。我国高等教育发展方向要同我国发展的现实目标和未来方向紧密联系在一起，为人民服务，为中国共产党治国理政服务，为巩固和发展中国特色社会主义制度服务，为改革开放和社会主义现代化建设服务。

习近平指出，我国高等教育肩负着培养德、智、体、美全面发展的社会主义事业建设者和接班人的重大任务，必须坚持正确政治方向。高校立身之本在于立德树人。只有培养出一流人才的高校，才能够成为世界一流大学。办好我国高校，办出世界一流大学，必须牢牢抓住全面提高人才培养能力这个核心点，并以此来带动高校其他工作。

习近平强调，我们的高校是党领导下的高校，是中国特色社会主义高校。办好我们的高校，必须坚持以马克思主义为指导，全面贯彻党的教育方针。要坚持不懈传播马克思主义科学理论，抓好马克思主义理论教育，为学生一生成长奠定科学的思想基础。要坚持不懈培育和弘扬社会主义核心价值观，引导广大师生做社会主义核心价值观的坚定信仰者、

积极传播者、模范践行者。要坚持不懈促进高校和谐稳定，培育理性平和的健康心态，加强人文关怀和心理疏导，把高校建设成为安定团结的模范之地。要坚持不懈培育优良校风和学风，使高校发展做到治理有方、管理到位、风清气正。

习近平指出，思想政治工作从根本上说是做人的工作，必须围绕学生、关照学生、服务学生，不断提高学生思想水平、政治觉悟、道德品质、文化素养，让学生成为德才兼备、全面发展的人才。

习近平强调，要教育引导学生正确认识世界和中国发展大势，从我们党探索中国特色社会主义历史发展和伟大实践中，认识和把握人类社会发展的历史必然性，认识和把握中国特色社会主义的历史必然性，不断树立为共产主义远大理想和中国特色社会主义共同理想而奋斗的信念和信心；正确认识中国特色和国际比较，全面客观认识当代中国、看待外部世界；正确认识时代责任和历史使命，用中国梦激扬青春梦，为学生点亮理想的灯、照亮前行的路，激励学生自觉把个人的理想追求融入国家和民族的事业中，勇做走在时代前列的奋进者、开拓者；正确认识远大抱负和脚踏实地，珍惜韶华、脚踏实地，把远大抱负落实到实际行动中，让勤奋学习成为青春飞扬的动力，让增长本领成为青春搏击的能量。

习近平指出，做好高校思想政治工作，要因事而化、因时而进、因势而新。要遵循思想政治工作规律，遵循教书育人规律，遵循学生成长规律，不断提高工作能力和水平。要用好课堂教学这个主渠道，思想政治理论课要坚持在改进中加强，提升思想政治教育亲和力和针对性，满足学生成长发展需求和期待，其他各门课都要守好一段渠、种好责任田，使各类课程与思想政治理论课同向同行，形成协同效应。要加快构建中国特色哲学社会科学学科体系和教材体系，推出更多高水平教材，创新学术话语体系，建立科学权威、公开透明的哲学社会科学成果评价体系，努力构建全方位、全领域、全要素的哲学社会科学体系。要更加注重“以文化人，以文育人”，广泛开展文明校园创建，开展形式多样、健康向上、格调高雅的校园文化活动，广泛开展各类社会实践。要运用新媒体、新技术使工作活起来，推动思想政治工作传统优势同信息技术高度融合，增强时代感和吸引力。

习近平强调，教师是人类灵魂的工程师，承担着神圣使命。传道者自己首先要明道、信道。高校教师要坚持教育者先受教育，努力成为先进思想文化的传播者、党执政的坚定支持者，更好担起学生健康成长指导者和引路人的责任。要加强师德师风建设，坚持教书和育人相统一，坚持言传和身教相统一，坚持潜心问道和关注社会相统一，坚持学术自由和学术规范相统一，引导广大教师以德立身、以德立学、以德施教。

习近平指出，办好我国高等教育，必须坚持党的领导，牢牢掌握党对高校工作的领导权，使高校成为坚持党的领导的坚强阵地。党委要保证高校正确办学方向，掌握高校思想政治工作主导权，保证高校始终成为培养社会主义事业建设者和接班人的坚强阵地。各级党委要把高校思想政治工作摆在重要位置，加强领导和指导，形成党委统一领导、各部门各方面齐抓共管的工作格局。各地党委书记和有关部门党组书记要多到高校走走，多同师生接触，多次去高校作报告，回答师生关注的理论和现实问题。要加强同高校知识分子的联系，多关心、多交流、多鼓励，善交朋友、广交朋友、深交朋友，多听他们的意见，真

听他们的意见。

习近平强调，高校党委对学校工作实行全面领导，承担管党治党、办学治校主体责任，把方向、管大局、作决策、保落实。要加强高校党的基层组织建设，创新体制机制，改进工作方式，提高党的基层组织做思想政治工作的能力。要做好在高校教师和学生中发展党员工作，加强党员队伍教育管理，使每个师生党员都做到在党爱党、在党言党、在党为党。

习近平指出，长期以来，高校思想政治工作队伍兢兢业业、甘于奉献、奋发有为，为高等教育事业发展作出了重要贡献。要拓展选拔视野，抓好教育培训，强化实践锻炼，健全激励机制，整体推进高校党政干部和共青团干部、思想政治理论课教师和哲学社会科学课教师、辅导员班主任和心理咨询教师等队伍建设，保证这支队伍后继有人、源源不断。

二、中华人民共和国高等教育法

（1998 年 8 月 29 日第九届全国人民代表大会常务委员会第四次会议通过　根据 2015 年 12 月 27 日第十二届全国人民代表大会常务委员会第十八次会议《关于修改〈中华人民共和国高等教育法〉的决定》第一次修正　根据 2018 年 12 月 29 日第十三届全国人民代表大会常务委员会第七次会议《关于修改〈中华人民共和国电力法〉等四部法律的决定》第二次修正）

第一章　总则

第一条　为了发展高等教育事业，实施科教兴国战略，促进社会主义物质文明和精神文明建设，根据宪法和教育法，制定本法。

第二条　在中华人民共和国境内从事高等教育活动，适用本法。本法所称高等教育，是指在完成高级中等教育基础上实施的教育。

第三条　国家坚持以马克思列宁主义、毛泽东思想、邓小平理论为指导，遵循宪法确定的基本原则，发展社会主义的高等教育事业。

第四条　高等教育必须贯彻国家的教育方针，为社会主义现代化建设服务、为人民服务，与生产劳动和社会实践相结合，使受教育者成为德、智、体、美等方面全面发展的社会主义事业的建设者和接班人。

第五条　高等教育的任务是培养具有社会责任感、创新精神和实践能力的高级专门人才，发展科学技术文化，促进社会主义现代化建设。

第六条　国家根据经济建设和社会发展的需要，制定高等教育发展规划，举办高等学校，并采取多种形式积极发展高等教育事业。

国家鼓励企业事业组织、社会团体及其他社会组织和公民等社会力量依法举办高等学校，参与和支持高等教育事业的改革和发展。

第七条　国家按照社会主义现代化建设和发展社会主义市场经济的需要，根据不同类型、不同层次高等学校的实际，推进高等教育体制改革和高等教育教学改革，优化高等教育结构和资源配置，提高高等教育的质量和效益。

第八条　国家根据少数民族的特点和需要，帮助和支持少数民族地区发展高等教育事业，为少数民族培养高级专门人才。

第九条　公民依法享有接受高等教育的权利。

国家采取措施，帮助少数民族学生和经济困难的学生接受高等教育。

高等学校必须招收符合国家规定的录取标准的残疾学生入学，不得因其残疾而拒绝招收。

第十条　国家依法保障高等学校中的科学研究、文学艺术创作和其他文化活动的自由。

在高等学校中从事科学研究、文学艺术创作和其他文化活动，应当遵守法律。

第十一条　高等学校应当面向社会，依法自主办学，实行民主管理。

第十二条　国家鼓励高等学校之间、高等学校与科学研究机构以及企业事业组织之间开展协作，实行优势互补，提高教育资源的使用效益。

国家鼓励和支持高等教育事业的国际交流与合作。

第十三条　国务院统一领导和管理全国高等教育事业。

省、自治区、直辖市人民政府统筹协调本行政区域内的高等教育事业，管理主要为地方培养人才和国务院授权管理的高等学校。

第十四条　国务院教育行政部门主管全国高等教育工作，管理由国务院确定的主要为全国培养人才的高等学校。国务院其他有关部门在国务院规定的职责范围内，负责有关的高等教育工作。

第二章　高等教育基本制度

第十五条　高等教育包括学历教育和非学历教育。

高等教育采用全日制和非全日制教育形式。

国家支持采用广播、电视、函授及其他远程教育方式实施高等教育。

第十六条　高等学历教育分为专科教育、本科教育和研究生教育。

高等学历教育应当符合下列学业标准：

（一）专科教育应当使学生掌握本专业必备的基础理论、专门知识，具有从事本专业实际工作的基本技能和初步能力；

（二）本科教育应当使学生比较系统地掌握本学科、专业必需的基础理论、基本知识，掌握本专业必要的基本技能、方法和相关知识，具有从事本专业实际工作和研究工作的初步能力；

（三）硕士研究生教育应当使学生掌握本学科坚实的基础理论、系统的专业知识，掌握相应的技能、方法和相关知识，具有从事本专业实际工作和科学研究工作的能力。博士研究生教育应当使学生掌握本学科坚实宽广的基础理论、系统深入的专业知识、相应的技能和方法，具有独立从事本学科创造性科学研究工作和实际工作的能力。

第十七条　专科教育的基本修业年限为二至三年，本科教育的基本修业年限为四至五年，硕士研究生教育的基本修业年限为二至三年，博士研究生教育的基本修业年限为三至四年。非全日制高等学历教育的修业年限应当适当延长。高等学校根据实际需要，可以对本学校的修业年限作出调整。

第十八条　高等教育由高等学校和其他高等教育机构实施。

大学、独立设置的学院主要实施本科及本科以上教育。高等专科学校实施专科教育。经国务院教育行政部门批准，科学研究机构可以承担研究生教育的任务。

其他高等教育机构实施非学历高等教育。

第十九条　高级中等教育毕业或者具有同等学力的，经考试合格，由实施相应学历教育的高等学校录取，取得专科生或者本科生入学资格。

本科毕业或者具有同等学力的，经考试合格，由实施相应学历教育的高等学校或者经批准承担研究生教育任务的科学研究机构录取，取得硕士研究生入学资格。

硕士研究生毕业或者具有同等学力的，经考试合格，由实施相应学历教育的高等学校或者经批准承担研究生教育任务的科学研究机构录取，取得博士研究生入学资格。

允许特定学科和专业的本科毕业生直接取得博士研究生入学资格，具体办法由国务院教育行政部门规定。

第二十条　接受高等学历教育的学生，由所在高等学校或者经批准承担研究生教育任务的科学研究机构根据其修业年限、学业成绩等，按照国家有关规定，发给相应的学历证书或者其他学业证书。

接受非学历高等教育的学生，由所在高等学校或者其他高等教育机构发给相应的结业证书。结业证书应当载明修业年限和学业内容。

第二十一条　国家实行高等教育自学考试制度，经考试合格的，发给相应的学历证书或者其他学业证书。

第二十二条　国家实行学位制度。学位分为学士、硕士和博士。

公民通过接受高等教育或者自学，其学业水平达到国家规定的学位标准，可以向学位授予单位申请授予相应的学位。

第二十三条　高等学校和其他高等教育机构应当根据社会需要和自身办学条件，承担实施继续教育的工作。

第三章　高等学校的设立

第二十四条　设立高等学校，应当符合国家高等教育发展规划，符合国家利益和社会公共利益。

第二十五条　设立高等学校，应当具备教育法规定的基本条件。

大学或者独立设置的学院还应当具有较强的教学、科学研究力量，较高的教学、科学研究水平和相应规模，能够实施本科及本科以上教育。大学还必须设有三个以上国家规定的学科门类为主要学科。设立高等学校的具体标准由国务院制定。

设立其他高等教育机构的具体标准，由国务院授权的有关部门或者省、自治区、直辖市人民政府根据国务院规定的原则制定。

第二十六条　设立高等学校，应当根据其层次、类型、所设学科类别、规模、教学和科学研究水平，使用相应的名称。

第二十七条　申请设立高等学校的，应当向审批机关提交下列材料：

（一）申办报告；

（二）可行性论证材料；

（三）章程；

（四）审批机关依照本法规定要求提供的其他材料。

第二十八条　高等学校的章程应当规定以下事项：

（一）学校名称、校址；

（二）办学宗旨；

（三）办学规模；

（四）学科门类的设置；

（五）教育形式；

（六）内部管理体制；

（七）经费来源、财产和财务制度；

（八）举办者与学校之间的权利、义务；

（九）章程修改程序；

（十）其他必须由章程规定的事项。

第二十九条　设立实施本科及以上教育的高等学校，由国务院教育行政部门审批；设立实施专科教育的高等学校，由省、自治区、直辖市人民政府审批，报国务院教育厅行政部门备案；设立其他高等教育机构，由省、自治区、直辖市人民政府审批。审批设立高等学校和其他高等教育机构，应当遵守国家有关规定。

审批高等学校设立，应当委托由专家组成的评议机构评议。

高等学校和其他高等教育机构分立、合并、终止，变更名称、类别和其他重要事项，由本条第一款规定的审批机关审批；修改章程，应当根据管理权限，报国务院教育行政部门或者省、自治区、直辖市人民政府教育行政部门核准。

第四章——高等学校的组织和活动

第三十条　高等学校自批准设立之日起取得法人资格。高等学校的校长为高等学校的法定代表人。

高等学校在民事活动中依法享有民事权利，承担民事责任。

第三十一条　高等学校应当以培养人才为中心，开展教学、科学研究和社会服务，保证教育教学质量达到国家规定的标准。

第三十二条　高等学校根据社会需求、办学条件和国家核定的办学规模，制定招生方

案，自主调节系科招生比例。

第三十三条　高等学校依法自主设置和调整学科、专业。

第三十四条　高等学校根据教学需要，自主制定教学计划、选编教材、组织实施教学活动。

第三十五条　高等学校根据自身条件，自主开展科学研究、技术开发和社会服务。

国家鼓励高等学校同企业事业组织、社会团体及其他社会组织在科学研究、技术开发和推广等方面进行多种形式的合作。

国家支持具备条件的高等学校成为国家科学研究基地。

第三十六条　高等学校按照国家有关规定，自主开展与境外高等学校之间的科学技术文化交流与合作。

第三十七条　高等学校根据实际需要和精简、效能的原则，自主确定教学、科学研究、行政职能部门等内部组织机构的设置和人员配备；按照国家有关规定，评聘教师和其他专业技术人员的职务，调整津贴及工资分配。

第三十八条　高等学校对举办者提供的财产、国家财政性资助、受捐赠财产依法自主管理和使用。

高等学校不得将用于教学和科学研究活动的财产挪作他用。

第三十九条　国家举办的高等学校实行中国共产党高等学校基层委员会领导下的校长负责制。中国共产党高等学校基层委员会按照中国共产党章程和有关规定，统一领导学校工作，支持校长独立负责地行使职权，其领导职责主要是：执行中国共产党的路线、方针、政策，坚持社会主义办学方向，领导学校的思想政治工作和德育工作，讨论决定学校内部组织机构的设置和内部组织机构负责人的人选，讨论决定学校的改革、发展和基本管理制度等重大事项，保证以培养人才为中心的各项任务的完成。

社会力量举办的高等学校的内部管理体制按照国家有关社会力量办学的规定确定。

第四十条　高等学校的校长，由符合教育法规定的任职条件的公民担任。高等学校的校长、副校长按照国家有关规定任免。

第四十一条　高等学校的校长全面负责本学校的教学、科学研究和其他行政管理工作，行使下列职权：

（一）拟订发展规划，制定具体规章制度和年度工作计划并组织实施；

（二）组织教学活动、科学研究和思想品德教育；

（三）拟订内部组织机构的设置方案，推荐副校长人选，任免内部组织机构的负责人；

（四）聘任与解聘教师以及内部其他工作人员，对学生进行学籍管理并实施奖励或者处分；

（五）拟订和执行年度经费预算方案，保护和管理校产，维护学校的合法权益；

（六）章程规定的其他职权。

高等学校的校长主持校长办公会议或者校务会议，处理前款规定的有关事项。

第四十二条　高等学校设立学术委员会，履行下列职责：

（一）审议学科建设、专业设置，教学、科学研究计划方案；

（二）评定教学、科学研究成果；

（三）调查、处理学术纠纷；

（四）调查、认定学术不端行为；

（五）按照章程审议、决定有关学术发展、学术评价、学术规范的其他事项。

第四十三条　高等学校通过以教师为主体的教职工代表大会等组织形式，依法保障教职工参与民主管理和监督，维护教职工合法权益。

第四十四条　高等学校应当建立本学校办学水平、教育质量的评价制度，及时公开相关信息，接受社会监督。教育行政部门负责组织专家或者委托第三方专业机构对高等学校的办学水平、效益和教育质量进行评估。评估结果应当向社会公开。

第五章　高等学校教师和其他教育工作者

第四十五条　高等学校的教师及其他教育工作者享有法律规定的权利，履行法律规定的义务，忠诚于人民的教育事业。

第四十六条　高等学校实行教师资格制度。中国公民凡遵守宪法和法律，热爱教育事业，具有良好的思想品德，具备研究生或者大学本科毕业学历，有相应的教育教学能力，经认定合格，可以取得高等学校教师资格。不具备研究生或者大学本科毕业学历的公民，学有所长，通过国家教师资格考试，经认定合格，也可以取得高等学校教师资格。

第四十七条　高等学校实行教师职务制度。高等学校教师职务根据学校所承担的教学、科学研究等任务的需要设置。教师职务设助教、讲师、副教授、教授。

高等学校的教师取得前款规定的职务应当具备下列基本条件：

（一）取得高等学校教师资格；

（二）系统地掌握本学科的基础理论；

（三）具备相应职务的教育教学能力和科学研究能力；

（四）承担相应职务的课程和规定课时的教学任务。

教授、副教授除应当具备以上基本任职条件外，还应当对本学科具有系统而坚实的基础理论和比较丰富的教学、科学研究经验，教学成绩显著，论文或者著作达到较高水平或者有突出的教学、科学研究成果。

高等学校教师职务的具体任职条件由国务院规定。

第四十八条　高等学校实行教师聘任制。教师经评定具备任职条件的，由高等学校按照教师职务的职责、条件和任期聘任。

高等学校的教师的聘任，应当遵循双方平等自愿的原则，由高等学校校长与受聘教师签订聘任合同。

第四十九条　高等学校的管理人员，实行教育职员制度。高等学校的教学辅助人员及其他专业技术人员，实行专业技术职务聘任制度。

第五十条　国家保护高等学校教师及其他教育工作者的合法权益，采取措施改善高等学校教师及其他教育工作者的工作条件和生活条件。

第五十一条　高等学校应当为教师参加培训、开展科学研究和进行学术交流提供便利条件。

高等学校应当对教师、管理人员和教学辅助人员及其他专业技术人员的思想政治表现、职业道德、业务水平和工作实绩进行考核，考核结果作为聘任或者解聘、晋升、奖励或者处分的依据。

第五十二条　高等学校的教师、管理人员和教学辅助人员及其他专业技术人员，应当以教学和培养人才为中心做好本职工作。

第六章　高等学校的学生

第五十三条　高等学校的学生应当遵守法律、法规，遵守学生行为规范和学校的各项管理制度，尊敬师长，刻苦学习，增强体质，树立爱国主义、集体主义和社会主义思想，努力学习马克思列宁主义、毛泽东思想、邓小平理论，具有良好的思想品德，掌握较高的科学文化知识和专业技能。

高等学校学生的合法权益，受法律保护。

第五十四条　高等学校的学生应当按照国家规定缴纳学费。

家庭经济困难的学生，可以申请补助或者减免学费。

第五十五条　国家设立奖学金，并鼓励高等学校、企业事业组织、社会团体以及其他社会组织和个人按照国家有关规定设立各种形式的奖学金，对品学兼优的学生、国家规定的专业的学生以及到国家规定的地区工作的学生给予奖励。

国家设立高等学校学生勤工助学基金和贷学金，并鼓励高等学校、企业事业组织、社会团体以及其他社会组织和个人设立各种形式的助学金，对家庭经济困难的学生提供帮助。

获得贷学金及助学金的学生，应当履行相应的义务。

第五十六条　高等学校的学生在课余时间可以参加社会服务和勤工助学活动，但不得影响学业任务的完成。

高等学校应当对学生的社会服务和勤工助学活动给予鼓励和支持，并进行引导和管理。

第五十七条　高等学校的学生，可以在校内组织学生团体。学生团体在法律、法规规定的范围内活动，服从学校的领导和管理。

第五十八条　高等学校的学生思想品德合格，在规定的修业年限内学完规定的课程，成绩合格或者修满相应的学分，准予毕业。

第五十九条　高等学校应当为毕业生、结业生提供就业指导和服务。

国家鼓励高等学校毕业生到边远、艰苦地区工作。

第七章 高等教育投入和条件保障

第六十条 高等教育实行以举办者投入为主、受教育者合理分担培养成本、高等学校多种渠道筹措经费的机制。

国务院和省、自治区、直辖市人民政府依照教育法第五十六条的规定，保证国家举办的高等教育的经费逐步增长。

国家鼓励企业事业组织、社会团体及其他社会组织和个人向高等教育投入。

第六十一条 高等学校的举办者应当保证稳定的办学经费来源，不得抽回其投入的办学资金。

第六十二条 国务院教育行政部门会同国务院其他有关部门根据在校学生年人均教育成本，规定高等学校年经费开支标准和筹措的基本原则；省、自治区、直辖市人民政府教育行政部门会同有关部门制订本行政区域内高等学校年经费开支标准和筹措办法，作为举办者和高等学校筹措办学经费的基本依据。

第六十三条 国家对高等学校进口图书资料、教学科研设备以及校办产业实行优惠政策。高等学校所办产业或者转让知识产权以及其他科学技术成果获得的收益，用于高等学校办学。

第六十四条 高等学校收取的学费应当按照国家有关规定管理和使用，其他任何组织和个人不得挪用。

第六十五条 高等学校应当依法建立、健全财务管理制度，合理使用、严格管理教育经费，提高教育投资效益。

高等学校的财务活动应当依法接受监督。

第八章 附则

第六十六条 对高等教育活动中违反教育法规定的，依照教育法的有关规定给予处罚。

第六十七条 中国境外个人符合国家规定的条件并办理有关手续后，可以进入中国境内高等学校学习、研究、进行学术交流或者任教，其合法权益受国家保护。

第六十八条 本法所称高等学校是指大学、独立设置的学院和高等专科学校，其中包括高等职业学校和成人高等学校。

本法所称其他高等教育机构是指除高等学校和经批准承担研究生教育任务的科学研究机构以外的从事高等教育活动的组织。

本法有关高等学校的规定适用于其他高等教育机构和经批准承担研究生教育任务的科学研究机构，但是对高等学校专门适用的规定除外。

第六十九条 本法自 1999 年 1 月 1 日起施行。

三、普通高等学校学生管理规定

中华人民共和国教育部令第 41 号

第一章　总则

第一条　为规范普通高等学校学生管理行为，维护普通高等学校正常的教育教学秩序和生活秩序，保障学生合法权益，培养德、智、体、美等方面全面发展的社会主义建设者和接班人，依据教育法、高等教育法以及有关法律、法规，制定本规定。

第二条　本规定适用于普通高等学校、承担研究生教育任务的科学研究机构（以下称学校）对接受普通高等学历教育的研究生和本科、专科（高职）学生（以下称学生）的管理。

第三条　学校要坚持社会主义办学方向，坚持马克思主义的指导地位，全面贯彻国家教育方针；要坚持以立德树人为根本，以理想信念教育为核心，培育和践行社会主义核心价值观，弘扬中华优秀传统文化和革命文化、社会主义先进文化，培养学生的社会责任感、创新精神和实践能力；要坚持依法治校，科学管理，健全和完善管理制度，规范管理行为，将管理与育人相结合，不断提高管理和服务水平。

第四条　学生应当拥护中国共产党领导，努力学习马克思列宁主义、毛泽东思想、中国特色社会主义理论体系，深入学习习近平总书记系列重要讲话精神和治国理政新理念新思想新战略，坚定中国特色社会主义道路自信、理论自信、制度自信、文化自信，树立中国特色社会主义共同理想；应当树立爱国主义思想，具有团结统一、爱好和平、勤劳勇敢、自强不息的精神；应当增强法治观念，遵守宪法、法律、法规，遵守公民道德规范，遵守学校管理制度，具有良好的道德品质和行为习惯；应当刻苦学习，勇于探索，积极实践，努力掌握现代科学文化知识和专业技能；应当积极锻炼身体，增进身心健康，提高个人修养，培养审美情趣。

第五条　实施学生管理，应当尊重和保护学生的合法权利，教育和引导学生承担应尽的义务与责任，鼓励和支持学生实行自我管理、自我服务、自我教育、自我监督。

第二章　学生的权利与义务

第六条　学生在校期间依法享有下列权利：

（一）参加学校教育教学计划安排的各项活动，使用学校提供的教育教学资源；

（二）参加社会实践、志愿服务、勤工助学、文娱体育及科技文化创新等活动，获得就业创业指导和服务；

（三）申请奖学金、助学金及助学贷款；

（四）在思想品德、学业成绩等方面获得科学、公正评价，完成学校规定学业后获得相应的学历证书、学位证书；

（五）在校内组织、参加学生团体，以适当方式参与学校管理，对学校与学生权益相关事务享有知情权、参与权、表达权和监督权；

（六）对学校给予的处理或者处分有异议，向学校、教育行政部门提出申诉，对学校、教职员工侵犯其人身权、财产权等合法权益的行为，提出申诉或者依法提起诉讼；

（七）法律、法规及学校章程规定的其他权利。

第七条　学生在校期间依法履行下列义务：

（一）遵守宪法和法律、法规；

（二）遵守学校章程和规章制度；

（三）恪守学术道德，完成规定学业；

（四）按规定缴纳学费及有关费用，履行获得贷学金及助学金的相应义务；

（五）遵守学生行为规范，尊敬师长，养成良好的思想品德和行为习惯；

（六）法律、法规及学校章程规定的其他义务。

第三章　学籍管理

第一节　入学与注册

第八条　按国家招生规定录取的新生，持录取通知书，按学校有关要求和规定的期限到校办理入学手续。因故不能按期入学的，应当向学校请假。未请假或者请假逾期的，除因不可抗力等正当事由以外，视为放弃入学资格。

第九条　学校应当在报到时对新生入学资格进行初步审查，审查合格的办理入学手续，予以注册学籍；审查发现新生的录取通知、考生信息等证明材料，与本人实际情况不符，或者有其他违反国家招生考试规定情形的，取消入学资格。

第十条　新生可以申请保留入学资格。保留入学资格期间不具有学籍。保留入学资格的条件、期限等由学校规定。

新生保留入学资格期满前应向学校申请入学，经学校审查合格后，办理入学手续。审查不合格的，取消入学资格；逾期不办理入学手续且未有因不可抗力延迟等正当理由的，视为放弃入学资格。

第十一条　学生入学后，学校应当在 3 个月内按照国家招生规定进行复查。复查内容主要包括以下方面：

（一）录取手续及程序等是否合乎国家招生规定；

（二）所获得的录取资格是否真实、合乎相关规定；

（三）本人及身份证明与录取通知、考生档案等是否一致；

（四）身心健康状况是否符合报考专业或者专业类别体检要求，能否保证在校正常学习、生活；

（五）艺术、体育等特殊类型录取学生的专业水平是否符合录取要求。

复查中发现学生存在弄虚作假、徇私舞弊等情形的，确定为复查不合格，应当取消学籍；情节严重的，学校应当移交有关部门调查处理。

复查中发现学生身心状况不适宜在校学习，经学校指定的二级甲等以上医院诊断，需要在家休养的，可以按照第十条的规定保留入学资格。

复查的程序和办法，由学校规定。

第十二条　每学期开学时，学生应当按学校规定办理注册手续。不能如期注册的，应当履行暂缓注册手续。未按学校规定缴纳学费或者有其他不符合注册条件的，不予注册。

家庭经济困难的学生可以申请助学贷款或者其他形式资助，办理有关手续后注册。

学校应当按照国家有关规定为家庭经济困难学生提供教育救助，完善学生资助体系，保证学生不因家庭经济困难而放弃学业。

第二节　考核与成绩记载

第十三条　学生应当参加学校教育教学计划规定的课程和各种教育教学环节（以下统称课程）的考核，考核成绩记入成绩册，并归入学籍档案。

考核分为考试和考查两种。考核和成绩评定方式，以及考核不合格的课程是否重修或者补考，由学校规定。

第十四条　学生思想品德的考核、鉴定，以本规定第四条为主要依据，采取个人小结、师生民主评议等形式进行。

学生体育成绩评定要突出过程管理，可以根据考勤、课内教学、课外锻炼活动和体质健康等情况综合评定。

第十五条　学生每学期或者每学年所修课程或者应修学分数以及升级、跳级、留级、降级等要求，由学校规定。

第十六条　学生根据学校有关规定，可以申请辅修校内其他专业或者选修其他专业课程；可以申请跨校辅修专业或者修读课程，参加学校认可的开放式网络课程学习。学生修读的课程成绩（学分），学校审核同意后，予以承认。

第十七条　学生参加创新创业、社会实践等活动以及发表论文、获得专利授权等与专业学习、学业要求相关的经历、成果，可以折算为学分，计入学业成绩。具体办法由学校规定。

学校应当鼓励、支持和指导学生参加社会实践、创新创业活动，可以建立创新创业档案、设置创新创业学分。

第十八条　学校应当健全学生学业成绩和学籍档案管理制度，真实、完整地记载、出具学生学业成绩，对通过补考、重修获得的成绩，应当予以标注。

学生严重违反考核纪律或者作弊的，该课程考核成绩记为无效，并应视其违纪或者作弊情节，给予相应的纪律处分。给予警告、严重警告、记过及留校察看处分的，经教育表现较好，可以对该课程给予补考或者重修机会。

学生因退学等情况中止学业，其在校学习期间所修课程及已获得学分，应当予以记录。学生重新参加入学考试、符合录取条件，再次入学的，其已获得学分，经录取学校认定，可以予以承认。具体办法由学校规定。

第十九条　学生应当按时参加教育教学计划规定的活动。不能按时参加的，应当事先请假并获得批准。无故缺席的，根据学校有关规定给予批评教育，情节严重的，给予相应的纪律处分。

第二十条　学校应当开展学生诚信教育，以适当方式记录学生学业、学术、品行等方面的诚信信息，建立对失信行为的约束和惩戒机制；对有严重失信行为的，可以规定给予相应的纪律处分，对违背学术诚信的，可以对其获得学位及学术称号、荣誉等作出限制。

第三节　转专业与转学

第二十一条　学生在学习期间对其他专业有兴趣和专长的，可以申请转专业；以特殊招生形式录取的学生，国家有相关规定或者录取前与学校有明确约定的，不得转专业。

学校应当制定学生转专业的具体办法，建立公平、公正的标准和程序，健全公示制度。学校根据社会对人才需求情况的发展变化，需要适当调整专业的，应当允许在读学生转到其他相关专业就读。

休学创业或退役后复学的学生，因自身情况需要转专业的，学校应当优先考虑。

第二十二条　学生一般应当在被录取学校完成学业。因患病或者有特殊困难、特别需要，无法继续在本校学习或者不适应本校学习要求的，可以申请转学。有下列情形之一，不得转学：

（一）入学未满一学期或者毕业前一年的；

（二）高考成绩低于拟转入学校相关专业同一生源地相应年份录取成绩的；

（三）由低学历层次转为高学历层次的；

（四）以定向就业招生录取的；

（五）研究生拟转入学校、专业的录取控制标准高于其所在学校、专业的；

（六）无正当转学理由的。

学生因学校培养条件改变等非本人原因需要转学的，学校应当出具证明，由所在地省级教育行政部门协调转学到同层次学校。

第二十三条　学生转学由学生本人提出申请，说明理由，经所在学校和拟转入学校同意，由转入学校负责审核转学条件及相关证明，认为符合本校培养要求且学校有培养能力的，经学校校长办公会或者专题会议研究决定，可以转入。研究生转学还应当经拟转入专业导师同意。

跨省转学的，由转出地省级教育行政部门商转入地省级教育行政部门，按转学条件确认后办理转学手续。须转户口的由转入地省级教育行政部门将有关文件抄送转入学校所在地的公安机关。

第二十四条　学校应当按照国家有关规定，建立健全学生转学的具体办法；对转学情况应当及时进行公示，并在转学完成后 3 个月内，由转入学校报所在地省级教育行政部门备案。

省级教育行政部门应当加强对区域内学校转学行为的监督和管理，及时纠正违规转学行为。

第四节　休学与复学

第二十五条　学生可以分阶段完成学业，除另有规定外，应当在学校规定的最长学习年限（含休学和保留学籍）内完成学业。

学生申请休学或者学校认为应当休学的，经学校批准，可以休学。休学次数和期限由学校规定。

第二十六条　学校可以根据情况建立并实行灵活的学习制度。对休学创业的学生，可以单独规定最长学习年限，并简化休学批准程序。

第二十七条　新生和在校学生应征参加中国人民解放军（含中国人民武装警察部队），学校应当保留其入学资格或者学籍至退役后2年。

学生参加学校组织的跨校联合培养项目，在联合培养学校学习期间，学校同时为其保留学籍。

学生保留学籍期间，与其实际所在的部队、学校等组织建立管理关系。

第二十八条　休学学生应当办理手续离校。学生休学期间，学校应为其保留学籍，但不享受在校学习学生待遇。因病休学学生的医疗费按国家及当地的有关规定处理。

第二十九条　学生休学期满前应当在学校规定的期限内提出复学申请，经学校复查合格，方可复学。

第五节　退学

第三十条　学生有下列情形之一，学校可予退学处理：

（一）学业成绩未达到学校要求或者在学校规定的学习年限内未完成学业的；

（二）休学、保留学籍期满，在学校规定期限内未提出复学申请或者申请复学经复查不合格的；

（三）根据学校指定医院诊断，患有疾病或者意外伤残不能继续在校学习的；

（四）未经批准连续两周未参加学校规定的教学活动的；

（五）超过学校规定期限未注册而又未履行暂缓注册手续的；

（六）学校规定的不能完成学业、应予退学的其他情形。

学生本人申请退学的，经学校审核同意后，办理退学手续。

第三十一条　退学学生，应当按学校规定期限办理退学手续离校。退学的研究生，按已有毕业学历和就业政策可以就业的，由学校报所在地省级毕业生就业部门办理相关手续；在学校规定期限内没有聘用单位的，应当办理退学手续离校。

退学学生的档案由学校退回其家庭所在地，户口应当按照国家相关规定迁回原户籍地或者家庭户籍所在地。

第六节　毕业与结业

第三十二条　学生在学校规定学习年限内，修完教育教学计划规定内容，成绩合格，达到学校毕业要求的，学校应当准予毕业，并在学生离校前发给毕业证书。

符合学位授予条件的，学位授予单位应当颁发学位证书。

学生提前完成教育教学计划规定内容，获得毕业所要求的学分，可以申请提前毕业。学生提前毕业的条件，由学校规定。

第三十三条　学生在学校规定学习年限内，修完教育教学计划规定内容，但未达到学校毕业要求的，学校可以准予结业，发给结业证书。

结业后是否可以补考、重修或者补作毕业设计、论文、答辩，以及是否颁发毕业证书、学位证书，由学校规定。合格后颁发的毕业证书、学位证书，毕业时间、获得学位时间按发证日期填写。

对退学学生，学校应当发给肄业证书或者写实性学习证明。

第七节　学业证书管理

第三十四条　学校应当严格按照招生时确定的办学类型和学习形式，以及学生招生录取时填报的个人信息，填写、颁发学历证书、学位证书及其他学业证书。

学生在校期间变更姓名、出生日期等证书需填写的个人信息的，应当有合理、充分的理由，并提供有法定效力的相应证明文件。学校进行审查，需要学生生源地省级教育行政部门及有关部门协助核查的，有关部门应当予以配合。

第三十五条　学校应当执行高等教育学籍学历电子注册管理制度，完善学籍学历信息管理办法，按相关规定及时完成学生学籍学历电子注册。

第三十六条　对完成本专业学业同时辅修其他专业并达到该专业辅修要求的学生，由学校发给辅修专业证书。

第三十七条　对违反国家招生规定取得入学资格或者学籍的，学校应当取消其学籍，不得发给学历证书、学位证书；已发的学历证书、学位证书，学校应当依法予以撤销。对以作弊、剽窃、抄袭等学术不端行为或者其他不正当手段获得学历证书、学位证书的，学校应当依法予以撤销。

被撤销的学历证书、学位证书已注册的，学校应当予以注销并报教育行政部门宣布无效。

第三十八条　学历证书和学位证书遗失或者损坏，经本人申请，学校核实后应当出具相应的证明书。证明书与原证书具有同等效力。

第四章　校园秩序与课外活动

第三十九条　学校、学生应当共同维护校园正常秩序，保障学校环境安全、稳定，保障学生的正常学习和生活。

第四十条　学校应当建立和完善学生参与管理的组织形式，支持和保障学生依法、依章程参与学校管理。

第四十一条　学生应当自觉遵守公民道德规范，自觉遵守学校管理制度，创造和维护文明、整洁、优美、安全的学习和生活环境，树立安全风险防范和自我保护意识，保障自身合法权益。

第四十二条　学生不得有酗酒、打架斗殴、赌博、吸毒，传播、复制、贩卖非法书刊和音像制品等违法行为；不得参与非法传销和进行邪教、封建迷信活动；不得从事或者参与有损大学生形象、有悖社会公序良俗的活动。

学校发现学生在校内有违法行为或者严重精神疾病可能对他人造成伤害的，可以依法采取或者协助有关部门采取必要措施。

第四十三条　学校应当坚持教育与宗教相分离原则。任何组织和个人不得在学校进行宗教活动。

第四十四条　学校应当建立健全学生代表大会制度，为学生会、研究生会等开展活动提供必要条件，支持其在学生管理中发挥作用。

学生可以在校内成立、参加学生团体。学生成立团体，应当按学校有关规定提出书面申请，报学校批准并施行登记和年检制度。

学生团体应当在宪法、法律、法规和学校管理制度范围内活动，接受学校的领导和管理。学生团体邀请校外组织、人员到校举办讲座等活动，需经学校批准。

第四十五条　学校提倡并支持学生及学生团体开展有益于身心健康、成长成才的学术、科技、艺术、文娱、体育等活动。

学生进行课外活动不得影响学校正常的教育教学秩序和生活秩序。

学生参加勤工助学活动应当遵守法律、法规以及学校、用工单位的管理制度，履行勤工助学活动的有关协议。

第四十六条　学生举行大型集会、游行、示威等活动，应当按法律程序和有关规定获得批准。对未获批准的，学校应当依法劝阻或者制止。

第四十七条　学生应当遵守国家和学校关于网络使用的有关规定，不得登录非法网站和传播非法文字、音频、视频资料等，不得编造或者传播虚假、有害信息；不得攻击、侵入他人计算机和移动通讯网络系统。

第四十八条　学校应当建立健全学生住宿管理制度。学生应当遵守学校关于学生住宿管理的规定。鼓励和支持学生通过制定公约，实施自我管理。

第五章　奖励与处分

第四十九条　学校、省（区、市）和国家有关部门应当对在德、智、体、美等方面全面发展或者在思想品德、学业成绩、科技创造、体育竞赛、文艺活动、志愿服务及社会实践等方面表现突出的学生，给予表彰和奖励。

第五十条　对学生的表彰和奖励可以采取授予“三好学生”称号或者其他荣誉称号、颁发奖学金等多种形式，给予相应的精神鼓励或者物质奖励。

学校对学生予以表彰和奖励，以及确定推荐免试研究生、国家奖学金、公派出国留学人选等赋予学生利益的行为，应当建立公开、公平、公正的程序和规定，建立和完善相应的选拔、公示等制度。

第五十一条　对有违反法律法规、本规定以及学校纪律行为的学生，学校应当给予批评教育，并可视情节轻重，给予如下纪律处分：

（一）警告；

（二）严重警告；

（三）记过；

（四）留校察看；

（五）开除学籍。

第五十二条　学生有下列情形之一，学校可以给予开除学籍处分：

（一）违反宪法，反对四项基本原则、破坏安定团结、扰乱社会秩序的；

（二）触犯国家法律，构成刑事犯罪的；

（三）受到治安管理处罚，情节严重、性质恶劣的；

（四）代替他人或者让他人代替自己参加考试、组织作弊、使用通讯设备或其他器材作弊、向他人出售考试试题或答案牟取利益，以及其他严重作弊或扰乱考试秩序行为的；

（五）学位论文、公开发表的研究成果存在抄袭、篡改、伪造等学术不端行为，情节严重的，或者代写论文、买卖论文的；

（六）违反本规定和学校规定，严重影响学校教育教学秩序、生活秩序以及公共场所管理秩序的；

（七）侵害其他个人、组织合法权益，造成严重后果的；

（八）屡次违反学校规定受到纪律处分，经教育不改的。

第五十三条　学校对学生作出处分，应当出具处分决定书。处分决定书应当包括下列内容：

（一）学生的基本信息；

（二）作出处分的事实和证据；

（三）处分的种类、依据、期限；

（四）申诉的途径和期限；

（五）其他必要内容。

第五十四条　学校给予学生处分，应当坚持教育与惩戒相结合，与学生违法、违纪行为的性质和过错的严重程度相适应。学校对学生的处分，应当做到证据充分、依据明确、定性准确、程序正当、处分适当。

第五十五条　在对学生作出处分或者其他不利决定之前，学校应当告知学生作出决定的事实、理由及依据，并告知学生享有陈述和申辩的权利，听取学生的陈述和申辩。

处理、处分决定以及处分告知书等，应当直接送达学生本人，学生拒绝签收的，可以以留置方式送达；已离校的，可以采取邮寄方式送达；难于联系的，可以利用学校网站、新闻媒体等以公告方式送达。

第五十六条　对学生作出取消入学资格、取消学籍、退学、开除学籍或者其他涉及学生重大利益的处理或者处分决定的，应当提交校长办公会或者校长授权的专门会议研究决定，并应当事先进行合法性审查。

第五十七条　除开除学籍处分以外，给予学生处分一般应当设置 6 到 12 个月期限，

到期按学校规定程序予以解除。解除处分后，学生获得表彰、奖励及其他权益，不再受原处分的影响。

第五十八条　对学生的奖励、处理、处分及解除处分材料，学校应当真实完整地归入学校文书档案和本人档案。

被开除学籍的学生，由学校发给学习证明。学生按学校规定期限离校，档案由学校退回其家庭所在地，户口应当按照国家相关规定迁回原户籍地或者家庭户籍所在地。

第六章　学生申诉

第五十九条　学校应当成立学生申诉处理委员会，负责受理学生对处理或者处分决定不服提起的申诉。

学生申诉处理委员会应当由学校相关负责人、职能部门负责人、教师代表、学生代表、负责法律事务的相关机构负责人等组成，可以聘请校外法律、教育等方面专家参加。

学校应当制定学生申诉的具体办法，健全学生申诉处理委员会的组成与工作规则，提供必要条件，保证其能够客观、公正地履行职责。

第六十条　学生对学校的处理或者处分决定有异议的，可以在接到学校处理或者处分决定书之日起 10 日内，向学校学生申诉处理委员会提出书面申诉。

第六十一条　学生申诉处理委员会对学生提出的申诉进行复查，并在接到书面申诉之日起 15 日内作出复查结论并告知申诉人。情况复杂不能在规定限期内作出结论的，经学校负责人批准，可延长 15 日。学生申诉处理委员会认为必要的，可以建议学校暂缓执行有关决定。

学生申诉处理委员会经复查，认为做出处理或者处分的事实、依据、程序等存在不当，可以作出建议撤销或变更的复查意见，要求相关职能部门予以研究，重新提交校长办公会或者专门会议作出决定。

第六十二条　学生对复查决定有异议的，在接到学校复查决定书之日起 15 日内，可以向学校所在地省级教育行政部门提出书面申诉。

省级教育行政部门应当在接到学生书面申诉之日起 30 个工作日内，对申诉人的问题给予处理并作出决定。

第六十三条　省级教育行政部门在处理因对学校处理或者处分决定不服提起的学生申诉时，应当听取学生和学校的意见，并可根据需要进行必要的调查。根据审查结论，区别不同情况，分别作出下列处理：

（一）事实清楚、依据明确、定性准确、程序正当、处分适当的，予以维持；

（二）认定事实不存在，或者学校超越职权、违反上位法规定作出决定的，责令学校予以撤销；

（三）认定事实清楚，但认定情节有误、定性不准确，或者适用依据有错误的，责令学校变更或者重新作出决定；

（四）认定事实不清、证据不足，或者违反本规定以及学校规定的程序和权限的，责令学校重新作出决定。

第六十四条　自处理、处分或者复查决定书送达之日起，学生在申诉期内未提出申诉的视为放弃申诉，学校或者省级教育行政部门不再受理其提出的申诉。

处理、处分或者复查决定书未告知学生申诉期限的，申诉期限自学生知道或者应当知道处理或者处分决定之日起计算，但最长不得超过 6 个月。

第六十五条　学生认为学校及其工作人员违反本规定，侵害其合法权益的；或者学校制定的规章制度与法律法规和本规定抵触的，可以向学校所在地省级教育行政部门投诉。

教育主管部门在实施监督或者处理申诉、投诉过程中，发现学校及其工作人员有违反法律、法规及本规定的行为或者未按照本规定履行相应义务的，或者学校自行制定的相关管理制度、规定，侵害学生合法权益的，应当责令改正；发现存在违法违纪的，应当及时进行调查处理或者移送有关部门，依据有关法律和相关规定，追究有关责任人的责任。

第七章　附则

第六十六条　学校对接受高等学历继续教育的学生、港澳台侨学生、留学生的管理，参照本规定执行。

第六十七条　学校应当根据本规定制定或修改学校的学生管理规定或者纪律处分规定，报主管教育行政部门备案（中央部委属校同时抄报所在地省级教育行政部门），并及时向学生公布。

省级教育行政部门根据本规定，指导、检查和监督本地区高等学校的学生管理工作。

第六十八条　本规定自 2017 年 9 月 1 日起施行。原《普通高等学校学生管理规定》（教育部令第 21 号）同时废止。其他有关文件规定与本规定不一致的，以本规定为准。

四、高等学校学生行为准则

教学〔2005〕5 号

一、志存高远，坚定信念。努力学习马克思列宁主义、毛泽东思想、邓小平理论和“三个代表”重要思想，面向世界，了解国情，确立在中国共产党领导下走社会主义道路、实现中华民族伟大复兴的共同理想和坚定信念，努力成为有理想、有道德、有文化、有纪律的社会主义新人。

二、热爱祖国，服务人民。弘扬民族精神，维护国家利益和民族团结。不参与违反四项基本原则、影响国家统一和社会稳定的活动。培养同人民群众的深厚感情，正确处理国家、集体和个人三者利益关系，增强社会责任感，甘愿为祖国为人民奉献。

三、勤奋学习，自强不息。追求真理，崇尚科学；刻苦钻研，严谨求实；积极实践，勇于创新；珍惜时间，学业有成。

四、遵纪守法，弘扬正气。遵守宪法、法律法规，遵守校纪校规；正确行使权利，依

法履行义务；敬廉崇洁，公道正派；敢于并善于同各种违法违纪行为作斗争。

五、诚实守信，严于律己。履约践诺，知行统一；遵从学术规范，恪守学术道德，不作弊，不剽窃；自尊自爱，自省自律；文明使用互联网；自觉抵制黄、赌、毒等不良诱惑。

六、明礼修身，团结友爱。弘扬传统美德，遵守社会公德，男女交往文明；关心集体，爱护公物，热心公益；尊敬师长，友爱同学，团结合作；仪表整洁，待人礼貌；豁达宽容，积极向上。

七、勤俭节约，艰苦奋斗。热爱劳动，珍惜他人和社会劳动成果；生活俭朴，杜绝浪费；不追求超越自身和家庭实际的物质享受。

八、强健体魄，热爱生活。积极参加文体活动，提高身体素质，保持心理健康；磨砺意志，不怕挫折，提高适应能力；增强安全意识，防止意外事故；关爱自然，爱护环境，珍惜资源。

五、高等学校学生心理健康教育指导纲要

教党〔2018〕41号

心理健康教育是提高大学生心理素质、促进其身心健康和谐发展的教育，是高校人才培养体系的重要组成部分，也是高校思想政治工作的重要内容。为深入学习贯彻习近平新时代中国特色社会主义思想和党的十九大精神，推动全国高校思想政治工作会议精神落地生根，切实加强高校思想政治工作体系建设，进一步提升心理育人质量，根据原国家卫生计生委、教育部等22部门联合印发的《关于加强心理健康服务的指导意见》和中共教育部党组《高校思想政治工作质量提升工程实施纲要》的工作要求，特制定本指导纲要。

一、指导思想

深入学习贯彻习近平新时代中国特色社会主义思想，全面贯彻党的教育方针，把立德树人的成效作为检验学校一切工作的根本标准，着力培养德智体美全面发展的社会主义建设者和接班人。坚持育心与育德相统一，加强人文关怀和心理疏导，规范发展心理健康教育与咨询服务，更好地适应和满足学生心理健康教育服务需求，引导学生正确认识义和利、群和己、成和败、得和失，培育学生自尊自信、理性平和、积极向上的健康心态，促进学生心理健康素质与思想道德素质、科学文化素质协调发展。

二、总体目标

教育教学、实践活动、咨询服务、预防干预“四位一体”的心理健康教育工作格局基本形成。心理健康教育的覆盖面、受益面不断扩大，学生心理健康意识明显增强，心理健康素质普遍提升。常见精神障碍和心理行为问题预防、识别、干预能力和水平不断提高。学生心理健康问题关注及时、措施得当、效果明显，心理疾病发生率明显下降。

三、基本原则

——科学性与实效性相结合。根据学生身心发展规律和心理健康教育规律，科学开展心理健康教育工作，逐步完善心理健康教育和咨询服务体系，切实提高学生心理健康水平，有效解决学生思想、心理和行为问题。

——普遍性与特殊性相结合。坚持心理健康教育工作面向全体学生开展，对每个学生心理健康发展负责，关注学生个体差异，注重方式方法创新，分层分类开展心理健康教育，满足不同学生群体心理健康服务需求。

——主导性与主体性相结合。充分发挥心理健康教育教师、心理咨询师、辅导员、班主任等育人主体的主导作用，强化家校育人合力。尊重学生主体地位，充分调动学生主动性、积极性，培养自主自助维护心理健康的意识和能力。

——发展性与预防性相结合。加强心理健康知识的普及和传播，充分挖掘学生心理潜能，培养积极心理品质，促进学生身心和谐发展。重视心理问题的及时疏导，加强心理危机预防干预，最大限度预防和减少严重心理危机个案的发生。

四、主要任务

1. 推进知识教育。健全心理健康教育课程体系，结合实际，把心理健康教育课程纳入学校整体教学计划，规范课程设置，对新生开设心理健康教育公共必修课，大力倡导面向全体学生开设心理健康教育选修和辅修课程，实现大学生心理健康教育全覆盖。公共必修课程原则上应设置 2 个学分、32~36 个学时。完善心理健康教育教材体系，组织编写大学生心理健康教育示范教材，科学规范教学内容。开发建设《大学生心理健康》等在线课程，丰富教育教学形式。创新心理健康教育教学手段，有效改进教学方法，通过线下线上、案例教学、体验活动、行为训练、心理情景剧等多种形式，激发大学生学习兴趣，提高课堂教学效果，不断提升教学质量。

2. 开展宣传活动。加强宣传普及，通过举办心理健康教育月、“5 · 25”大学生心理健康节等形式多样的主题教育活动，组织开展各种有益于大学生身心健康的文体娱乐活动和心理素质拓展活动，不断增强心理健康教育吸引力和感染力。拓展传播渠道，充分利用广播、电视、书刊、影视、动漫等传播形式，组织创作、展示心理健康宣传教育精品和公益广告，传播自尊自信、乐观向上的现代文明理念和心理健康意识。创新宣传方式，主动占领网络心理健康教育新阵地，建设好融思想性、知识性、趣味性、服务性于一体的心理健康教育网站、网页和新媒体平台，广泛运用门户网站、微信、微博、手机客户端等媒介，宣传心理健康知识，倡导健康生活方式，提高心理保健能力。发挥学生主体作用，支持学生成立心理健康教育社团，组织开展心理健康教育活动，增长心理健康知识，提升心理调适能力，积极进行心理健康自助互助。强化家校育人合力，引导家长树立正确教育观念，以健康和谐的家庭环境影响学生，有效提升心理健康教育实效。

3. 强化咨询服务。优化心理咨询服务平台，加强硬件设施建设，设立心理发展辅导室、心理测评室、积极心理体验中心、团体活动室、综合素质训练室等，积极构建教育与

指导、咨询与自助、自助与他助紧密结合的心理健康教育与咨询服务体系。完善体制机制，健全心理健康教育与咨询的值班、预约、转介、重点反馈等制度，通过个体咨询、团体辅导、电话咨询、网络咨询等多种形式，向学生提供经常、及时、有效的心理健康指导与咨询服务。实施分类引导，针对不同学段、不同专业学生，精准施策，因材施教，把解决思想问题、心理问题与解决实际问题结合起来，在关心呵护和暖心帮扶中开展教育引导。遵循保密原则，建立心理健康数据安全保护机制，保护学生隐私，杜绝信息泄露。

4. 加强预防干预。完善心理测评方式，优化量表选用，禁止使用可能损害学生心理健康的方法和仪器。科学分析经济社会快速发展、互联网新媒体应用快速推进、个人成长历程、家庭环境等因素对学生心理健康的深刻影响，准确把握学生心理健康状况及变化规律，不断提高心理健康素质测评覆盖面和科学性。健全心理危机预防和快速反应机制，建立学校、院系、班级、宿舍“四级”预警防控体系，完善心理危机干预工作预案，做好对心理危机学生的跟踪服务，注重做好特殊时期、不同季节的心理危机预防与干预工作，定期开展案例督导和个案研讨，不断提高心理危机预防干预专业水平。建立心理危机转介诊疗机制，畅通从学校心理健康教育与咨询机构到校医院、精神卫生专业机构的心理危机转介绿色通道，及时转介疑似患有严重心理或精神疾病的学生到专业机构接受诊断和治疗。

五、工作保障

1. 队伍建设。各高校要建设一支以专职教师为骨干、以兼职教师为补充，专兼结合、专业互补、相对稳定、素质良好的心理健康教育师资队伍。心理健康教育专职教师要具有从事大学生心理健康教育的相关学历和专业资质，要按照师生比不低于 1:4000 配备，每校至少配备 2 名。心理健康教育师资队伍原则上应纳入高校思想政治工作队伍管理，要落实好职务（职称）评聘工作。设有教育学、心理学教学机构的高校，可同时纳入相应专业队伍管理。积极组织开展师资队伍培训，保证心理健康教育专职教师每年接受不低于 40 学时的专业培训，或参加至少 2 次省级以上主管部门及二级以上心理学专业学术团体召开的学术会议。充分调动全体教职员工参与心理健康教育的主动性和积极性，重视对班主任、辅导员以及其他从事高校思想政治工作的干部、教师开展心理健康教育知识培训。

2. 条件保障。各高校应落实心理健康教育专项工作经费，配备必要的办公场地和设备。有条件的高校，要建立相对独立的心理健康教育与咨询机构和院（系）二级心理辅导站。要建设校内外心理健康教育素质拓展基地，培育高校心理健康教育优秀工作案例，辐射推动区域和全国高校心理健康教育工作。

六、组织实施

1. 组织管理。各级教育工作部门要切实加强对学生心理健康教育工作的统一领导和统筹规划，积极支持开展大学生心理健康教育工作，要将心理健康教育工作作为高校思想政治工作测评和文明校园创建的重要内容。各高校要将心理健康教育纳入学校改革发展整体规划，纳入人才培养体系、思想政治工作体系和督导评估指标体系。要明确心理健康教育工作牵头负责职能部门，构建校内各部门统筹协调机制，研究制定心理健康教育的工作规划和相关制度。

2. 评估督导。各级教育工作部门要研究制定大学生心理健康教育工作的评价与督导指标体系，组织或委托心理学专家以及实践工作者，定期对学生心理健康教育工作开展评估、督导。评估、督导内容包括学校重视和支持程度、机构设置情况、专项经费保障、师资队伍建设、教学科研、开展辅导或咨询情况以及工作实效等。

3. 科学研究。各级教育工作部门和各高校要推动开展心理健康教育基础理论研究，逐步形成具有中国特色的心理学、教育学学科体系、学术体系、话语体系，促进研究成果转化及应用。开展心理健康教育相关理论和技术的实证研究，促进临床服务规范。开展心理健康问题的早期识别与干预研究，推广应用效果明确的心理干预技术和方法。

全国民办高校和中外合作办学类高校学生心理健康教育工作，参照本指导纲要执行。

六、普通高等学校新生学籍电子注册暂行办法

教学〔2007〕3号

第一条　为适应高等教育改革发展的需要，进一步规范普通高等学校（以下简称高等学校）办学行为，维护高等教育的公平、公正，保护学生的合法权益，依据《高等教育法》《普通高等学校学生管理规定》，制定本办法。

第二条　实行高等学校新生学籍电子注册是政府运用现代信息技术手段，对高等学校招收的普通高等学历教育本专科新生学籍注册工作实施监督的管理方式。

第三条　各省、自治区、直辖市高等学校招生委员会办公室（以下简称省级招办）按照国家有关招生规定和核准并公布的年度招生计划对高等学校拟录取的考生予以核准备案并办理录取手续，每年9月1日之前将各高等学校在本地的招生录取数据信息报教育部。教育部对所报录取数据信息汇总审核后通过中国高等教育学生信息网分发至省级教育行政部门，供高等学校核对。

第四条　新生报到后，高等学校按国家招生规定和《普通高等学校学生管理规定》对其进行入学资格复查。复查包括在网上核对以下录取信息内容：

（一）考生号、姓名、性别、民族、出生日期、身份证号、入学年月；

（二）录取院校、专业，层次（本科、专科〈高职〉、预科），录取类型（统考、单招、保送等）。

复查合格取得学籍的，依据本办法及时进行学籍电子注册。

第五条　高等学校核对录取信息有误或网上没有录取信息的学生，应当及时与学生生源地省级招办复核。省级招办对高等学校要求复核的录取信息应当认真负责地办理，对确属工作原因漏报及需要更正的信息须及时补报教育部，并将复核结果及时反馈学校。

第六条　高等学校对录取信息内容不完整的进行补充；对放弃入学资格、取消入学资格、保留入学资格的学生，在录取信息中予以标注（按新学司〔2005〕42号文《关于启用学籍学历信息管理平台和做好2005年高校入学新生数据核对工作的通知》所附数据格式）。

第七条　高等学校对按预科录取的新生注册为预科，不得直接注册为本科或专科。经预科阶段学习达到转入本科或专科培养要求的，应当在转入当年将学生数据信息报所在地省级教育行政部门备案，并正式办理新生学籍电子注册。

第八条　高等学校举办普通专科生升入本科、五年一贯制、三二分段制、第二学士学位、港澳台侨、来华留学等各种办学形式的高等教育，必须严格按照国家相关规定招生，由学校所在地省级教育行政部门审核录取信息，于9月30日之前将审核结果反馈所在学校，并报教育部备案。

第九条　高等学校新生学籍电子注册工作应当在学生入学第一学期开学后3个月内完成，并将学籍电子注册数据和统计数据(统计表附后)以纸介质和电子版方式报所在地省级教育行政部门。

第十条　省级教育行政部门审核注册结果并反馈高等学校；报属地高等学校学籍电子注册数据、注册人数及未报到人数统计数据至教育部。

第十一条　高等学校和省级教育行政部门分别在各自网站公布已注册新生学籍信息供学生本人查询，并将网站名称、网址告知学生。网上公布的新生学籍信息内容为学校名称、姓名、性别、专业、层次、入学年月。学生以本人姓名、考生号、身份证号码进入网站查询学籍注册情况。

第十二条　学生在校期间变更有关注册信息，属于姓名、身份证号等关键信息变更的，须由学生提供合法性证明材料，学校比照考生录取档案严格审核修改，报省级教育行政部门备案。

第十三条　教育部建立高等学校新生学籍电子注册数据信息档案库，对学生学籍信息、学历证书电子注册进行统筹管理。

第十四条　新生学籍电子注册结果是学生毕业时学历证书电子注册的重要审核依据。对高等学校未按国家有关规定招收的学生，不予学籍注册，省级教育行政部门不得上网公布，责令高等学校退回所招学生，并妥善处理，不得遗留隐患；情节严重的，报教育部备案，作为核定该校下一年度招生计划的参考因素。高等学校将违规录取的学生留校学习而出现的问题，其责任由高等学校及其相关负责人承担。

第十五条　各省级教育行政部门要对本地区招生、新生学籍电子注册工作进行统筹，并保证新生学籍电子注册工作及网络建设所需人员、经费的落实。

第十六条　各高等学校要严格按照本办法认真做好新生学籍电子注册工作；各省级教育行政部门要切实履行管理、检查和监督职能。对于因工作失误或弄虚作假而造成严重后果的，将严肃追究当事人和主要领导的责任。

第十七条　新生学籍电子注册制度从2007级新生开始实施，本办法由教育部负责解释。

七、普通高等学校学生安全教育及管理暂行规定

教学〔1992〕7号

第一章　总则

第一条　为了加强高等学校管理，维护正常的教学和生活秩序，保障学生人身和财物

的安全，促进身心健康发展，特制定本暂行规定。

第二条　高等学校学生安全教育及管理的主要任务是：宣传、贯彻国家有关安全管理工作的方针、政策、法律、法规，对学生实施安全教育及管理，妥善处理各类安全事故，引导学生健康成长。

第三条　高等学校学生安全教育及管理，要以预防为主，本着保护学生、教育先行、明确责任、教管结合、实事求是、妥善处理的原则，做好教育、管理和处理工作。

第四条　本暂行规定所称学生是指在普通高等学校学习取得学籍的全日制的学生，即按国家任务、用人单位委托培养、自费三种计划形式录取的学生。

第二章　安全教育

第五条　高等学校应将对学生进行安全教育作为一项经常性工作，列入学校工作的重要议事日程，加强领导。学校各部门和有关群众团体或组织要相互配合，积极开展安全教育，普及安全知识，增强学生的安全意识和法制观念，提高防范能力。

第六条　学生安全教育应根据不同专业及青年学生的特点，从学生入学到毕业，在各种教学活动和日常生活中，特别是节假日前适时进行，并善于利用发生的安全事故教育学生，防患于未然。学校应根据环境、季节及有关规定制定防火、防盗、防事故等方面的措施，并使之规范化、制度化。

第七条　高等学校对学生进行安全教育须注重心理疏导，加强思想政治工作，教育学生保持健康的心理状态，帮助学生克服因各种原因造成的心理障碍，把事故消除在萌芽状态。

第三章　安全管理

第八条　高等学校要做好学生日常安全管理工作，加强安全防范，建立和完善规章制度，严格管理。学校要把安全教育及管理工作纳入领导任期责任目标，落实到年级、班主任。学校应由一名校领导主要负责。

第九条　高等学校应确定学生安全教育及管理工作的主管部门，明确其职责，具体组织实施安全教育及其管理工作。各有关部门应分工协作，积极配合。

第十条　全体教职工要从关心学生、爱护学生出发，树立安全思想，努力做好本职工作和改善环境与条件，保护学生人身和财产安全。

第十一条　学生发生意外以及学生要求保护人身或财产安全的情况下，学校应迅速采取有效措施。

第十二条　学生必须严格遵守国家法律、法规和学校的各项制度，注意自身的人身和财产安全，防止各种事故的发生。

第十三条　学生在日常教学及各项活动中，应遵守纪律和有关规定，听从指导，服从管理；在公共场所，要遵守社会公德，增强安全防范意识，提高自我保护能力。

第十四条　学生组织集体课外活动，须经学校同意，按学校规定进行。学校须认真进行安全审查，条件不具备时不得批准。

第十五条　学生应严格遵守宿舍管理的规定。自觉维护宿舍的安全与卫生，提高自我管理能力。

第十六条　发现刑事、治安案件或交通、灾害等事故，在场学生应保护现场，及时报告学校或公安部门并协助处理。在学校范围内的，学校应迅速采取措施，控制事态发展，减轻伤害和损失。

第四章　事故处理

第十七条　学生人身和财产发生一般伤害后，学校要及时调查处理，根据当事人或他人的过错，责令其赔偿损失，并给予批评教育或相应的行政、纪律处分。

在校园内，发生学生非正常死亡、重伤或被窃、失火等造成重大损失事故后，学校应迅速采取措施进行抢救，保护现场，同时加强思想政治工作，稳定情绪，恢复秩序，并协同地方有关部门妥善处理。

第十八条　学校对事故调查后认为涉及追究刑事责任的，要及时与公安部门联系，协助调查处理。

重大事故学校有关领导应亲自参与调查工作，并认真研究调查报告，及时处理。

第十九条　在安全管理或事故处理过程中，学校认为有必要需搜查学生住处，须报请公安部门依法进行。调查处理案件中要以事实为依据，不得逼供或诱供。

第二十条　重大事故发生后，学校应在一天内向所在省、直辖市、自治区有关主管部门报告，并及时通知学生家长。事故处理结束后一周内书面报告有关主管部门。

第二十一条　学生在教学、实习过程与日常生活中，因学校或有关单位责任发生死亡、重伤或残疾，由学校或有关部门承担责任，做好处理及善后工作。

在教学、实习过程与日常生活中，学生因不遵守纪律或不按要求活动而发生意外事故，学校不承担责任。

第二十二条　因忽视安全生产，管理不善；工作不负责任，违章指挥；玩忽职守、徇私舞弊等对学生造成严重的人身、财物损害的，由其所在单位或上级主管部门，视具体情况对有关责任人员分别给予责令检查、赔偿损失、行政处分，直到依法追究刑事责任的处理。

第二十三条　学生未经批准擅自离校不归发生意外事故的，学校不承担责任。

对擅自离校不归，学校不知去向的同学，学校应及时寻找并报告当地公安部门，及时通知家长。半月不归且未说明原因者，学校可张榜公布，按自动退学除名。

第二十四条　学生假期或办理离校手续后发生意外事故的，学校不承担责任。

第二十五条　在校内正常生活及由学校在校外组织的活动中，由于不能避免的原因或自然灾害而发生的事故，由学校视具体情况处理。

第二十六条　有条件的高等学校可为学生办理人身保险。

第二十七条　凡经学校指定的专业医院确诊为精神病、癫痫病患者的学生，应予退学，由其监护人负责领回。学生及其监护人不得无理纠缠，扰乱学校教学、生活秩序。

第二十八条　因事故伤残的学生，经治疗后病情稳定，学校认为生活能自理，能坚持在校学习，可留校继续学习；不能坚持在校学习者，应予退学，由学校按其实际学习年限发给肄业证书，并根据事故性质和伤残程度一次性给予适当经济补助。退学学生回其监护人所在地，当地民政等有关部门应协助做好接收、落户等工作，由当地劳动部门按国家关于残疾人劳动就业有关规定安置。

第二十九条　学生因病死亡和责任不由学校承担的意外死亡，学校不承担丧葬费。如家庭确有困难者，学校可酌情予以一次性经济补助。

第三十条　因责任不在本人的意外死亡学生，由学校或有关单位参照国家关于事业职工死亡丧葬有关规定处理，负担丧葬费的全部，学校可一次性给予适当经济补助。

无论何种情况（事故）给予的经济补助，一般不超过国家规定的学生在校期间（以四年计）的平均奖学金数。

凡是事故责任由学校以外的其他单位、个人承担的，学校不再给予经济补助。

第三十一条　因保护国家财产和他人人身安全、见义勇为而致残或英勇牺牲的学生，学校应报请所在省、自治区、直辖市人民政府授予荣誉称号，并给予相应的待遇。

第三十二条　对事故处理不服或持有异议者，可向学校或学校上一级部门申诉，或者依法向人民法院提起民事诉讼。

第五章　附则

第三十三条　普通高等学校研究生事故处理，参照本办法执行。

第三十四条　本暂行规定结合《普通高等学校学生管理规定》、《高等学校校园秩序管理若干规定》执行。

第三十五条　各省、自治区、直辖市教育行政部门和各高等学校可根据本暂行规定制定实施细则。

第三十六条　本暂行规定由国家教育委员会解释。

第三十七条　本暂行规定自发布之日起施行。

八、高等学校学生资助政策简介（2019 版）

财政部科教和文化司
教育部财务司
全国学生资助管理中心
2019 年 6 月

实现中华民族伟大复兴的中国梦，广大青年生逢其时，也重任在肩。广大青年既是追梦者，也是圆梦人。追梦需要激情和理想，圆梦需要奋斗和奉献。广大青年应该在奋斗中释放青春激情、追逐青春理想，以青春之我、奋斗之我，为民族复兴铺路架桥，为祖国建设添砖加瓦。

—— 习近平

国家在高等教育本专科阶段建立起国家奖学金、国家助学金、国家助学贷款等多种形式有机结合的高校学生资助政策体系。

1. 高校家庭经济困难学生资助政策体系

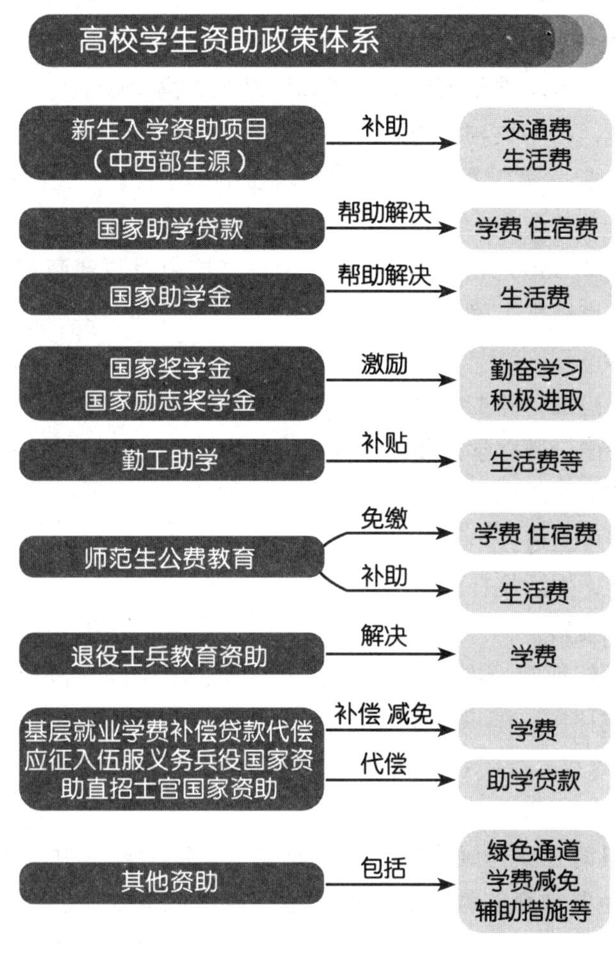

学生可持《家庭经济困难学生认定申请表》（另附）申请家庭经济困难认定，办理相关资助项目。

2. 高校家庭经济困难学生

家庭经济困难学生是指学生本人及其家庭所能筹集到的资金，难以支付其在校学习期间学习和生活基本费用的学生。学生需向学校申报家庭经济困难，由学校根据有关部门设置的标准和规定的程序、以民主评议方式认定。

3. 高校资助政策实施范围

公办普通本科高校、高等职业学校和高等专科学校的全日制普通本专科（含高职、第二学士学位）在校学生，符合国家规定条件的，享受国家的资助政策。按照国家有关规定规范办学、从事业收入中足额提取4%~6%的经费用来资助家庭经济困难学生的民办高校（含独立学院）招收的全日制普通本专科（含高职、第二学士学位）学生，符合国家规定条件的，也可享受国家资助政策，具体办法由各省（自治区、直辖市）依据国家有关规定制订。

一、国家助学金

国家助学金是为了体现党和政府对普通本科高校、高等职业学校和高等专科学校家庭经济困难学生的关怀，由中央与地方政府共同出资设立的，用于资助家庭经济困难的全日制普通本专科（含高职、第二学士学位）在校学生的助学金。

1. 资助标准

全国平均每人每年3300元。具体标准，中央高校由财政部商有关部门确定，地方高校由各省（自治区、直辖市）确定。

2. 基本申请条件

①热爱社会主义祖国，拥护中国共产党的领导；

②遵守宪法和法律，遵守学校规章制度；

③诚实守信，道德品质优良；

④勤奋学习，积极上进；

⑤家庭经济困难，生活俭朴。

3. 申请、评审和发放

国家助学金每学年评定一次。每年9月30日前，学生向学校提出申请，各高校于当年10月31日前完成评审。国家助学金各年按10个月发放，高校按月将国家助学金发放到受助学生手中。

4. 相关事项

同一学年内，申请并获得国家助学金的学生，可同时申请并获得国家奖学金或国家励志奖学金。试行免费教育的教育部直属师范院校师范类专业学生，不再同时获得国家助学金。

二、国家励志奖学金

国家励志奖学金是为了激励普通本科高校、高等职业学校和高等专科学校的家庭经济困难学生勤奋学习、努力进取，在德、智、体、美等方面全面发展，由中央和地方政府共同出资设立的，奖励资助品学兼优的家庭经济困难学生的奖学金。

1. 奖励标准

每人每年5000元。

2. 基本申请条件

二年级以上（含二年级）的全日制普通本专科（含高职、第二学士学位）在校生，符合以下条件：

①热爱社会主义祖国，拥护中国共产党的领导；

②遵守宪法和法律，遵守学校规章制度；

③诚实守信，道德品质优良；

④在校期间学习成绩优秀；

⑤家庭经济困难，生活俭朴。

3. 申请、评审和发放

国家励志奖学金每学年评选一次，实行等额评审。每年9月30日前，学生向学校提出申请，各高校于当年10月31日前完成评审。高校每年11月30日前将国家励志奖学金一次性发放给获奖学生，并记入学生的学籍档案。

4. 相关事项

同一学年内，申请国家励志奖学金的学生可以同时申请并获得国家助学金，但不能同时获得国家奖学金。试行免费教育的教育部直属师范院校师范类专业学生不再同时获得国家励志奖学金。

三、国家奖学金

国家奖学金是为了激励普通本科高校、高等职业学校和高等专科学校学生勤奋学习、努力进取，在德、智、体、美等方面全面发展，由中央政府出资设立的奖励特别优秀学生的奖学金。

1. 奖励标准

每人每年8000元。

2. 基本申请条件

二年级以上（含二年级）的全日制普通本专科（含高职、第二学士学位）在校生，符合以下条件：

①热爱社会主义祖国，拥护中国共产党的领导；

②遵守宪法和法律，遵守学校规章制度；

③诚实守信，道德品质优良；

④在校期间学习成绩优异，社会实践、创新能力、综合素质等方面特别突出。

3. 评审和发放

国家奖学金每学年评选一次，实行等额评审。各高校于每学年开学初启动评审工作，当年10月15日前完成评审。高校每年11月30日前将国家奖学金一次性发放给获奖学生，颁发国家统一印制的奖励证书，并记入学生的学籍档案。

4. 相关事项

学生无论家庭经济是否困难，只要符合规定条件，均可获得国家奖学金。同一学年内，获得国家奖学金的家庭经济困难学生可以同时申请并获得国家助学金，但不能同时获得国家励志奖学金。试行免费教育的教育部直属师范院校师范类专业学生符合规定条件的，可以获得国家奖学金。

四、国家助学贷款

国家助学贷款是由政府主导，金融机构向高校家庭经济困难学生提供的信用助学贷款，帮助解决在校期间的学习和生活费用。国家助学贷款利率执行中国人民银行同期公布的同档次基准利率，不上浮。贷款学生在校期间的国家助学贷款利息全部由财政支付，毕业后的利息由借款人全额支付。为鼓励金融机构承办国家助学贷款的积极性，建立贷款风险分担机制，财政（高校）对经办银行给予一定的风险补偿。国家助学贷款是信用贷款，学生不需要办理贷款担保或抵押，但需要承诺按期还款，并承担相关法律责任。按照学生申办地点及工作流程不同，国家助学贷款分为校园地国家助学贷款与生源地信用助学贷款两种模式。

（一）校园地国家助学贷款

家庭经济困难的全日制普通高校本专科生（含高职生）、第二学士学位学生和研究生，通过本校学生资助部门向经办银行申请办理的国家助学贷款。

1. 申请条件

普通高等学校全日制本专科生（含高职生）、第二学士学位学生和研究生，具备以下条件可以申请国家助学贷款：

①家庭经济困难；

②具有中华人民共和国国籍，年满 16 周岁的需持有中华人民共和国居民身份证；

③具有完全民事行为能力（未成年人申请国家助学贷款须由其法定监护人书面同意）；

④诚实守信，遵纪守法，无违法违纪行为；

⑤学习努力，能够正常完成学业。

2. 申请材料

学生在新学年开学后通过学校向银行提出贷款申请。需要提供以下材料：

①国家助学贷款申请书；

②本人学生证和居民身份证复印件（未成年人提供法定监护人的有效身份证明和书面同意申请贷款的证明）；

③本人对家庭经济困难情况的说明；

④学生家庭所在地有关部门出具的家庭经济困难证明。

3. 申请金额

原则上每人每学年最高不超过 8000 元。

4. 贷款审批

学校学生资助等部门负责对学生提交的国家助学贷款申请进行资格审查，并核查学生提交材料的真实性和完整性；银行负责最终审批学生的贷款申请。

5. 贷款发放

国家助学贷款实行一次申请、一次授信、分期发放的方式，即学生可以与银行一次签订多个学年的贷款合同，但银行要分年发放。一个学年内的学费、住宿费贷款，银行应一次性发放。

6. 贷款利息

国家助学贷款利率执行中国人民银行同期公布的同档次基准利率。贷款学生在校学习期间的国家助学贷款利息全部由财政补贴，毕业后的利息由贷款学生本人全额支付。

7. 还款期限

学生根据个人毕业后的就业和收入情况，在毕业后的 1~2 年内选择开始偿还本金的时

间，6 年内还清贷款本息。

8. 违约后果

①国家助学贷款的借款学生如未按照与经办银行签订的还款协议约定的期限、数额偿还贷款，经办银行将对其违约还款金额计收罚息；

②经办银行将违约情况录入中国人民银行的个人信用信息基础数据库，供全国各金融机构依法查询，对恶意拖欠贷款的违约借款人采取限制措施，不予提供住房贷款、汽车贷款等金融服务；

③对于连续拖欠还款行为严重的借款人，有关行政管理部门和银行将通过新闻媒体和网络等信息渠道公布其姓名、居民身份证号码、毕业学校及具体违约行为等信息；

④严重违约的贷款人还将承担相关法律责任。

（二）生源地信用助学贷款

家庭经济困难的全日制本专科生（含高职生）、第二学士学位学生和研究生，通过户籍所在县（市、区）的学生资助管理机构申请办理（有的地区直接到相关金融机构申请）的国家助学贷款。学生和家长为共同借款人，共同承担还款责任。

1. 申请条件

①具有中华人民共和国国籍；

②诚实守信，遵纪守法；

③已被根据国家有关规定批准设立、实施高等学历教育的全日制普通本科高校、高等职业学校和高等专科学校（含民办高校和独立学院，学校名单以教育部公布的为准）正式录取，取得真实、合法、有效的录取通知书的新生或高校在读的本专科学生、第二学士学位学生和研究生；

④学生本人入学前户籍、其父母（或其他法定监护人）户籍均在本县（市、区）；

⑤家庭经济困难，所能获得的收入不足以支付在校期间完成学业所需的基本费用。

2. 办理程序

生源地信用助学贷款按年度申请、审批和发放。学生在新学期开始前，向家庭所在县（市、区）的学生资助管理中心提出贷款申请（有的地区直接到相关金融机构申请）。县级学生资助管理中心负责对学生提交的申请进行资格初审。金融机构负责最终审批并发放贷款。

3. 贷款金额

借款人每学年申请的贷款金额原则上不超过 8000 元。

4. 贷款利息

生源地信用助学贷款利率执行中国人民银行同期公布的同档次基准利率，不上浮。学生在校期间的利息由财政全部补贴，毕业后的利息由学生和家长（或其他法定监护人）共同负担。

5. 还款期限和还款方式

生源地信用助学贷款期限原则上按全日制本专科学制加 13 年确定，最长不超过 20 年，其中，在校生按剩余学习年限加 13 年确定。学制超过 4 年或继续攻读研究生学位、第二学士学位的，相应缩短学生毕业后的还贷期限。学生在校及毕业后两年期间为宽限期，宽限期后由学生和家长（或其他法定监护人）按借款合同约定，按年度分期偿还贷款本息。

六、师范公费教育

从2007年秋季入学的新生起，国家在北京师范大学、华东师范大学、东北师范大学、华中师范大学、陕西师范大学和西南大学六所教育部直属师范大学实行师范生免费教育。免费教育师范生在校学习期间，免除学费、免缴住宿费，并补助生活费。

1. 享受条件

2007年开始，录取为部属师范大学免费师范生的学生，入学前与学校和生源所在地省级教育行政部门签订协议，承诺毕业后从事中小学教育十年以上。2007年起，新招收的有志从教并符合条件的非师范专业优秀学生，在入学两年内，也可在教育部和学校核定的计划内转入师范专业，并由学校按标准返还学费、住宿费，补发生活费补助。

2. 履行义务

享受师范生免费教育的学生毕业后，一般回生源所在省份中小学任教，并从事中小学教育十年以上。到城镇学校工作的免费师范毕业生，应先到农村义务教育学校任教服务两年。国家鼓励免费师范毕业生长期从教、终身从教。免费师范生毕业前及在协议规定服务期内，一般不得报考脱产研究生。

3. 优惠政策

①由中央财政负责安排免费师范生在校学习期间的学费、住宿费和生活费补助；

②在相关省级政府统筹下，由省级教育行政部门负责落实免费师范毕业生的教师岗位，确保每一个免费师范生毕业后在中小学任教有编有岗；

③免费师范毕业生在协议规定服务期内，可在学校间流动或从事教育管理工作；

④为免费师范毕业生在职攻读教育硕士提供便利的入学条件，任教考核合格并通过论文答辩的，颁发硕士研究生毕业证书和教育硕士专业学位证书。

七、退役士兵教育资助

从2011年秋季学期开始，对退役一年以上，考入全日制普通高等学校（包括全日制普通本科学校、全日制普通高等专科学校和全日制普通高等职业学校）的自主就业退役士兵，根据本人申请，由政府给予教育资助。

1. 资助内容

一是学费资助；二是家庭经济困难退役士兵学生生活费资助；三是其他奖助学金资助。

2. 资助标准

学费资助标准，按省级人民政府制定的学费标准，原则上退役士兵学生应交多少学费中央财政就资助多少，最高不超过年人均8000元，高于8000元部分自行负担。生活费及其他奖助学金资助标准，按国家现行高校学生资助政策的有关规定执行。

3. 资助方式

学费由中央财政按标准和隶属关系补助退役士兵学生所在学校，生活费及其他奖助学金直接补给退役士兵学生本人。

4. 资助期限

全日制普通高等学历教育一个学制期。

八、赴基层单位就业学费补偿代偿

国家对中央部门所属全日制普通高等学校应届毕业生，自愿到中西部地区和艰苦边远地区基层单位就业、服务期达到3年以上（含3年）的，实施相应的学费补偿国家助学贷款代偿。学生毕业后每年补偿学费或代偿国家助学贷款的最高金额不超过6000元，分3年补偿代偿完毕。

基层单位指：

①中西部地区和艰苦边远地区县以下机关、企事业单位，包括乡（镇）政府机关、农村中小学、国有农（牧、林）场、农业技术推广站、畜牧兽医站、乡镇卫生院、计划生育服务站、乡镇文化站等；

②工作现场地处中西部地区和艰苦边远地区县以下的气象、地震、地质、水电施工、煤炭、石油、航海、核工业等中央单位艰苦行业生产第一线。

地方所属高等学校毕业生基层就业学费补偿国家助学贷款代偿，按各省（自治区、直辖市）有关规定执行。

九、应征入伍服义务兵役国家资助

国家对应征入伍服义务兵役的高校学生，在入伍时对其在校期间缴纳的学费实行一次性补偿或获得的国家助学贷款实行代偿；应征入伍服义务兵役前正在高等学校就读的学生（含按国家招生规定录取的高等学校新生），服役期间按国家有关规定保留学籍或入学资格、退役后自愿复学或入学的，国家实行学费减免。

学费补偿、国家助学贷款代偿及学费减免的标准，本专科生每人每年最高不超过8000元。

学费补偿、国家助学贷款代偿和学费减免的年限，按照国家对专科（高职）规定的相应修业年限据实计算。

十、高校家庭经济困难新生入学资助项目

从2012年秋季学期起，中央财政利用中央专项彩票公益金，设立了普通高校家庭经济困难学生入学资助项目，用于一次性补助高校家庭经济困难新生入校报到的交通费及入学后短期生活费。

1. 资助范围与对象

中西部地区每年高考考入全日制普通高等院校的家庭经济困难新生。

本项目所指中西部地区具体包括：河北省、山西省、内蒙古自治区、吉林省、黑龙江省、安徽省、江西省、河南省、湖北省、湖南省、广西壮族自治区、海南省、重庆市、四川省、贵州省、云南省、西藏自治区、陕西省、甘肃省、宁夏回族自治区、青海省、新疆维吾尔自治区、新疆生产建设兵团。

2. 资助标准

省内院校录取新生每人500元，省外院校录取新生每人1000元。

3. 申请条件

①热爱祖国，拥护中国共产党领导；

②遵守宪法和法律，遵守学校规章制度；

③普通高中应届毕业生；

④参加高考并被全日制普通高等院校（含高职）录取；

⑤家庭经济困难，生活俭朴。

入学资助项目优先资助孤残学生、父母丧失劳动能力学生、少数民族学生、烈士子女、单亲家庭经济困难学生、农村绝对贫困家庭学生、享受城镇居民最低生活保障政策家庭和因突发事件导致家庭经济困难学生、农村计划生育独生子女和双女户家庭学生等。

符合上述条件的学生可向当地县级教育部门咨询办理。

十一、勤工助学

勤工助学是指学生在学校的组织下利用课余时间，通过自己的劳动取得合法报酬，用于改善学习和生活条件的社会实践活动。勤工助学是学校学生资助工作的重要组成部分，是提高学生综合素质和资助家庭经济困难学生的有效途径。

1. 活动管理

学生在学有余力的前提下，向学校提出勤工助学的申请，接受必要的勤工助学岗前培训和安全教育，再由学校统一安排到校内或校外的岗位上进行勤工助学活动。学校不得安排学生参加有毒、有害和危险的生产作业以及超过身体承受能力、有碍健康的劳动。任何单位和个人未经学校同意，不得聘用在校学生打工。

2. 时间安排

学生参加勤工助学不应当影响学业，原则上每周不超过 8 小时，每月不超过 40 小时。

3. 劳动报酬

学生参加校内固定岗位的勤工助学，其劳动报酬由学校按月计算。每月 40 个工时的酬金原则上不低于当地政府或有关部门制定的最低工资标准或居民最低生活保障标准，可以适当上下浮动。学生参加校内临时岗位的勤工助学，其劳动报酬由学校按小时计算。每小时酬金原则上不低于 12 元人民币。学生参加校外勤工助学的酬金标准不低于学校所在地政府或有关部门规定的最低工资标准，具体数额由用人单位、学校与学生协商确定，并写进聘用协议。

4. 权益保护

学生在开始勤工助学活动前应当与有关单位签订协议，保护自身的合法权益。学生在进行校内勤工助学前，应当与学校的学生勤工助学管理服务组织签订具有法律效力的协议书。学生在进行校外勤工助学前，应当与代表学校的学生勤工助学管理服务组织、用人单位签订具有法律效力的三方协议书。协议书应当明确学校、用人单位和学生三方的权利和义务，意外伤害事故的处理办法以及争议解决方法。

十二、其他资助政策与措施

1. 学费减免

国家对公办全日制普通高校中家庭经济特别困难、无法缴纳学费的学生，特别是其中

的孤残学生、少数民族学生及烈士子女、优抚家庭子女等，实行减免学费政策。具体减免办法由学校制订。

2. 辅助措施

各高校利用自有资金、社会组织和个人捐赠资金等，设立奖学金、助学金；对发生临时困难的学生发放特殊困难补助等。

3. “绿色通道”

家庭经济特别困难的新生如暂时筹集不齐学费和住宿费，可在开学报到期间，通过高校开设的“绿色通道”先办理入学手续。入学后，高校资助部门根据学生具体情况开展困难认定，采取不同措施给予资助。

九、财政部 教育部关于调整职业院校奖助学金政策的通知

（财教〔2019〕25号）

有关中央部门，各省、自治区、直辖市、计划单列市财政厅（局）、教育厅（局、教委），新疆生产建设兵团财政局、教育局：

为贯彻落实党的十九大精神和2019年《政府工作报告》等有关要求，坚持把立德树人作为教育的根本任务，进一步健全学生资助制度，提升职业教育吸引力，激励职业院校学生勤奋学习、勇于实践、提升技能水平，培养德智体美劳全面发展的社会主义建设者和接班人，经国务院同意，从2019年起扩大高等职业院校（以下简称高职院校）奖助学金覆盖面、提高补助标准，设立中等职业教育国家奖学金。现将有关事项通知如下：

一、扩大高职院校奖助学金覆盖面、提高补助标准

（一）增加高职院校国家奖学金名额。从2019年起，将本专科生国家奖学金奖励名额由5万名增加到6万名，增加的名额全部用于奖励特别优秀的全日制高职院校学生，奖励标准为每生每年8000元。

（二）扩大高职院校国家励志奖学金覆盖面。从2019年起，将高职学生国家励志奖学金覆盖面提高10%，即由3%提高到3.3%，奖励标准为每生每年5000元。

（三）扩大高职院校国家助学金覆盖面、提高补助标准。从2019年春季学期起，将高职学生国家助学金覆盖面提高10%，平均补助标准从每生每年3000元提高到3300元。普通本科学生国家助学金平均补助标准同时从每生每年3000元提高到3300元。

二、设立中等职业教育国家奖学金

从2019年起，设立中等职业教育国家奖学金，用于奖励中等职业学校（含技工学校）全日制在校生中特别优秀的学生。每年奖励2万名，奖励标准为每生每年6000元。

财政部会同中央有关主管部门根据各省（自治区、直辖市、计划单列市）中等职业学校全日制在校生人数等因素分配中等职业教育国家奖学金的名额。各地在分配中等职业教育国家奖学金名额时，应当对办学质量较高的学校，以农林、地质、矿产、水利、养老、家政等专业和现代农业、先进制造业、现代服务业、战略性新兴产业等人才紧缺专业为主

的学校予以适当倾斜。

三、切实抓好贯彻落实

调整职业院校奖助学金政策体现了党中央、国务院对广大学生特别是职业院校学生学习、生活的关心。各有关部门和学校要认真领会政策精神，不折不扣抓好落实，使更多学生享受力度更大的国家资助，使建档立卡贫困家庭的学生优先获得资助。对包括公办、民办在内的各类职业院校一视同仁，确保民办职业院校按规定享受同等政策。扩大高职院校奖助学金覆盖面、提高补助标准所需资金，继续由中央财政和地方财政按照现行渠道和分担方式共同承担；中等职业教育国家奖学金全部由中央财政承担，纳入学生资助资金管理。各地要按照《学生资助资金管理办法》（财科教〔2019〕19号）有关要求，统筹安排中央对地方转移支付资金和地方应承担的资金，及时下达预算，加强资金管理，督促省以下各级有关部门及各校做好奖助学金发放以及2019年春季学期助学金增补工作。

各地教育、财政等有关部门和学校要做好家庭经济困难学生认定、奖学金评审等工作，并加强与2019年高职院校扩招有关工作的衔接。要通过多种有效形式开展宣传解读，提高资助育人水平，切实把调整政策落到实处。

财政部 教育部

2019年6月28日

十、普通本科高校、高等职业学校国家励志奖学金管理暂行办法

财教〔2007〕91号

第一章 总则

第一条 为激励普通本科高校、高等职业学校家庭经济困难学生勤奋学习、努力进取，在德、智、体、美等方面得到全面发展，根据《国务院关于建立健全普通本科高校、高等职业学校和中等职业学校家庭经济困难学生资助政策体系的意见》（国发〔2007〕13号），制定本办法。

第二条 本办法所称普通本科高校、高等职业学校是指根据国家有关规定批准设立、实施高等学历教育的全日制普通本科高等学校、高等职业学校和高等专科学校（以下简称高校）。

第三条 国家励志奖学金用于奖励资助高校全日制本专科（含高职、第二学士学位）学生（以下简称学生）中品学兼优的家庭经济困难学生。

中央高校国家励志奖学金的奖励资助名额由财政部商有关部门确定。地方高校国家励志奖学金的奖励资助名额由各省、自治区、直辖市根据财政部、教育部确定的总人数，以及高校数量、类别、办学层次、办学质量、在校本专科生人数和生源结构等因素确定。在分配国家励志奖学金名额时，对办学水平较高的高校，以农林水地矿油核等国家需要的特殊学科专业为主的高校予以适当倾斜。

第四条　国家励志奖学金由中央和地方政府共同出资设立。中央部门所属高校国家励志奖学金所需资金由中央财政负担。地方所属高校国家励志奖学金所需资金根据各地财力及生源状况由中央与地方财政按比例分担。

国家鼓励各省、自治区、直辖市加大家庭经济困难学生资助力度，超出中央核定总额部分的国家励志奖学金所需资金由中央财政给予适当补助。

第二章　奖励标准与申请条件

第五条　国家励志奖学金的奖励标准为每人每年 5000 元。

第六条　国家励志奖学金的基本申请条件：

1. 热爱社会主义祖国，拥护中国共产党的领导；
2. 遵守宪法和法律，遵守学校规章制度；
3. 诚实守信，道德品质优良；
4. 在校期间学习成绩优秀；
5. 家庭经济困难，生活俭朴。

第三章　名额分配与预算下达

第七条　每年 5 月底前，中央主管部门和各省、自治区、直辖市要根据本办法第三条的规定，提出所属高校国家励志奖学金名额分配建议方案，报财政部、教育部。

财政部、教育部委托全国学生资助管理中心对中央主管部门和各省、自治区、直辖市报送的国家励志奖学金名额分配建议方案进行审核。

第八条　每年 7 月 31 日前，财政部、教育部结合全国学生资助管理中心审核意见，将国家励志奖学金分配名额和预算下达中央主管部门和省级财政、教育部门。

第九条　每年 9 月 1 日前，中央主管部门和省以下财政、教育部门负责将国家励志奖学金名额和预算下达所属各高校。

第四章　申请与评审

第十条　国家励志奖学金实行等额评审，坚持公开、公平、公正、择优的原则。

第十一条　国家励志奖学金申请与评审工作由高校组织实施。高校要根据本办法的规定，制定具体评审办法，并报中央主管部门或省级教育行政部门备案。高校在开展国家励志奖学金评审工作中，要对农林水地矿油核等国家需要的特殊学科专业学生予以适当倾斜。

第十二条　国家励志奖学金按学年申请和评审。申请国家励志奖学金的学生为高校在校生中二年级以上（含二年级）的学生。

同一学年内，申请国家励志奖学金的学生可以同时申请并获得国家助学金，但不能同时获得国家奖学金。

试行免费教育的教育部直属师范院校师范类专业学生不再同时获得国家励志奖学金。

第十三条　每年9月30日前，学生根据本办法规定的国家励志奖学金的基本申请条件及其他有关规定，向学校提出申请，并递交《普通本科高校、高等职业学校国家励志奖学金申请表》(见附表)。

第十四条　高校学生资助管理机构负责组织评审，提出本校当年国家励志奖学金获奖学生建议名单，报学校领导集体研究通过后，在校内进行不少于5个工作日的公示。公示无异议后，每年10月31日前，中央高校评审结果报中央主管部门，地方高校评审结果逐级报至省级教育部门。中央主管部门和省级教育部门于11月15日前批复。

第五章　奖学金发放、管理与监督

第十五条　高校于每年11月30日前将国家励志奖学金一次性发放给获奖学生，并记入学生的学籍档案。

第十六条　地方财政部门要按有关规定落实所负担的资金，及时拨付，加强管理。

第十七条　各高校要切实加强管理，认真做好国家励志奖学金的评审和发放工作，确保国家励志奖学金真正用于资助品学兼优的家庭经济困难学生。

第十八条　各省、自治区、直辖市、各有关部门和高校必须严格执行国家相关财经法规和本办法的规定，对国家励志奖学金实行分账核算，专款专用，不得截留、挤占、挪用，同时应接受财政、审计、纪检监察、主管机关等部门的检查和监督。

第六章　附则

第十九条　高校要按照国家有关规定，从事业收入中足额提取4%~6%的经费用于资助家庭经济困难学生。中央高校提取的具体比例由财政部商中央主管部门确定，地方高校提取的具体比例由各省、自治区、直辖市确定。

第二十条　民办高校(含独立学院)按照国家有关规定规范办学、举办者按照本办法第十九条规定的比例从事业收入中足额提取经费用于资助家庭经济困难学生的，其招收的符合本办法规定申请条件的普通本专科(含高职、第二学士学位)学生，也可以申请国家励志奖学金。具体评审管理办法，由各省、自治区、直辖市研究制定。各省、自治区、直辖市在制定评审管理办法时，应综合考虑学校的办学质量、学费标准、招生录取分数、一次性就业率、学科专业设置等因素。

第二十一条　本办法由财政部、教育部负责解释。各省、自治区、直辖市要根据本办法制定实施细则，并报财政部、教育部备案。

第二十二条　本办法自公布之日起施行。

十一、普通本科高校、高等职业学校国家助学金管理暂行办法

财教〔2007〕92 号

第一章　总则

第一条　为体现党和政府对普通本科高校、高等职业学校家庭经济困难学生的关怀，帮助他们顺利完成学业，根据《国务院关于建立健全普通本科高校、高等职业学校和中等职业学校家庭经济困难学生资助政策体系的意见》（国发〔2007〕13 号），制定本办法。

第二条　本办法所称普通本科高校、高等职业学校是指根据国家有关规定批准设立、实施高等学历教育的全日制普通本科高等学校、高等职业学校和高等专科学校（以下简称高校）。

第三条　国家助学金用于资助高校全日制本专科（含高职、第二学士学位）在校生中的家庭经济困难学生。

中央高校国家助学金的资助名额由财政部商有关部门确定。地方高校国家助学金的资助名额由各省（自治区、直辖市）根据财政部、教育部确定的总人数，以及高校数量、类别、办学层次、办学质量、在校本科生人数和生源结构等因素确定。在分配国家助学金名额时，对民族院校、以农林水地矿油核等国家需要的特殊学科专业为主的高校予以适当倾斜。

第四条　国家助学金由中央和地方政府共同出资设立。中央部门所属高校国家助学金所需资金由中央财政负担。地方所属高校国家助学金所需资金根据各地财力及生源状况由中央与地方财政按比例分担。

国家鼓励各省（自治区、直辖市）加大家庭经济困难学生资助力度，超出中央核定总额部分的国家助学金所需资金由中央财政给予适当补助。

第二章　资助标准与申请条件

第五条　国家助学金主要资助家庭经济困难学生的生活费用开支。国家助学金的平均资助标准为每生每年 2000 元，具体标准在每生每年 1000~3000 元范围内确定，可以分为 2~3 档。中央高校国家助学金分档及具体标准由财政部商有关部门确定，地方高校国家助学金分档及具体标准由各省（自治区、直辖市）确定。

第六条　国家助学金的基本申请条件：

1. 热爱社会主义祖国，拥护中国共产党的领导；
2. 遵守宪法和法律，遵守学校规章制度；
3. 诚实守信，道德品质优良；
4. 勤奋学习，积极上进；
5. 家庭经济困难，生活俭朴。

第三章 名额分配与预算下达

第七条 每年5月底前，中央主管部门和各省（自治区、直辖市）要根据国家确定的有关原则和本办法第三条、第五条的规定，提出所属高校国家助学金名额分配建议方案，报财政部、教育部。

财政部、教育部委托全国学生资助管理中心对中央主管部门和各省（自治区、直辖市）报送的国家助学金名额分配建议方案进行审核。

第八条 每年7月31日前，财政部、教育部结合全国学生资助管理中心审核意见，将国家助学金分配名额和预算下达中央主管部门和省级财政、教育部门。

第九条 每年9月1日前，中央主管部门和省以下财政、教育部门负责将国家助学金预算下达所属各高校。

第四章 申请与评审

第十条 国家助学金的评定工作坚持公开、公平、公正的原则。

第十一条 国家助学金申请与评审工作由高校组织实施。高校要根据本办法的规定，制定具体评审办法，并报中央主管部门或省级教育部门备案。高校在开展国家助学金评审工作中，要对农林水地矿油核等国家需要的特殊学科专业学生予以适当倾斜。

第十二条 国家助学金按学年申请和评审。

第十三条 每年9月30日前，学生根据本办法规定的国家助学金的基本申请条件及其他有关规定，向学校提出申请，并递交《普通本科高校、高等职业学校国家助学金申请表》(见附表)。

在同一学年内，申请并获得国家助学金的学生，可同时申请并获得国家奖学金或国家励志奖学金。

试行免费教育的教育部直属师范院校师范类专业学生，不再同时获得国家助学金。

第十四条 高校学生资助管理机构结合本校家庭经济困难学生等级认定情况，组织评审，提出享受国家助学金资助初步名单及资助档次，报学校领导集体研究通过后，于每年11月15日前，将本校当年国家助学金政策的落实情况按隶属关系报至中央主管部门或省级教育部门备案。

第五章 助学金发放、管理与监督

第十五条 高校应按月将国家助学金发放到受助学生手中。

第十六条 地方财政部门应按有关规定落实所负担的资金，及时拨付，加强管理。

第十七条 各高校应切实加强管理，认真做好国家助学金的评审和发放工作，确保国家助学金用于资助家庭经济困难的学生。

第十八条 各省(自治区、直辖市)、有关部门和高校必须严格执行国家相关财经法规和本办法的规定，对国家助学金实行分账核算，专款专用，不得截留、挤占、挪用，同

时应接受财政、审计、纪检监察、主管机关等部门的检查和监督。

第六章　附则

第十九条　高校要按照国家有关规定，从事业收入中足额提取4%～6%的经费用于资助家庭经济困难学生。中央高校提取的具体比例由财政部商中央主管部门确定，地方高校提取的具体比例由各省（自治区、直辖市）确定。

第二十条　民办高校（含独立学院）按照国家有关规定规范办学、举办者按照本办法第十九条规定的比例从事业收入中足额提取经费用于资助家庭经济困难学生的，其招收的符合本办法规定申请条件的普通本专科（含高职、第二学士学位）学生，也可以申请国家助学金，具体评审管理办法，由各省（自治区、直辖市）制定。各省（自治区、直辖市）在制定评审管理办法时，应综合考虑学校的学费标准、招生录取分数、一次性就业率、学科专业设置等因素。

第二十一条　本办法由财政部、教育部负责解释。各省（自治区、直辖市）要根据本办法制定实施细则，并报财政部、教育部备案。

第二十二条　本办法自发布之日起施行。《财政部、教育部关于印发〈国家助学奖学金管理办法〉的通知》（财教〔2005〕75号）同时废止。

十二、普通高等学校毕业生就业工作暂行规定

教学〔1997〕6号

第一章　总则

第一条　为做好普通高等学校（含研究生培养单位）毕业生（含毕业研究生）就业工作，更好地为经济建设和社会发展服务，维护毕业生和用人单位的合法权益，根据国家的有关法律和政策，制定本规定。

第二条　普通高等学校毕业生凡取得毕业资格的，在国家就业方针、政策指导下，按有关规定就业。

第三条　毕业生是国家按计划培养的专门人才，各级主管毕业生就业部门、高等学校和用人单位共同做好毕业生就业工作。毕业生有执行国家就业方针、政策和根据需要为国家服务的义务。必要时，国家采取行政手段，安置毕业生就业。

第四条　毕业生就业工作要贯彻统筹安排、合理使用、加强重点、兼顾一般和面向基层，充实生产、科研、教学第一线的方针。在保证国家需要的前提下，贯彻学以致用、人尽其才的原则。国家采取措施，鼓励和指导毕业生到边远地区、艰苦行业和其他国家急需人才的地方去工作。

第五条　国家教委归口管理全国毕业生就业工作，国务院其他部委（以下简称部委）和各省、自治区、直辖市（以下简称地方）负责本部门、本地方的毕业生就业工作。

第二章　职责分工

第六条　国家教委的主要职责：

1. 制定全国毕业生就业工作的法规和政策，部署全国毕业生就业工作；

2. 组织研究并指导实施全国毕业生就业制度改革；

3. 收集和发布全国毕业生供需信息，组织指导和管理毕业生就业供需见面、双向选择活动；

4. 编制全国普通高等学校毕业生就业计划，制订国家教委直属高校毕业生就业计划和部委、地方所属高校抽调计划；

5. 负责全国毕业生就业计划协调工作，管理全国毕业生调配工作；

6. 指导、检查毕业生就业工作，授权各省、自治区、直辖市调配部门派遣本地区高校毕业生；

7. 组织开展毕业教育、就业指导和人员培训工作；

8. 开展毕业生就业工作的科学研究和宣传工作；

9. 检查毕业生的使用情况。

第七条　国务院有关部委主管部门的主要职责：

1. 根据国家的有关方针、政策和国家教委的统一部署，提出本部门毕业生就业的具体工作意见；

2. 及时向国家教委报送所属院校毕业生就业计划和本部委需求信息；

3. 组织协调所属院校的毕业生供需信息交流活动；

4. 制订并组织实施所属院校的毕业生就业计划；

5. 组织开展所属院校毕业生教育、就业指导工作；

6. 负责本部门毕业生的接收工作，了解和掌握毕业生的使用情况；

7. 开展有关毕业生就业工作改革的研究和宣传工作。

第八条　省、自治区、直辖市主管部门的主要职责：

1. 根据国家的有关方针、政策和国家教委的统一部署，提出本省、自治区、直辖市毕业生就业的具体工作意见；

2. 负责本地区毕业生的资源统计工作，并按时报送国家教委；

3. 收集本地区毕业生的需求信息并及时报送国家教委；

4. 制订本地区所属院校毕业生的就业计划并及时报送国家教委；

5. 组织管理本地区毕业生就业供需见面和双向选择活动；

6. 受国家教委委托组织实施本地区高校毕业生的资格审查，并负责毕业生的调配派遣和接收工作；

7. 组织开展毕业教育、就业指导工作；

8. 检查、监督本地区用人单位和高等学校的毕业生就业工作；

9. 开展毕业生就业制度改革的研究和宣传工作；

10. 完成国家教委交办的其他工作。

第九条　高等学校的主要职责：

1. 根据国家的就业方针、政策和规定以及学校主管部门的工作意见，制定本学校的工作细则；

2. 负责本校毕业生的资格审查工作，及时向主管部门和地方调配部门报送毕业生资源情况；

3. 收集需求信息，开展毕业生就业供需见面和双向选择活动，负责毕业生的推荐工作；

4. 按照主管部门的要求提出毕业生就业建议计划；

5. 开展毕业教育和就业指导工作；

6. 负责办理毕业生的离校手续；

7. 开展与毕业生就业有关的调查研究工作；

8. 完成主管部门交办的其他工作。

第十条　用人单位的主要职责：

1. 及时向主管部门报送毕业生需求计划，向有关高等学校提供需求信息；

2. 参加供需见面和双向选择活动，如实介绍本单位情况，积极招聘毕业生；

3. 按照国家下达的就业计划接收、安排毕业生；

4. 负责毕业生见习期间的管理工作；

5. 向有关部门和学校反馈毕业生的使用情况。

第三章　毕业生就业工作程序

第十一条　全国高等学校毕业生就业工作程序和时间安排由国家教委统一部署，各部委和地方应按照统一部署具体指导所属院校毕业生的就业工作。

第十二条　毕业生就业工作程序分为就业指导、收集发布信息、供需见面及双向选择、制订就业计划、进行毕业生资格审查、派遣、调整、接收等阶段。

第十三条　毕业生就业工作一般从毕业生在校内的最后一学年开始。

第十四条　用人单位一般应每年 11 月 –12 月向主管部门及有关高校提出下一年度毕业生需求计划，11 月 –5 月与毕业生签订录用协议。

第十五条　毕业生的就业活动不得影响学校正常的教学秩序和学生的学习。毕业生联系工作时间应安排在 1 月 –5 月，春季毕业研究生可适当提前。

第四章　毕业生就业指导与毕业生鉴定

第十六条　毕业生就业指导是高校教学工作的一个重要组成部分，是帮助毕业生了解国家的就业方针政策，树立正确的择业观念，保障毕业生顺利就业的有效手段。

第十七条　毕业生就业指导重点进行人生观、价值观、择业观和职业道德教育，突出毕业生就业政策的宣传。

第十八条　毕业生就业指导要理论联系实际，注重实效，可采用授课、报告、讲座、咨询等多种形式。

第十九条　毕业生就业指导要与毕业教育相结合，教育毕业生以国家利益为重，正确处理国家利益与个人发展的关系，自觉服从国家需要，到基层去，到艰苦的地方去，走与实践相结合的成才之路。

第二十条　高等学校要按照国家教育《普通高等学校学生管理规定》、《高等学校学生行为准则（试行）》和《研究生学籍管理规定》的要求，实事求是地对毕业生作出组织鉴定。

第二十一条　毕业鉴定主要包括毕业生在校期间德、智、体等各方面的基本情况，这些基本情况要按照档案管理的有关规定，认真核对无误后归档。档案材料应在毕业生派遣两周内寄送毕业生报到单位。

第五章　供需见面和双向选择活动

第二十二条　供需见面和双向选择活动是落实毕业生就业计划的重要方式。各部委、各地方主管毕业生就业工作部门负责管理举办本部门、本地区的毕业生就业供需见面和双向选择活动，其他部门不得举办以毕业生就业为主的洽谈会或招聘会。举办省级上述活动要报国家教委备案，跨省区、跨部门的有关活动须报国家教委审批。

第二十三条　有条件的高等学校要举办或校际联办毕业生供需见面和双向选择活动。高等学校在毕业生供需见面和双向选择活动中起主导作用。

第二十四条　经供需见面和双向选择后，毕业生、用人单位和高等学校应当签订毕业生就业协议书，作为制订就业计划和派遣的依据。未经学校同意，毕业生擅自签定的协议无效。

第二十五条　供需见面和双向选择活动要在国家就业方针、政策指导下，有组织、有计划、有步骤地进行，时间应安排在节假日。

第二十六条　供需见面和双向选择活动，不得以赢利为目的向学生收费，不得影响学校正常的教学秩序和学生的学习。

第六章　就业计划的制订

第二十七条　国家教委直属学校毕业生面向全国就业，其他部委所属学校毕业生主要面向本系统、本行业就业，地方所属学校主要面向本地区就业。根据招生“并轨”改革的进程，有关部委和各省、自治区、直辖市可根据本部门、本地区的实际情况确定所属高校毕业生的就业范围。

第二十八条　制订就业计划的原则：

1. 遵循国家有关毕业生就业的方针、政策和规定；

2. 依据国民经济和社会发展的需要；

3. 优先保证国防、军工、国有大中型企业、重点科研和教学单位的需要；

4. 来源于边远省区的本、专科毕业生，只要是边远省区急需的，原则上回来源省区就业；

5. 师范类毕业生原则上在教育系统内就业；

6. 定向生、委培生按合同就业；

7. 实行招生“并轨”改革学校的毕业生在国家就业政策指导下，在一定范围内自主择业；

8. 毕业研究生在国家规定的服务范围内就业；

9. 其他类型毕业生按国家有关规定就业。

第二十九条　本、专科毕业生就业计划每年编制一次，毕业研究生就业计划分为春季和暑期两次编制。就业计划按部委、地方和高校各自的职责分工经上下结合，充分协商形成；有关部委和地方审核、汇总所属学校毕业生就业建议计划，并按时报送国家教委；国家教委审核、编制全国普通高等学校毕业生就业计划。

第三十条　毕业生就业计划经国家教委审核下达后，各部委、地方、高等学校和用人单位必须严格执行。

第七章　调配、派遣工作

第三十一条　地方主管毕业生调配部门和高等学校按照国家下达的就业计划派遣毕业生。派遣毕业生统一使用《全国普通高等学校毕业生就业派遣报到证》和《全国毕业研究生就业派遣报到证》（以下简称《报到证》），《报到证》由国家教委授权地方主管毕业生就业调配部门审核签发，特殊情况可由国家教委直接签发。

第三十二条　国家招生计划内招收的自费生（含电大、函授等普通专科班）毕业后自主择业，在规定时间内找到单位的由地方主管调配部门开具《报到证》。

第三十三条　对于华侨和来自港澳台地区的毕业生愿意留大陆工作的，学校可根据国家有关规定提供必要的帮助。

第三十四条　免试推荐和考取硕士、博士研究生的毕业生，在学校就业计划上报后提出不再攻读的，应回家庭所在地就业。

第三十五条　符合国家规定申请自费留学的毕业生，要在学校规定的期限内提出申请并按规定偿还教育培养费，经批准后，学校不再负责其就业。派遣时未获准出境的，学校可将其档案、户粮关系转家庭所在地自谋职业。

第三十六条　对残疾毕业生学校应帮助其就业，确有困难的，按有关规定由生源所在地民政部门安置。

第三十七条　学校应在派遣前认真负责对毕业生进行健康检查，不能坚持正常工作的，让其回家休养。一年内治愈的（须经学校指定县级以上医院证明能坚持正常工作的）可以随下一届毕业生就业；一年后仍未治愈或无用人单位接收的，户粮关系和档案材料转至家庭所在地，按社会待业人员办理。

第三十八条　结业生由学校向用人单位推荐或自荐，找到工作单位的，可以派遣，但必须在《报到证》上注明“结业生”字样；在规定时间内无接收单位的，由学校将其档案、户粮关系转至家庭所在地（家居农村的保留非农业户口），自谋职业。

第三十九条　全国普通高等学校要在 7 月 1 日后派遣毕业生（春季毕业研究生例外）。

第四十条　在派遣过程中出现特殊情况需要调整改派的，按下列原则办理：

1. 在本省、自治区、直辖市辖区内用人单位之间调整的，由地方主管毕业生调配部门审批并办理改派手续；

2. 跨部委、跨省（自治区、直辖市）调整的，由学校主管部门审核同意后，统一报国家教委审批并下达调整计划，学校所在地方主管毕业生调配部门按照调整计划办理改派手续；

3. 毕业生调整改派须在一年内办理，逾期不再办理有关调整改派手续。毕业生就业后的调整按在职人员有关规定办理。

第八章　接收工作及毕业生待遇

第四十一条　毕业生持《报到证》到工作单位报到，用人单位凭《报到证》予以办理接收手续和户粮关系。凡纳入国家就业计划的毕业生，地方政府不得征收其城市增容费。

第四十二条　毕业生报到后，用人单位应根据工作需要和毕业生所学专业及时安排工作岗位。

第四十三条　按国家计划派遣的毕业生，用人单位不得拒绝接收或退回学校。

第四十四条　毕业生报到后，发生疾病不能坚持正常工作的，按在职人员有关规定处理，不得把上岗后发生疾病的毕业生退回学校。

第四十五条　毕业生就业后，其工资标准和福利待遇按国家有关规定执行，工龄从报到之日计算。

第四十六条　到非公有制单位就业的毕业生，其档案按国家有关规定进行管理，工资待遇由毕业生与用人单位协商确定，但工资标准原则上应不低于国家规定。

第九章　违反规定的处理

第四十七条　有以下情形之一的部委、地方和学校就业部门，要通报批评，情节严重的，建议主管部门对有关责任人员给予行政处分：

1. 不按要求和时间报送生源、需求计划的；

2. 不按国家的有关规定派遣毕业生的；

3. 其他违反毕业生就业工作规定的。

第四十八条　对违反就业协议或不履行定向、委托培养合同的用人单位、毕业生、高等学校按协议书或合同书的有关条款办理，并依法承担赔偿责任。

第四十九条　对擅自拒收、截留按国家计划派遣毕业生的用人单位，由其主管部门责令改正，并对有关负责人员给予行政处分。

第五十条　有下列情形之一的毕业生，由学校报地方主管毕业生调配部门批准，不再负责其就业。在其向学校缴纳全部培养费和奖（助）学金后，由学校将其户粮关系和档案转至家庭所在地，按社会待业人员处理：

1. 不顾国家需要，坚持个人无理要求，经多方教育仍拒不改正的；

2. 自派遣之日起，无正当理由超过三个月不去就业单位报到的；

3. 报到后，拒不服从安排或无理要求用人单位退回的；

4. 其他违反毕业生就业规定的。

第五十一条　对利用职权干涉毕业生就业或在毕业生就业工作中徇私舞弊的工作人员，由主管部门或同级纪检、监察部门依法处理；情节严重、构成犯罪的，依法追究其刑事责任。

第十章　附则

第五十二条　本规定中普通高等学校毕业生系指按照国家普通高等学校招生计划和研究生计划招收的具有学籍、取得毕业资格的本、专科生（含招生并轨招收的学生和招生并轨前招收的国家任务生、定向生、委培生、自费生及电大、函授普通专科班学生）和硕士、博士研究生（含统分生、定向生、委培生、自筹经费生）。

第五十三条　各有关部委和地方可根据本规定制定实施细则并报国家教委备案。

第五十四条　本规定由国家教育委员会负责解释。

第五十五条　本规定自发布之日起执行。

十三、职业学校学生实习管理规定

教职成〔2016〕3号

第一章　总则

第一条　为规范和加强职业学校学生实习工作，维护学生、学校和实习单位的合法权益，提高技术技能人才培养质量，增强学生社会责任感、创新精神和实践能力，更好服务产业转型升级需要，依据《中华人民共和国教育法》《中华人民共和国职业教育法》《中华人民共和国劳动法》《中华人民共和国安全生产法》《中华人民共和国未成年人保护法》《中华人民共和国职业病防治法》及相关法律法规、规章，制定本规定。

第二条　本规定所指职业学校学生实习，是指实施全日制学历教育的中等职业学校和高等职业学校学生（以下简称职业学校）按照专业培养目标要求和人才培养方案安排，由职业学校安排或者经职业学校批准自行到企（事）业等单位（以下简称实习单位）进行专业技能培养的实践性教育教学活动，包括认识实习、跟岗实习和顶岗实习等形式。

认识实习是指学生由职业学校组织到实习单位参观、观摩和体验，形成对实习单位和相关岗位的初步认识的活动。

跟岗实习是指不具有独立操作能力、不能完全适应实习岗位要求的学生，由职业学校组织到实习单位的相应岗位，在专业人员指导下部分参与实际辅助工作的活动。

顶岗实习是指初步具备实践岗位独立工作能力的学生，到相应实习岗位，相对独立参与实际工作的活动。

第三条　职业学校学生实习是实现职业教育培养目标，增强学生综合能力的基本环节，是教育教学的核心部分，应当科学组织、依法实施，遵循学生成长规律和职业能力形成规律，保护学生合法权益；应当坚持理论与实践相结合，强化校企协同育人，将职业精神养成教育贯穿学生实习全过程，促进职业技能与职业精神高度融合，服务学生全面发展，提高技术技能人才培养质量和就业创业能力。

第四条　地方各级人民政府相关部门应高度重视职业学校学生实习工作，切实承担责任，结合本地实际制定具体措施鼓励企（事）业等单位接收职业学校学生实习。

第二章　实习组织

第五条　教育行政部门负责统筹指导职业学校学生实习工作；职业学校主管部门负责职业学校实习的监督管理。职业学校应将学生跟岗实习、顶岗实习情况报主管部门备案。

第六条　职业学校应当选择合法经营、管理规范、实习设备完备、符合安全生产法律法规要求的实习单位安排学生实习。在确定实习单位前，职业学校应进行实地考察评估并形成书面报告，考察内容应包括：单位资质、诚信状况、管理水平、实习岗位性质和内容、工作时间、工作环境、生活环境以及健康保障、安全防护等方面。

第七条　职业学校应当会同实习单位共同组织实施学生实习。

实习开始前，职业学校应当根据专业人才培养方案，与实习单位共同制订实习计划，明确实习目标、实习任务、必要的实习准备、考核标准等；并开展培训，使学生了解各实习阶段的学习目标、任务和考核标准。

职业学校和实习单位应当分别选派经验丰富、业务素质好、责任心强、安全防范意识高的实习指导教师和专门人员全程指导、共同管理学生实习。

实习岗位应符合专业培养目标要求，与学生所学专业对口或相近。

第八条　学生经本人申请，职业学校同意，可以自行选择顶岗实习单位。对自行选择顶岗实习单位的学生，实习单位应安排专门人员指导学生实习，学生所在职业学校要安排实习指导教师跟踪了解实习情况。

认识实习、跟岗实习由职业学校安排，学生不得自行选择。

第九条　实习单位应当合理确定顶岗实习学生占在岗人数的比例，顶岗实习学生的人数不超过实习单位在岗职工总数的 10%，在具体岗位顶岗实习的学生人数不高于同类岗位在岗职工总人数的 20%。

任何单位或部门不得干预职业学校正常安排和实施实习计划，不得强制职业学校安排学生到指定单位实习。

第十条　学生在实习单位的实习时间根据专业人才培养方案确定，顶岗实习一般为 6 个月。支持鼓励职业学校和实习单位合作探索工学交替、多学期、分段式等多种形式的实践性教学改革。

第三章　实习管理

第十一条　职业学校应当会同实习单位制定学生实习工作具体管理办法和安全管理规

定、实习学生安全及突发事件应急预案等制度性文件。

职业学校应对实习工作和学生实习过程进行监管。鼓励有条件的职业学校充分运用现代信息技术，构建实习信息化管理平台，与实习单位共同加强实习过程管理。

第十二条　学生参加跟岗实习、顶岗实习前，职业学校、实习单位、学生三方应签订实习协议。协议文本由当事方各执一份。

未按规定签订实习协议的，不得安排学生实习。

认识实习按照一般校外活动有关规定进行管理。

第十三条　实习协议应明确各方的责任、权利和义务，协议约定的内容不得违反相关法律法规。

实习协议应包括但不限于以下内容：

（一）各方基本信息；

（二）实习的时间、地点、内容、要求与条件保障；

（三）实习期间的食宿和休假安排；

（四）实习期间劳动保护和劳动安全、卫生、职业病危害防护条件；

（五）责任保险与伤亡事故处理办法，对不属于保险赔付范围或者超出保险赔付额度部分的约定责任；

（六）实习考核方式；

（七）违约责任；

（八）其他事项。

顶岗实习的实习协议内容还应当包括实习报酬及支付方式。

第十四条　未满 18 周岁的学生参加跟岗实习、顶岗实习，应取得学生监护人签字的知情同意书。

学生自行选择实习单位的顶岗实习，学生应在实习前将实习协议提交所在职业学校，未满 18 周岁学生还需要提交监护人签字的知情同意书。

第十五条　职业学校和实习单位要依法保障实习学生的基本权利，并不得有下列情形：

（一）安排、接收一年级在校学生顶岗实习；

（二）安排未满 16 周岁的学生跟岗实习、顶岗实习；

（三）安排未成年学生从事《未成年工特殊保护规定》中禁忌从事的劳动；

（四）安排实习的女学生从事《女职工劳动保护特别规定》中禁忌从事的劳动；

（五）安排学生到酒吧、夜总会、歌厅、洗浴中心等营业性娱乐场所实习；

（六）通过中介机构或有偿代理组织、安排和管理学生实习工作。

第十六条　除相关专业和实习岗位有特殊要求，并报上级主管部门备案的实习安排外，学生跟岗和顶岗实习期间，实习单位应遵守国家关于工作时间和休息休假的规定，并不得有以下情形：

（一）安排学生从事高空、井下、放射性、有毒、易燃易爆，以及其他具有较高安全风险的实习；

（二）安排学生在法定节假日实习；

（三）安排学生加班和夜班。

第十七条　接收学生顶岗实习的实习单位，应参考本单位相同岗位的报酬标准和顶岗实习学生的工作量、工作强度、工作时间等因素，合理确定顶岗实习报酬，原则上不低于本单位相同岗位试用期工资标准的 80%，并按照实习协议约定，以货币形式及时、足额支付给学生。

第十八条　实习单位因接收学生实习所实际发生的与取得收入有关的、合理的支出，按现行税收法律规定在计算应纳税所得额时扣除。

第十九条　职业学校和实习单位不得向学生收取实习押金、顶岗实习报酬提成、管理费或者其他形式的实习费用，不得扣押学生的居民身份证，不得要求学生提供担保或者以其他名义收取学生财物。

第二十条　实习学生应遵守职业学校的实习要求和实习单位的规章制度、实习纪律及实习协议，爱护实习单位设施设备，完成规定的实习任务，撰写实习日志，并在实习结束时提交实习报告。

第二十一条　职业学校要和实习单位相配合，建立学生实习信息通报制度，在学生实习全过程中，加强安全生产、职业道德、职业精神等方面的教育。

第二十二条　职业学校安排的实习指导教师和实习单位指定的专人应负责学生实习期间的业务指导和日常巡视工作，定期检查并向职业学校和实习单位报告学生实习情况，及时处理实习中出现的有关问题，并做好记录。

第二十三条　职业学校组织学生到外地实习，应当安排学生统一住宿；具备条件的实习单位应为实习学生提供统一住宿。职业学校和实习单位要建立实习学生住宿制度和请销假制度。学生申请在统一安排的宿舍以外住宿的，须经学生监护人签字同意，由职业学校备案后方可办理。

第二十四条　鼓励职业学校依法组织学生赴国（境）外实习。安排学生赴国（境）外实习的，应当根据需要通过国家驻外有关机构了解实习环境、实习单位和实习内容等情况，必要时可派人实地考察。要选派指导教师全程参与，做好实习期间的管理和相关服务工作。

第二十五条　鼓励各地职业学校主管部门建立学生实习综合服务平台，协调相关职能部门、行业企业、有关社会组织，为学生实习提供信息服务。

第二十六条　对违反本规定组织学生实习的职业学校，由职业学校主管部门责令改正。拒不改正的，对直接负责的主管人员和其他直接责任人依照有关规定给予处分。因工作失误造成重大事故的，应依法依规对相关责任人追究责任。

对违反本规定中相关条款和违反实习协议的实习单位，职业学校可根据情况调整实习安排，并根据实习协议要求实习单位承担相关责任。

第二十七条　对违反本规定安排、介绍或者接收未满 16 周岁学生跟岗实习、顶岗实习的，由人力资源社会保障行政部门依照《禁止使用童工规定》进行查处；构成犯罪的，依法追究刑事责任。

第四章　实习考核

第二十八条　职业学校要建立以育人为目标的实习考核评价制度，学生跟岗实习和顶岗实习，职业学校要会同实习单位根据学生实习岗位职责要求制订具体考核方式和标准，实施考核工作。

第二十九条　跟岗实习和顶岗实习的考核结果应当记入实习学生学业成绩，考核结果分优秀、良好、合格和不合格四个等次，考核合格以上等次的学生获得学分，并纳入学籍档案。实习考核不合格者，不予毕业。

第三十条　职业学校应当会同实习单位对违反规章制度、实习纪律以及实习协议的学生，进行批评教育。学生违规情节严重的，经双方研究后，由职业学校给予纪律处分；给实习单位造成财产损失的，应当依法予以赔偿。

第三十一条　职业学校应组织做好学生实习情况的立卷归档工作。实习材料包括：（1）实习协议；（2）实习计划；（3）学生实习报告；（4）学生实习考核结果；（5）实习日志；（6）实习检查记录等；（7）实习总结。

第五章　安全职责

第三十二条　职业学校和实习单位要确立安全第一的原则，严格执行国家及地方安全生产和职业卫生有关规定。职业学校主管部门应会同相关部门加强实习安全监督检查。

第三十三条　实习单位应当健全本单位生产安全责任制，执行相关安全生产标准，健全安全生产规章制度和操作规程，制定生产安全事故应急救援预案，配备必要的安全保障器材和劳动防护用品，加强对实习学生的安全生产教育培训和管理，保障学生实习期间的人身安全和健康。

第三十四条　实习单位应当会同职业学校对实习学生进行安全防护知识、岗位操作规程教育和培训并进行考核。未经教育培训和未通过考核的学生不得参加实习。

第三十五条　推动建立学生实习强制保险制度。职业学校和实习单位应根据国家有关规定，为实习学生投保实习责任保险。责任保险范围应覆盖实习活动的全过程，包括学生实习期间遭受意外事故及由于被保险人疏忽或过失导致的学生人身伤亡，被保险人依法应承担的责任，以及相关法律费用等。

学生实习责任保险的经费可从职业学校学费中列支；免除学费的可从免学费补助资金中列支，不得向学生另行收取或从学生实习报酬中抵扣。职业学校与实习单位达成协议由实习单位支付投保经费的，实习单位支付的学生实习责任保险费可从实习单位成本（费用）

中列支。

第三十六条　学生在实习期间受到人身伤害，属于实习责任保险赔付范围的，由承保保险公司按保险合同赔付标准进行赔付。不属于保险赔付范围或者超出保险赔付额度的部分，由实习单位、职业学校及学生按照实习协议约定承担责任。职业学校和实习单位应当妥善做好救治和善后工作。

第六章　附则

第三十七条　各省、自治区、直辖市教育行政部门应会同人力资源社会保障等相关部门依据本规定，结合本地区实际制定实施细则或相应的管理制度。

第三十八条　非全日制职业教育、高中后中等职业教育学生实习参照本规定执行。

第三十九条　本规定自发布之日起施行，《中等职业学校学生实习管理办法》（教职成〔2007〕4 号）同时废止。

十四、高等学校消防安全管理规定

教育部 公安部第 28 号令

第一章　总则

第一条　为了加强和规范高等学校的消防安全管理，预防和减少火灾危害，保障师生员工生命财产和学校财产安全，根据消防法、高等教育法等法律、法规，制定本规定。

第二条　普通高等学校和成人高等学校（以下简称学校）的消防安全管理，适用本规定。

驻校内其他单位的消防安全管理，按照本规定的有关规定执行。

第三条　学校在消防安全工作中，应当遵守消防法律、法规和规章，贯彻预防为主、防消结合的方针，履行消防安全职责，保障消防安全。

第四条　学校应当落实逐级消防安全责任制和岗位消防安全责任制，明确逐级和岗位消防安全职责，确定各级、各岗位消防安全责任人。

第五条　学校应当开展消防安全教育和培训，加强消防演练，提高师生员工的消防安全意识和自救逃生技能。

第六条　学校各单位和师生员工应当依法履行保护消防设施、预防火灾、报告火警和扑救初起火灾等维护消防安全的义务。

第七条　教育行政部门依法履行对高等学校消防安全工作的管理职责，检查、指导和监督高等学校开展消防安全工作，督促高等学校建立健全并落实消防安全责任制和消防安全管理制度。

公安机关依法履行对高等学校消防安全工作的监督管理职责，加强消防监督检查，指导和监督高等学校做好消防安全工作。

第二章　消防安全责任

第八条　学校法定代表人是学校消防安全责任人，全面负责学校消防安全工作，履行下列消防安全职责：

（一）贯彻落实消防法律、法规和规章，批准实施学校消防安全责任制、学校消防安全管理制度；

（二）批准消防安全年度工作计划、年度经费预算，定期召开学校消防安全工作会议；

（三）提供消防安全经费保障和组织保障；

（四）督促开展消防安全检查和重大火灾隐患整改，及时处理涉及消防安全的重大问题；

（五）依法建立志愿消防队等多种形式的消防组织，开展群众性自防自救工作；

（六）与学校二级单位负责人签订消防安全责任书；

（七）组织制定灭火和应急疏散预案；

（八）促进消防科学研究和技术创新；

（九）法律、法规规定的其他消防安全职责。

第九条　分管学校消防安全的校领导是学校消防安全管理人，协助学校法定代表人负责消防安全工作，履行下列消防安全职责：

（一）组织制定学校消防安全管理制度，组织、实施和协调校内各单位的消防安全工作；

（二）组织制定消防安全年度工作计划；

（三）审核消防安全工作年度经费预算；

（四）组织实施消防安全检查和火灾隐患整改；

（五）督促落实消防设施、器材的维护、维修及检测，确保其完好有效，确保疏散通道、安全出口、消防车通道畅通；

（六）组织管理志愿消防队等消防组织；

（七）组织开展师生员工消防知识、技能的宣传教育和培训，组织灭火和应急疏散预案的实施和演练；

（八）协助学校消防安全责任人做好其他消防安全工作。

其他校领导在分管工作范围内对消防工作负有领导、监督、检查、教育和管理职责。

第十条　学校必须设立或者明确负责日常消防安全工作的机构（以下简称学校消防机构），配备专职消防管理人员，履行下列消防安全职责：

（一）拟订学校消防安全年度工作计划、年度经费预算，拟订学校消防安全责任制、灭火和应急疏散预案等消防安全管理制度，并报学校消防安全责任人批准后实施；

（二）监督检查校内各单位消防安全责任制的落实情况；

（三）监督检查消防设施、设备、器材的使用与管理，以及消防基础设施的运转，定期组织检验、检测和维修；

（四）确定学校消防安全重点单位（部位）并监督指导其做好消防安全工作；

（五）监督检查有关单位做好易燃易爆等危险品的储存、使用和管理工作，审批校内各单位动用明火作业；

（六）开展消防安全教育培训，组织消防演练，普及消防知识，提高师生员工的消防安全意识、扑救初起火灾和自救逃生技能；

（七）定期对志愿消防队等消防组织进行消防知识和灭火技能培训；

（八）推进消防安全技术防范工作，做好技术防范人员上岗培训工作；

（九）受理驻校内其他单位在校内和学校、校内各单位新建、扩建、改建及装饰装修工程和公众聚集场所投入使用、营业前消防行政许可或者备案手续的校内备案审查工作，督促其向公安机关消防机构进行申报，协助公安机关消防机构进行建设工程消防设计审核、消防验收或者备案以及公众聚集场所投入使用、营业前消防安全检查工作；

（十）建立健全学校消防工作档案及消防安全隐患台账；

（十一）按照工作要求上报有关信息数据；

（十二）协助公安机关消防机构调查处理火灾事故，协助有关部门做好火灾事故处理及善后工作。

第十一条　学校二级单位和其他驻校单位应当履行下列消防安全职责：

（一）落实学校的消防安全管理规定，结合本单位实际制定并落实本单位的消防安全制度和消防安全操作规程；

（二）建立本单位的消防安全责任考核、奖惩制度；

（三）开展经常性的消防安全教育、培训及演练；

（四）定期进行防火检查，做好检查记录，及时消除火灾隐患；

（五）按规定配置消防设施、器材并确保其完好有效；

（六）按规定设置安全疏散指示标志和应急照明设施，并保证疏散通道、安全出口畅通；

（七）消防控制室配备消防值班人员，制定值班岗位职责，做好监督检查工作；

（八）新建、扩建、改建及装饰装修工程报学校消防机构备案；

（九）按照规定的程序与措施处置火灾事故；

（十）学校规定的其他消防安全职责。

第十二条　校内各单位主要负责人是本单位消防安全责任人，驻校内其他单位主要负责人是该单位消防安全责任人，负责本单位的消防安全工作。

第十三条　除本规定第十一条外，学生宿舍管理部门还应当履行下列安全管理职责：

（一）建立由学生参加的志愿消防组织，定期进行消防演练；

（二）加强学生宿舍用火、用电安全教育与检查；

（三）加强夜间防火巡查，发现火灾立即组织扑救和疏散学生。

第三章　消防安全管理

第十四条　学校应当将下列单位（部位）列为学校消防安全重点单位（部位）：

（一）学生宿舍、食堂（餐厅）、教学楼、校医院、体育场（馆）、会堂（会议中心）、超市（市场）、宾馆（招待所）、托儿所、幼儿园以及其他文体活动、公共娱乐等人员密集场所；

（二）学校网络、广播电台、电视台等传媒部门和驻校内邮政、通信、金融等单位；

（三）车库、油库、加油站等部位；

（四）图书馆、展览馆、档案馆、博物馆、文物古建筑；

（五）供水、供电、供气、供热等系统；

（六）易燃易爆等危险化学物品的生产、充装、储存、供应、使用部门；

（七）实验室、计算机房、电化教学中心和承担国家重点科研项目或配备有先进精密仪器设备的部位，监控中心、消防控制中心；

（八）学校保密要害部门及部位；

（九）高层建筑及地下室、半地下室；

（十）建设工程的施工现场以及有人员居住的临时性建筑；

（十一）其他发生火灾可能性较大以及一旦发生火灾可能造成重大人身伤亡或者财产损失的单位（部位）。

重点单位和重点部位的主管部门，应当按照有关法律法规和本规定履行消防安全管理职责，设置防火标志，实行严格消防安全管理。

第十五条　在学校内举办文艺、体育、集会、招生和就业咨询等大型活动和展览，主办单位应当确定专人负责消防安全工作，明确并落实消防安全职责和措施，保证消防设施和消防器材配置齐全、完好有效，保证疏散通道、安全出口、疏散指示标志、应急照明和消防车通道符合消防技术标准和管理规定，制定灭火和应急疏散预案并组织演练，并经学校消防机构对活动现场检查合格后方可举办。

依法应当报请当地人民政府有关部门审批的，经有关部门审核同意后方可举办。

第十六条　学校应当按照国家有关规定，配置消防设施和器材，设置消防安全疏散指示标志和应急照明设施，每年组织检测维修，确保消防设施和器材完好有效。

学校应当保障疏散通道、安全出口、消防车通道畅通。

第十七条　学校进行新建、改建、扩建、装修、装饰等活动，必须严格执行消防法规和国家工程建设消防技术标准，并依法办理建设工程消防设计审核、消防验收或者备案手续。学校各项工程及驻校内各单位在校内的各项工程消防设施的招标和验收，应当有学校消防机构参加。

施工单位负责施工现场的消防安全，并接受学校消防机构的监督、检查。竣工后，建筑工程的有关图纸、资料、文件等应当报学校档案机构和消防机构备案。

第十八条　地下室、半地下室和用于生产、经营、储存易燃易爆、有毒有害等危险物品场所的建筑不得用作学生宿舍。

生产、经营、储存其他物品的场所与学生宿舍等居住场所设置在同一建筑物内的，应当符合国家工程建设消防技术标准。

学生宿舍、教室和礼堂等人员密集场所，禁止违规使用大功率电器，在门窗、阳台等部位不得设置影响逃生和灭火救援的障碍物。

第十九条　利用地下空间开设公共活动场所，应当符合国家有关规定，并报学校消防机构备案。

第二十条　学校消防控制室应当配备专职值班人员，持证上岗。

消防控制室不得挪作他用。

第二十一条　学校购买、储存、使用和销毁易燃易爆等危险品，应当按照国家有关规定严格管理、规范操作，并制定应急处置预案和防范措施。

学校对管理和操作易燃易爆等危险品的人员，上岗前必须进行培训，持证上纲。

第二十二条　学校应当对动用明火实行严格的消防安全管理。禁止在具有火灾、爆炸危险的场所吸烟、使用明火；因特殊原因确需进行电、气焊等明火作业的，动火单位和人员应当向学校消防机构申办审批手续，落实现场监管人，采取相应的消防安全措施。作业人员应当遵守消防安全规定。

第二十三条　学校内出租房屋的，当事人应当签订房屋租赁合同，明确消防安全责任。出租方负责对出租房屋的消防安全管理。学校授权的管理单位应当加强监督检查。

外来务工人员的消防安全管理由校内用人单位负责。

第二十四条　发生火灾时，学校应当及时报警并立即启动应急预案，迅速扑救初起火灾，及时疏散人员。

学校应当在火灾事故发生后两个小时内向所在地教育行政主管部门报告。较大以上火灾同时报教育部。

火灾扑灭后，事故单位应当保护现场并接受事故调查，协助公安机关消防机构调查火灾原因、统计火灾损失。未经公安机关消防机构同意，任何人不得擅自清理火灾现场。

第二十五条　学校及其重点单位应当建立健全消防档案。

消防档案应当全面反映消防安全和消防安全管理情况，并根据情况变化及时更新。

第四章　消防安全检查和整改

第二十六条　学校每季度至少进行一次消防安全检查。检查的主要内容包括：

（一）消防安全宣传教育及培训情况；

（二）消防安全制度及责任制落实情况；

（三）消防安全工作档案建立健全情况；

（四）单位防火检查及每日防火巡查落实及记录情况；

（五）火灾隐患和隐患整改及防范措施落实情况；

（六）消防设施、器材配置及完好有效情况；

（七）灭火和应急疏散预案的制定和组织消防演练情况；

（八）其他需要检查的内容。

第二十七条　学校消防安全检查应当填写检查记录，检查人员、被检查单位负责

人或者相关人员应当在检查记录上签名，发现火灾隐患应当及时填发《火灾隐患整改通知书》。

第二十八条　校内各单位每月至少进行一次防火检查。检查的主要内容包括：

（一）火灾隐患和隐患整改情况以及防范措施的落实情况；

（二）疏散通道、疏散指示标志、应急照明和安全出口情况；

（三）消防车通道、消防水源情况；

（四）消防设施、器材配置及有效情况；

（五）消防安全标志设置及其完好、有效情况；

（六）用火、用电有无违章情况；

（七）重点工种人员以及其他员工消防知识掌握情况；

（八）消防安全重点单位（部位）管理情况；

（九）易燃易爆危险物品和场所防火防爆措施落实情况以及其他重要物资防火安全情况；

（十）消防（控制室）值班情况和设施、设备运行、记录情况；

（十一）防火巡查落实及记录情况；

（十二）其他需要检查的内容。

防火检查应当填写检查记录。检查人员和被检查部门负责人应当在检查记录上签名。

第二十九条　校内消防安全重点单位（部位）应当进行每日防火巡查，并确定巡查的人员、内容、部位和频次。其他单位可以根据需要组织防火巡查。巡查的内容主要包括：

（一）用火、用电有无违章情况；

（二）安全出口、疏散通道是否畅通，安全疏散指示标志、应急照明是否完好；

（三）消防设施、器材和消防安全标志是否在位、完整；

（四）常闭式防火门是否处于关闭状态，防火卷帘下是否堆放物品影响使用；

（五）消防安全重点部位的人员在岗情况；

（六）其他消防安全情况。

校医院、学生宿舍、公共教室、实验室、文物古建筑等应当加强夜间防火巡查。

防火巡查人员应当及时纠正消防违章行为，妥善处置火灾隐患，无法当场处置的，应当立即报告。发现初起火灾应当立即报警、通知人员疏散、及时扑救。

防火巡查应当填写巡查记录，巡查人员及其主管人员应当在巡查记录上签名。

第三十条　对下列违反消防安全规定的行为，检查、巡查人员应当责成有关人员改正并督促落实：

（一）消防设施、器材或者消防安全标志的配置、设置不符合国家标准、行业标准，或者未保持完好有效的；

（二）损坏、挪用或者擅自拆除、停用消防设施、器材的；

（三）占用、堵塞、封闭消防通道、安全出口的；

（四）埋压、圈占、遮挡消火栓或者占用防火间距的；

（五）占用、堵塞、封闭消防车通道，妨碍消防车通行的；

（六）人员密集场所在门窗上设置影响逃生和灭火救援的障碍物的；

（七）常闭式防火门处于开启状态，防火卷帘下堆放物品影响使用的；

（八）违章进入易燃易爆危险物品生产、储存等场所的；

（九）违章使用明火作业或者在具有火灾、爆炸危险的场所吸烟、使用明火等违反禁令的；

（十）消防设施管理、值班人员和防火巡查人员脱岗的；

（十一）对火灾隐患经公安机关消防机构通知后不及时采取措施消除的；

（十二）其他违反消防安全管理规定的行为。

第三十一条　学校对教育行政主管部门和公安机关消防机构、公安派出所指出的各类火灾隐患，应当及时予以核查、消除。

对公安机关消防机构、公安派出所责令限期改正的火灾隐患，学校应当在规定的期限内整改。

第三十二条　对不能及时消除的火灾隐患，隐患单位应当及时向学校及相关单位的消防安全责任人或者消防安全工作主管领导报告，提出整改方案，确定整改措施、期限以及负责整改的部门、人员，并落实整改资金。

火灾隐患尚未消除的，隐患单位应当落实防范措施，保障消防安全。对于随时可能引发火灾或者一旦发生火灾将严重危及人身安全的，应当将危险部位停止使用或停业整改。

第三十三条　对于涉及城市规划布局等学校无力解决的重大火灾隐患，学校应当及时向其上级主管部门或者当地人民政府报告。

第三十四条　火灾隐患整改完毕，整改单位应当将整改情况记录报送相应的消防安全工作责任人或者消防安全工作主管领导签字确认后存档备查。

第五章　消防安全教育和培训

第三十五条　学校应当将师生员工的消防安全教育和培训纳入学校消防安全年度工作计划。

消防安全教育和培训的主要内容包括：

（一）国家消防工作方针、政策，消防法律、法规；

（二）本单位、本岗位的火灾危险性，火灾预防知识和措施；

（三）有关消防设施的性能、灭火器材的使用方法；

（四）报火警、扑救初起火灾和自救互救技能；

（五）组织、引导在场人员疏散的方法。

第三十六条　学校应当采取下列措施对学生进行消防安全教育，使其了解防火、灭火知识，掌握报警、扑救初起火灾和自救、逃生方法。

（一）开展学生自救、逃生等防火安全常识的模拟演练，每学年至少组织一次学生消防演练；

（二）根据消防安全教育的需要，将消防安全知识纳入教学和培训内容；

（三）对每届新生进行不低于 4 学时的消防安全教育和培训；

（四）对进入实验室的学生进行必要的安全技能和操作规程培训；

（五）每学年至少举办一次消防安全专题讲座，并在校园网络、广播、校内报刊开设消防安全教育栏目。

第三十七条　学校二级单位应当组织新上岗和进入新岗位的员工进行上岗前的消防安全培训。

消防安全重点单位（部位）对员工每年至少进行一次消防安全培训。

第三十八条　下列人员应当依法接受消防安全培训：

（一）学校及各二级单位的消防安全责任人、消防安全管理人；

（二）专职消防管理人员、学生宿舍管理人员；

（三）消防控制室的值班、操作人员；

（四）其他依照规定应当接受消防安全培训的人员。

前款规定中的第（三）项人员必须持证上岗。

第六章　灭火、应急疏散预案和演练

第三十九条　学校、二级单位、消防安全重点单位（部位）应当制定相应的灭火和应急疏散预案，建立应急反应和处置机制，为火灾扑救和应急救援工作提供人员、装备等保障。

灭火和应急疏散预案应当包括以下内容：

（一）组织机构：指挥协调组、灭火行动组、通讯联络组、疏散引导组、安全防护救护组；

（二）报警和接警处置程序；

（三）应急疏散的组织程序和措施；

（四）扑救初起火灾的程序和措施；

（五）通讯联络、安全防护救护的程序和措施；

（六）其他需要明确的内容。

第四十条　学校实验室应当有针对性地制定突发事件应急处置预案，并将应急处置预案涉及到的生物、化学及易燃易爆物品的种类、性质、数量、危险性和应对措施及处置药品的名称、产地和储备等内容报学校消防机构备案。

第四十一条　校内消防安全重点单位应当按照灭火和应急疏散预案每半年至少组织一次消防演练，并结合实际，不断完善预案。

消防演练应当设置明显标识并事先告知演练范围内的人员，避免意外事故发生。

第七章　消防经费

第四十二条　学校应当将消防经费纳入学校年度经费预算，保证消防经费投入，保障消防工作的需要。

第四十三条　学校日常消防经费用于校内灭火器材的配置、维修、更新，灭火和应急疏散预案的备用设施、材料，以及消防宣传教育、培训等，保证学校消防工作正常开展。

第四十四条　学校安排专项经费，用于解决火灾隐患，维修、检测、改造消防专用给水管网、消防专用供水系统、灭火系统、自动报警系统、防排烟系统、消防通讯系统、消防监控系统等消防设施。

第四十五条　消防经费使用坚持专款专用、统筹兼顾、保证重点、勤俭节约的原则。

任何单位和个人不得挤占、挪用消防经费。

第八章　奖　惩

第四十六条　学校应当将消防安全工作纳入校内评估考核内容，对在消防安全工作中成绩突出的单位和个人给予表彰奖励。

第四十七条　对未依法履行消防安全职责、违反消防安全管理制度，或者擅自挪用、损坏、破坏消防器材、设施等违反消防安全管理规定的，学校应当责令其限期整改，给予通报批评；对直接负责的主管人员和其他直接责任人员根据情节轻重给予警告等相应的处分。

前款涉及民事损失、损害的，有关责任单位和责任人应当依法承担民事责任。

第四十八条　学校违反消防安全管理规定或者发生重特大火灾的，除依据消防法的规定进行处罚外，教育行政部门应当取消其当年评优资格，并按照国家有关规定对有关主管人员和责任人员依法予以处分。

第九章　附则

第四十九条　学校应当依据本规定，结合本校实际，制定本校消防安全管理办法。

高等学校以外的其他高等教育机构的消防安全管理，参照本规定执行。

第五十条　本规定所称学校二级单位，包括学院、系、处、所、中心等。

第五十一条　本规定自 2010 年 1 月 1 日起施行。

十五、普通高等学校辅导员队伍建设规定

中华人民共和国教育部令第 43 号

第一章　总则

第一条　为深入贯彻落实全国高校思想政治工作会议精神和《中共中央国务院关于加

强和改进新形势下高校思想政治工作的意见》，切实加强高等学校辅导员队伍专业化职业化建设，依据《高等教育法》等有关法律法规，制定本规定。

第二条　辅导员是开展大学生思想政治教育的骨干力量，是高等学校学生日常思想政治教育和管理工作的组织者、实施者、指导者。辅导员应当努力成为学生成长成才的人生导师和健康生活的知心朋友。

第三条　高等学校要坚持把立德树人作为中心环节，把辅导员队伍建设作为教师队伍和管理队伍建设的重要内容，整体规划、统筹安排，不断提高队伍的专业水平和职业能力，保证辅导员工作有条件、干事有平台、待遇有保障、发展有空间。

第二章　要求与职责

第四条　辅导员工作的要求是：恪守爱国守法、敬业爱生、育人为本、终身学习、为人师表的职业守则；围绕学生、关照学生、服务学生，把握学生成长规律，不断提高学生思想水平、政治觉悟、道德品质、文化素养；引导学生正确认识世界和中国发展大势、正确认识中国特色和国际比较、正确认识时代责任和历史使命、正确认识远大抱负和脚踏实地，成为又红又专、德才兼备、全面发展的中国特色社会主义合格建设者和可靠接班人。

第五条　辅导员的主要工作职责是：

（一）思想理论教育和价值引领。引导学生深入学习习近平总书记系列重要讲话精神和治国理政新理念新思想新战略，深入开展中国特色社会主义、中国梦宣传教育和社会主义核心价值观教育，帮助学生不断坚定中国特色社会主义道路自信、理论自信、制度自信、文化自信，牢固树立正确的世界观、人生观、价值观。掌握学生思想行为特点及思想政治状况，有针对性地帮助学生处理好思想认识、价值取向、学习生活、择业交友等方面的具体问题。

（二）党团和班级建设。开展学生骨干的遴选、培养、激励工作，开展学生入党积极分子培养教育工作，开展学生党员发展和教育管理服务工作，指导学生党支部和班团组织建设。

（三）学风建设。熟悉了解学生所学专业的基本情况，激发学生学习兴趣，引导学生养成良好的学习习惯，掌握正确的学习方法。指导学生开展课外科技学术实践活动，营造浓厚学习氛围。

（四）学生日常事务管理。开展入学教育、毕业生教育及相关管理和服务工作。组织开展学生军事训练。组织评选各类奖学金、助学金。指导学生办理助学贷款。组织学生开展勤工俭学活动，做好学生困难帮扶。为学生提供生活指导，促进学生和谐相处、互帮互助。

（五）心理健康教育与咨询工作。协助学校心理健康教育机构开展心理健康教育，对学生心理问题进行初步排查和疏导，组织开展心理健康知识普及宣传活动，培育学生理性平和、乐观向上的健康心态。

（六）网络思想政治教育。运用新媒体新技术，推动思想政治工作传统优势与信息技术高度融合。构建网络思想政治教育重要阵地，积极传播先进文化。加强学生网络素养教育，积极培养校园好网民，引导学生创作网络文化作品，弘扬主旋律，传播正能量。创新工作路径，加强与学生的网上互动交流，运用网络新媒体对学生开展思想引领、学习指导、生活辅导、心理咨询等。

（七）校园危机事件应对。组织开展基本安全教育。参与学校、院（系）危机事件工作预案制定和执行。对校园危机事件进行初步处理，稳定局面控制事态发展，及时掌握危机事件信息并按程序上报。参与危机事件后期应对及总结研究分析。

（八）职业规划与就业创业指导。为学生提供科学的职业生涯规划和就业指导以及相关服务，帮助学生树立正确的就业观念，引导学生到基层、到西部、到祖国最需要的地方建功立业。

（九）理论和实践研究。努力学习思想政治教育的基本理论和相关学科知识，参加相关学科领域学术交流活动，参与校内外思想政治教育课题或项目研究。

第三章　配备与选聘

第六条　高等学校应当按总体上师生比不低于1:200的比例设置专职辅导员岗位，按照专兼结合、以专为主的原则，足额配备到位。

专职辅导员是指在院（系）专职从事大学生日常思想政治教育工作的人员，包括院（系）党委（党总支）副书记、学工组长、团委（团总支）书记等专职工作人员，具有教师和管理人员双重身份。高等学校应参照专任教师聘任的待遇和保障，与专职辅导员建立人事聘用关系。

高等学校可以从优秀专任教师、管理人员、研究生中选聘一定数量兼职辅导员。兼职辅导员工作量按专职辅导员工作量的三分之一核定。

第七条　辅导员应当符合以下基本条件：

（一）具有较高的政治素质和坚定的理想信念，坚决贯彻执行党的基本路线和各项方针政策，有较强的政治敏感性和政治辨别力；

（二）具备本科以上学历，热爱大学生思想政治教育事业，甘于奉献，潜心育人，具有强烈的事业心和责任感；

（三）具有从事思想政治教育工作相关学科的宽口径知识储备，掌握思想政治教育工作相关学科的基本原理和基础知识，掌握思想政治教育专业基本理论、知识和方法，掌握马克思主义中国化相关理论和知识，掌握大学生思想政治教育工作实务相关知识，掌握有关法律法规知识；

（四）具备较强的组织管理能力和语言、文字表达能力，及教育引导能力、调查研究能力，具备开展思想理论教育和价值引领工作的能力；

（五）具有较强的纪律观念和规矩意识，遵纪守法，为人正直，作风正派，廉洁自律。

第八条　辅导员选聘工作要在高等学校党委统一领导下进行，由学生工作部门、组织、人事、纪检等相关部门共同组织开展。根据辅导员基本条件要求和实际岗位需要，确定具体选拔条件，通过组织推荐和公开招聘相结合的方式，经过笔试、面试、公示等相关程序进行选拔。

第九条　青年教师晋升高一级专业技术职务（职称），须有至少一年担任辅导员或班主任工作经历并考核合格。高等学校要鼓励新入职教师以多种形式参与辅导员或班主任工作。

第四章　发展与培训

第十条　高等学校应当制定专门办法和激励保障机制，落实专职辅导员职务职级“双线”晋升要求，推动辅导员队伍专业化职业化建设。

第十一条　高等学校应当结合实际，按专任教师职务岗位结构比例合理设置专职辅导员的相应教师职务岗位，专职辅导员可按教师职务（职称）要求评聘思想政治教育学科或其他相关学科的专业技术职务（职称）。

专职辅导员专业技术职务（职称）评聘应更加注重考察工作业绩和育人实效，单列计划、单设标准、单独评审。将优秀网络文化成果纳入专职辅导员的科研成果统计、职务（职称）评聘范围。

第十二条　高等学校可以成立专职辅导员专业技术职务（职称）聘任委员会，具体负责本校专职辅导员专业技术职务（职称）聘任工作。聘任委员会一般应由学校党委有关负责人、学生工作、组织人事、教学科研部门负责人、相关学科专家等人员组成。

第十三条　高等学校应当制定辅导员管理岗位聘任办法，根据辅导员的任职年限及实际工作表现，确定相应级别的管理岗位等级。

第十四条　辅导员培训应当纳入高等学校师资队伍和干部队伍培训整体规划。

建立国家、省级和高等学校三级辅导员培训体系。教育部设立高等学校辅导员培训和研修基地，开展国家级示范培训。省级教育部门应当根据区域内现有高等学校辅导员规模数量设立辅导员培训专项经费，建立辅导员培训和研修基地，承担所在区域内高等学校辅导员的岗前培训、日常培训和骨干培训。高等学校负责对本校辅导员的系统培训，确保每名专职辅导员每年参加不少于 16 个学时的校级培训，每 5 年参加 1 次国家级或省级培训。

第十五条　省级教育部门、高等学校要积极选拔优秀辅导员参加国内国际交流学习和研修深造，创造条件支持辅导员到地方党政机关、企业、基层等挂职锻炼，支持辅导员结合大学生思想政治教育的工作实践和思想政治教育学科的发展开展研究。高等学校要鼓励辅导员在做好工作的基础上攻读相关专业学位，承担思想政治理论课等相关课程的教学工作，为辅导员提升专业水平和科研能力提供条件保障。

第十六条　高等学校要积极为辅导员的工作和生活创造便利条件，应根据辅导员的工作特点，在岗位津贴、办公条件、通讯经费等方面制定相关政策，为辅导员的工作和生活提供必要保障。

第五章　管理与考核

第十七条　高等学校辅导员实行学校和院（系）双重管理。

学生工作部门牵头负责辅导员的培养、培训和考核等工作，同时要与院（系）党委

（党总支）共同做好辅导员日常管理工作。院（系）党委（党总支）负责对辅导员进行直接领导和管理。

第十八条　高等学校要根据辅导员职业能力标准，制定辅导员工作考核的具体办法，健全辅导员队伍的考核评价体系。对辅导员的考核评价应由学生工作部门牵头，组织人事部门、院（系）党委（党总支）和学生共同参与。考核结果与辅导员的职务聘任、奖惩、晋级等挂钩。

第十九条　教育部在全国教育系统先进集体和先进个人表彰中对高校优秀辅导员进行表彰。各地教育部门和高等学校要结合实际情况建立辅导员单独表彰体系并将优秀辅导员表彰奖励纳入各级教师、教育工作者表彰奖励体系中。

第六章　附则

第二十条　本规定适用于普通高等学校辅导员队伍建设。其他类型高等学校的辅导员队伍建设或思想政治工作其他队伍建设可以参照本规定执行。

第二十一条　高等学校要根据本规定，结合实际制定相关实施细则，并报主管教育部门备案。

第二十二条　本规定自 2017 年 10 月 1 日起施行。原《普通高等学校辅导员队伍建设规定》同时废止。

十六、江西省关于贯彻落实《普通高等学校辅导员队伍建设规定》的实施意见

各高校：

为贯彻落实《普通高等学校辅导员队伍建设规定》（教育部令第 43 号），切实加强我省高校辅导员队伍专业化职业化建设，结合我省实际，现提出如下贯彻落实意见。

一、工作任务

1. 关于专职辅导员配备问题。各高校应在落实“按师生比不低于 1:200 的比例设置专职辅导员岗位”要求的基础上，有关高校还应对照教民〔2014〕3 号要求，严格落实师生比 1:50 的比例设置专职少数民族辅导员岗位的要求，并足额配备到位。

2. 关于辅导员队伍标准化建设。各高校须制定辅导员岗位配备选聘办法，建立健全辅导员的准入制度和从业标准，完善辅导员选拔程序，制定辅导员工作条例和量化考核办法，明确专、兼职辅导员工作职责，推动辅导员队伍专业化职业化建设。

3. 关于专职辅导员职称评定工作。各高校应严格执行江西省人力资源和社会保障厅、江西省教育厅《关于江西省高校思想政治工作和党务工作人员职称评定有关问题的通知》（赣人社发〔2017〕51 号）要求，成立专职辅导员专业技术职务（职称）聘任委员会，进一步细化工作举措，将通知精神要求落到实处。青年教师晋升高一级专业技术职务（职

称），必须要有两年担任辅导员工作经历并考核合格。

4. 关于辅导员培训工作。省委教育工委、省教育厅设立辅导员培训专项经费，加强和完善辅导员培训和研修基地建设，承担高等学校辅导员的岗前培训、日常培训和骨干培训。各高校应加紧制订辅导员队伍培训计划，组织开展本校辅导员的系统培训，积极创造条件支持辅导员参加培训交流，确保每名专职辅导员每年参加不少于 16 个学时的校级培训，每 5 年参加 1 次国家级或省级培训。

5. 关于辅导员表彰工作。省委教育工委、省教育厅实施高校十大“最美辅导员”评选活动，并予以表彰。各高校要结合实际情况，健全辅导员单独表彰体系。

6. 各高校要制定相关办法鼓励新入职教师以多种形式参与辅导员或班主任工作。要合理安排辅导员教学任务，创造条件鼓励辅导员承担思想政治理论课等相关课程的教学与科研工作。要充分发挥辅导员队伍作用，深入推进“三联三创”主题实践活动。

二、工作要求

1. 切实履行高校党委主体责任。各高校党委要高度重视辅导员队伍建设，加强对教育部第 43 号令的宣传解读和研究工作，认真对照教育部第 43 号令和省委教育工委、省教育厅提出的贯彻落实意见，按照《江西省普通高等学校辅导员队伍建设标准》要求，逐项细化工作举措，逐条落实工作要求，制定切实可行的实施细则，健全完善辅导员工作、生活、成长等方面的保障政策，确保辅导员工作有条件、干事有平台、待遇有保障、发展有空间。

2. 进一步摸清辅导员缺额情况。各高校要按照“师生比不低于 1:200 的比例设置专职辅导员岗位”要求，核准专职辅导员岗位数，摸清现有专、兼职辅导员人数及辅导员配备情况，尚有缺额的高校，要严格按照《规定》要求，抓紧研制落实方案和计划，确保辅导员足额配备到位。

3. 加快研制相关配套制度措施。各高校要加快制定符合本校实际的实施细则，在赣人社发〔2017〕51 号文件精神基础上，抓紧出台落实专职辅导员职务职级“双线”晋升要求的专门办法和激励机制。要尽快出台辅导员管理岗位聘任办法和工作考核办法，制订并落实辅导员年度培训计划等。

三、工作保障

实施过程中，各高校应及时总结辅导员队伍建设的好经验、好做法，为切实提高我省高校辅导员队伍专业化职业化水平提供可复制可推广的经验。省委教育工委、省教育厅将适时对各高校落实情况开展重点督查，对实施中的好经验、好做法和好成果加以推广，对发现的突出问题敦促整改。

联系人：肖礼倖，联系电话：0791–86765019，邮箱：304481988@qq.com。

附件：江西省普通高等学校辅导员队伍建设标准

<table>
<tr><th>主要维度</th><th>核心内容</th><th>达标要求</th></tr>
<tr><td rowspan="7">职业能力</td><td rowspan="4">职业理解与认识</td><td>全面贯彻党的教育方针，遵守法律法规，引导学生正确认识世界和中国发展大势、正确认识中国特色和国际比较、正确认识时代责任和历史使命、正确认识远大抱负和脚踏实地，成为又红又专、德才兼备、全面发展的中国特色社会主义合格建设者和可靠接班人。</td></tr>
<tr><td>深刻认识高校思想政治工作的极端重要性，热爱大学生思想政治教育事业，恪守爱国守法、敬业爱生、育人为本、终身学习、为人师表的职业守则，甘于奉献，潜心育人，具有强烈的事业心和责任感。</td></tr>
<tr><td>围绕学生、关照学生、服务学生，树立育人为本、德育为先、能力为重的理念，把握学生成长成才规律，不断提高学生思想水平、政治觉悟、道德品质、文化素养，努力成为学生成长成才的人生导师和健康生活的知心朋友。</td></tr>
<tr><td>认同辅导员岗位的专业性和独特性，注重自身专业发展，具有团队合作精神，积极开展协作与交流。</td></tr>
<tr><td>职业知识</td><td>具有从事思想政治教育工作相关学科的宽口径知识储备，掌握思想政治教育工作相关学科的基本原理和基础知识，掌握思想政治教育专业基本理论、知识和方法，掌握马克思主义中国化相关理论和知识，掌握大学生思想政治教育工作实务相关知识，具备一定的心理健康教育知识，掌握有关法律法规知识。</td></tr>
<tr><td rowspan="2">能力水平</td><td>能够认真履行《普通高等学校辅导员队伍建设规定》中明确的工作职责，能够按照《高等学校辅导员职业能力标准》中明确的能力要求自我提升，做好教育教学、组织管理、指导服务等工作。</td></tr>
<tr><td>辅导员在岗期间每年必须参加不少于 16 个学时的在岗培训，每 5 年参加 1 次国家级或省级培训。</td></tr>
<tr><td rowspan="5">配备选聘</td><td rowspan="3">岗位配备</td><td>高校应按照师生比不低于 1:200 的比例设置专职辅导员岗位，按照专兼结合、以专为主的原则，足额配备到位。</td></tr>
<tr><td>高校可以从优秀专任教师、管理人员、研究生中选聘一定数量兼职辅导员。兼职辅导员工作量按专职辅导员工作量的三分之一核定。</td></tr>
<tr><td>高校新入职教师应以多种形式参与辅导员或班主任工作，青年教师晋升高一级专业技术职务（职称），须有至少两年担任辅导员或班主任工作经历并考核合格。</td></tr>
<tr><td rowspan="2">选聘标准</td><td>原则上应为中共党员，具有较高的政治素质和坚定的理想信念，坚决贯彻执行党的基本路线和各项方针政策，有较强的政治敏感性和政治辨别力。</td></tr>
<tr><td>原则上本科院校具有研究生以上学历、高职高专院校具有本科（含本科）以上学历。</td></tr>
</table>

续表

主要维度	核心内容	达标要求
配备选聘	选聘标准	符合《普通高等学校辅导员队伍建设规定》规定的辅导员基本条件，且满足实际岗位需要。
	选聘办法	高等学校党委统一领导下进行，由学生工作部门、组织、人事、纪检等相关部门共同组织开展。根据辅导员基本条件要求和实际岗位需要，确定具体选拔条件，通过组织推荐和公开招聘相结合的方式，经过笔试、面试、公示等相关程序进行选拔。
	上岗要求	高校新进辅导员上岗前必须参加不少于 40 个学时的入职培训，经考核合格方可上岗。
培训发展	继续教育	每年开展不少于 2 次校级培训，确保每名专职辅导员每年参加不少于 16 个学时的校级培训，每 5 年参加 1 次国家级或省级培训。
		积极选拔优秀辅导员参加省内外交流学习和研修深造，创造条件支持辅导员到地方党政机关、企业、基层等挂职锻炼。
	科学研究	设立思想政治工作专项课题，支持辅导员结合大学生思想政治教育的工作实践和思想政治教育学科的发展开展研究，纳入学校人文社会科学研究项目统一管理。
	教育教学	鼓励和支持专职辅导员承担思想道德修养与法律基础、形势与政策教育、心理健康教育、就业指导教育的教学工作，原则上每位辅导员应担任一门课程的教学工作。
	发展载体	定期举办辅导员素质能力大赛，持续开展辅导员优秀论文评选、优秀工作案例征集等活动。
管理考核	制度建设	根据辅导员工作职责，健全完善工作制度和管理制度建设，并强化工作督查。
	管理部门	辅导员队伍实行学校和院（系）双重管理。学生工作部门牵头负责辅导员的培养、培训和考核等工作，同时要与院（系）党委（党总支）共同做好辅导员日常管理工作。院（系）党委（党总支）负责对辅导员进行直接领导和管理。
	考核依据	根据辅导员职业能力标准，制定辅导员工作考核的具体办法，健全辅导员队伍的考核评价体系。每年组织一次考核。
	考核组织	由学生工作部门牵头，组织人事部门、院（系）党委（党总支）和学生共同参与。
	结果运用	考核结果与辅导员的职务聘任、奖惩、晋级等挂钩，作为辅导员评优表彰、职务职称晋升、优先推荐攻读硕（博）士研究生或参加脱产进修学习的重要依据。

续表

主要维度	核心内容	达标要求
条件保障	制度保障	校、院（系）党组织将辅导员队伍建设摆在突出位置，列入重要议事日程，纳入整体发展规划、年度工作计划和党组织书记抓思想政治工作和党的建设述职评议考核的重要内容。学校党委每年至少专题研究一次辅导员工作，院（系）党组织每学期至少研究一次辅导员工作，确保辅导员工作有规划、有部署、有检查、有落实。
		参照专任教师聘任的待遇和保障，与专职辅导员建立人事聘用关系。
		积极为辅导员的工作和生活创造便利条件，确保辅导员工资及福利等方面享受校内同级同类人员同等待遇。应根据辅导员的工作特点，在岗位津贴、办公条件、通讯经费等方面制定相关政策。
		建立辅导员单独表彰体系并将优秀辅导员表彰奖励纳入表彰奖励体系。
		鼓励辅导员在做好工作的基础上攻读相关专业学位，并享受专任教师培养的有关优惠条件。
		制定相关政策，为辅导员承担思想政治理论课等相关课程的教学工作、提升专业水平和科研能力提供保障。
		落实专职辅导员职务职级“双线”晋升办法和保障激励机制，制定辅导员管理岗位聘任办法，根据辅导员的任职年限及实际工作表现，确定相应级别的管理岗位等级。落实江西省人力资源社会保障厅、江西省教育厅《关于江西省高校思想政治工作和党务工作人员职称评定有关问题的通知》(赣人社发〔2017〕51 号）精神，实行专职辅导员职务（职称）评聘单列计划、单设标准、单独评审。
		完善辅导员合理流动机制，辅导员连续工作满 4 年并经主管部门同意后可参加学校其他岗位的竞聘。
	平台建设	各高校需成立辅导员之家或辅导员工作室（协会），有相对固定的活动场所和设施，建立多种形式的专职辅导员教育、实践和服务基地。
		搭建辅导员工作平台或组建辅导员工作团队，建设辅导员组织文化，打造一批辅导员特色工作和精品项目。
	经费保障	设立一定的辅导员工作专项经费，并纳入学校年度经费预算。
		根据辅导员数量，设立辅导员培训专项经费。
		设立高校思想政治工作课题研究专项经费，支持辅导员开展科研工作。

十七、中华人民共和国治安管理处罚法

（2005 年 8 月 28 日第十届全国人民代表大会常务委员会第十七次会议通过，根据 2012 年 10 月 26 日第十一届全国人民代表大会常务委员会第二十九次会议《关于修改〈中华人民共和国治安管理处罚法〉的决定》修正）

第一章　总则

第一条　为维护社会治安秩序，保障公共安全，保护公民、法人和其他组织的合法权益，规范和保障公安机关及其人民警察依法履行治安管理职责，制定本法。

第二条　扰乱公共秩序，妨害公共安全，侵犯人身权利、财产权利，妨害社会管理，具有社会危害性，依照《中华人民共和国刑法》的规定构成犯罪的，依法追究刑事责任；尚不够刑事处罚的，由公安机关依照本法给予治安管理处罚。

第三条　治安管理处罚的程序，适用本法的规定；本法没有规定的，适用《中华人民共和国行政处罚法》的有关规定。

第四条　在中华人民共和国领域内发生的违反治安管理行为，除法律有特别规定的外，适用本法。

在中华人民共和国船舶和航空器内发生的违反治安管理行为，除法律有特别规定的外，适用本法。

第五条　治安管理处罚必须以事实为依据，与违反治安管理行为的性质、情节以及社会危害程度相当。

实施治安管理处罚，应当公开、公正，尊重和保障人权，保护公民的人格尊严。

办理治安案件应当坚持教育与处罚相结合的原则。

第六条　各级人民政府应当加强社会治安综合治理，采取有效措施，化解社会矛盾，增进社会和谐，维护社会稳定。

第七条　国务院公安部门负责全国的治安管理工作。县级以上地方各级人民政府公安机关负责本行政区域内的治安管理工作。

治安案件的管辖由国务院公安部门规定。

第八条　违反治安管理的行为对他人造成损害的，行为人或者其监护人应当依法承担民事责任。

第九条　对于因民间纠纷引起的打架斗殴或者损毁他人财物等违反治安管理行为，情节较轻的，公安机关可以调解处理。经公安机关调解，当事人达成协议的，不予处罚。经调解未达成协议或者达成协议后不履行的，公安机关应当依照本法的规定对违反治安管理行为人给予处罚，并告知当事人可以就民事争议依法向人民法院提起民事诉讼。

第二章　处罚的种类和适用

第十条　治安管理处罚的种类分为：

（一）警告；

（二）罚款；

（三）行政拘留；

（四）吊销公安机关发放的许可证。

对违反治安管理的外国人，可以附加适用限期出境或者驱逐出境。

第十一条　办理治安案件所查获的毒品、淫秽物品等违禁品，赌具、赌资，吸食、注射毒品的用具以及直接用于实施违反治安管理行为的本人所有的工具，应当收缴，按照规定处理。

违反治安管理所得的财物，追缴退还被侵害人；没有被侵害人的，登记造册，公开拍卖或者按照国家有关规定处理，所得款项上缴国库。

第十二条　已满十四周岁不满十八周岁的人违反治安管理的，从轻或者减轻处罚；不满十四周岁的人违反治安管理的，不予处罚，但是应当责令其监护人严加管教。

第十三条　精神病人在不能辨认或者不能控制自己行为的时候违反治安管理的，不予处罚，但是应当责令其监护人严加看管和治疗。间歇性的精神病人在精神正常的时候违反治安管理的，应当给予处罚。

第十四条　盲人或者又聋又哑的人违反治安管理的，可以从轻、减轻或者不予处罚。

第十五条　醉酒的人违反治安管理的，应当给予处罚。

醉酒的人在醉酒状态中，对本人有危险或者对他人的人身、财产或者公共安全有威胁的，应当对其采取保护性措施约束至酒醒。

第十六条　有两种以上违反治安管理行为的，分别决定，合并执行。行政拘留处罚合并执行的，最长不超过二十日。

第十七条　共同违反治安管理的，根据违反治安管理行为人在违反治安管理行为中所起的作用，分别处罚。

教唆、胁迫、诱骗他人违反治安管理的，按照其教唆、胁迫、诱骗的行为处罚。

第十八条　单位违反治安管理的，对其直接负责的主管人员和其他直接责任人员依照本法的规定处罚。其他法律、行政法规对同一行为规定给予单位处罚的，依照其规定处罚。

第十九条　违反治安管理有下列情形之一的，减轻处罚或者不予处罚：

（一）情节特别轻微的；

（二）主动消除或者减轻违法后果，并取得被侵害人谅解的；

（三）出于他人胁迫或者诱骗的；

（四）主动投案，向公安机关如实陈述自己的违法行为的；

（五）有立功表现的。

第二十条　违反治安管理有下列情形之一的，从重处罚：

（一）有较严重后果的；

（二）教唆、胁迫、诱骗他人违反治安管理的；

（三）对报案人、控告人、举报人、证人打击报复的；

（四）六个月内曾受过治安管理处罚的。

第二十一条　违反治安管理行为人有下列情形之一，依照本法应当给予行政拘留处罚的，不执行行政拘留处罚：

（一）已满十四周岁不满十六周岁的；

（二）已满十六周岁不满十八周岁，初次违反治安管理的；

（三）七十周岁以上的；

（四）怀孕或者哺乳自己不满一周岁婴儿的。

第二十二条　违反治安管理行为在六个月内没有被公安机关发现的，不再处罚。

前款规定的期限，从违反治安管理行为发生之日起计算；违反治安管理行为有连续或者继续状态的，从行为终了之日起计算。

第三章　违反治安管理的行为和处罚

第一节　扰乱公共秩序的行为和处罚

第二十三条　有下列行为之一的，处警告或者二百元以下罚款；情节较重的，处五日以上十日以下拘留，可以并处五百元以下罚款：

（一）扰乱机关、团体、企业、事业单位秩序，致使工作、生产、营业、医疗、教学、科研不能正常进行，尚未造成严重损失的；

（二）扰乱车站、港口、码头、机场、商场、公园、展览馆或者其他公共场所秩序的；

（三）扰乱公共汽车、电车、火车、船舶、航空器或者其他公共交通工具上的秩序的；

（四）非法拦截或者强登、扒乘机动车、船舶、航空器以及其他交通工具，影响交通工具正常行驶的；

（五）破坏依法进行的选举秩序的。

聚众实施前款行为的，对首要分子处十日以上十五日以下拘留，可以并处一千元以下罚款。

第二十四条　有下列行为之一，扰乱文化、体育等大型群众性活动秩序的，处警告或者二百元以下罚款；情节严重的，处五日以上十日以下拘留，可以并处五百元以下罚款：

（一）强行进入场内的；

（二）违反规定，在场内燃放烟花爆竹或者其他物品的；

（三）展示侮辱性标语、条幅等物品的；

（四）围攻裁判员、运动员或者其他工作人员的；

（五）向场内投掷杂物，不听制止的；

（六）扰乱大型群众性活动秩序的其他行为。

因扰乱体育比赛秩序被处以拘留处罚的，可以同时责令其十二个月内不得进入体育场馆观看同类比赛；违反规定进入体育场馆的，强行带离现场。

第二十五条　有下列行为之一的，处五日以上十日以下拘留，可以并处五百元以下罚款；情节较轻的，处五日以下拘留或者五百元以下罚款：

（一）散布谣言，谎报险情、疫情、警情或者以其他方法故意扰乱公共秩序的；

（二）投放虚假的爆炸性、毒害性、放射性、腐蚀性物质或者传染病病原体等危险物质扰乱公共秩序的；

（三）扬言实施放火、爆炸、投放危险物质扰乱公共秩序的。

第二十六条　有下列行为之一的，处五日以上十日以下拘留，可以并处五百元以下罚款；情节较重的，处十日以上十五日以下拘留，可以并处一千元以下罚款：

（一）结伙斗殴的；

（二）追逐、拦截他人的；

（三）强拿硬要或者任意损毁、占用公私财物的；

（四）其他寻衅滋事行为。

第二十七条　有下列行为之一的，处十日以上十五日以下拘留，可以并处一千元以下罚款；情节较轻的，处五日以上十日以下拘留，可以并处五百元以下罚款：

（一）组织、教唆、胁迫、诱骗、煽动他人从事邪教、会道门活动或者利用邪教、会道门、迷信活动，扰乱社会秩序、损害他人身体健康的；

（二）冒用宗教、气功名义进行扰乱社会秩序、损害他人身体健康活动的。

第二十八条　违反国家规定，故意干扰无线电业务正常进行的，或者对正常运行的无线电台（站）产生有害干扰，经有关主管部门指出后，拒不采取有效措施消除的，处五日以上十日以下拘留；情节严重的，处十日以上十五日以下拘留。

第二十九条　有下列行为之一的，处五日以下拘留；情节较重的，处五日以上十日以下拘留：

（一）违反国家规定，侵入计算机信息系统，造成危害的；

（二）违反国家规定，对计算机信息系统功能进行删除、修改、增加、干扰，造成计算机信息系统不能正常运行的；

（三）违反国家规定，对计算机信息系统中存储、处理、传输的数据和应用程序进行删除、修改、增加的；

（四）故意制作、传播计算机病毒等破坏性程序，影响计算机信息系统正常运行的。

第二节　妨害公共安全的行为和处罚

第三十条　违反国家规定，制造、买卖、储存、运输、邮寄、携带、使用、提供、处置爆炸性、毒害性、放射性、腐蚀性物质或者传染病病原体等危险物质的，处十日以上十五日以下拘留；情节较轻的，处五日以上十日以下拘留。

第三十一条　爆炸性、毒害性、放射性、腐蚀性物质或者传染病病原体等危险物质被盗、被抢或者丢失，未按规定报告的，处五日以下拘留；故意隐瞒不报的，处五日以上十日以下拘留。

第三十二条　非法携带枪支、弹药或者弩、匕首等国家规定的管制器具的，处五日以下拘留，可以并处五百元以下罚款；情节较轻的，处警告或者二百元以下罚款。

非法携带枪支、弹药或者弩、匕首等国家规定的管制器具进入公共场所或者公共交通工具的，处五日以上十日以下拘留，可以并处五百元以下罚款。

第三十三条　有下列行为之一的，处十日以上十五日以下拘留：

（一）盗窃、损毁油气管道设施、电力电信设施、广播电视设施、水利防汛工程设施，或者水文监测、测量、气象测报、环境监测、地质监测、地震监测等公共设施的；

（二）移动、损毁国家边境的界碑、界桩以及其他边境标志、边境设施或者领土、领海标志设施的；

（三）非法进行影响国（边）界线走向的活动或者修建有碍国（边）境管理的设施的。

第三十四条　盗窃、损坏、擅自移动使用中的航空设施，或者强行进入航空器驾驶舱的，处十日以上十五日以下拘留。

在使用中的航空器上使用可能影响导航系统正常功能的器具、工具，不听劝阻的，处五日以下拘留或者五百元以下罚款。

第三十五条　有下列行为之一的，处五日以上十日以下拘留，可以并处五百元以下罚款；情节较轻的，处五日以下拘留或者五百元以下罚款：

（一）盗窃、损毁或者擅自移动铁路设施、设备、机车车辆配件或者安全标志的；

（二）在铁路线路上放置障碍物，或者故意向列车投掷物品的；

（三）在铁路线路、桥梁、涵洞处挖掘坑穴、采石取沙的；

（四）在铁路线路上私设道口或者平交过道的。

第三十六条　擅自进入铁路防护网或者火车来临时在铁路线路上行走坐卧、抢越铁路，影响行车安全的，处警告或者二百元以下罚款。

第三十七条　有下列行为之一的，处五日以下拘留或者五百元以下罚款；情节严重的，处五日以上十日以下拘留，可以并处五百元以下罚款：

（一）未经批准，安装、使用电网的，或者安装、使用电网不符合安全规定的；

（二）在车辆、行人通行的地方施工，对沟井坎穴不设覆盖物、防围和警示标志的，或者故意损毁、移动覆盖物、防围和警示标志的；

（三）盗窃、损毁路面井盖、照明等公共设施的。

第三十八条　举办文化、体育等大型群众性活动，违反有关规定，有发生安全事故危险的，责令停止活动，立即疏散。对组织者处五日以上十日以下拘留，并处二百元以上五百元以下罚款；情节较轻的，处五日以下拘留或者五百元以下罚款。

第三十九条　旅馆、饭店、影剧院、娱乐场、运动场、展览馆或者其他供社会公众活动的场所的经营管理人员，违反安全规定，致使该场所有发生安全事故危险，经公安机关责令改正，拒不改正的，处五日以下拘留。

第三节　侵犯人身权利、财产权利的行为和处罚

第四十条　有下列行为之一的，处十日以上十五日以下拘留，并处五百元以上一千元以下罚款；情节较轻的，处五日以上十日以下拘留，并处二百元以上五百元以下罚款：

（一）组织、胁迫、诱骗不满十六周岁的人或者残疾人进行恐怖、残忍表演的；

（二）以暴力、威胁或者其他手段强迫他人劳动的；

（三）非法限制他人人身自由、非法侵入他人住宅或者非法搜查他人身体的。

第四十一条　胁迫、诱骗或者利用他人乞讨的，处十日以上十五日以下拘留，可以并处一千元以下罚款。

反复纠缠、强行讨要或者以其他滋扰他人的方式乞讨的，处五日以下拘留或者警告。

第四十二条　有下列行为之一的，处五日以下拘留或者五百元以下罚款；情节较重的，处五日以上十日以下拘留，可以并处五百元以下罚款：

（一）写恐吓信或者以其他方法威胁他人人身安全的；

（二）公然侮辱他人或者捏造事实诽谤他人的；

（三）捏造事实诬告陷害他人，企图使他人受到刑事追究或者受到治安管理处罚的；

（四）对证人及其近亲属进行威胁、侮辱、殴打或者打击报复的；

（五）多次发送淫秽、侮辱、恐吓或者其他信息，干扰他人正常生活的；

（六）偷窥、偷拍、窃听、散布他人隐私的。

第四十三条　殴打他人的，或者故意伤害他人身体的，处五日以上十日以下拘留，并处二百元以上五百元以下罚款；情节较轻的，处五日以下拘留或者五百元以下罚款。

有下列情形之一的，处十日以上十五日以下拘留，并处五百元以上一千元以下罚款：

（一）结伙殴打、伤害他人的；

（二）殴打、伤害残疾人、孕妇、不满十四周岁的人或者六十周岁以上的人的；

（三）多次殴打、伤害他人或者一次殴打、伤害多人的。

第四十四条　猥亵他人的，或者在公共场所故意裸露身体，情节恶劣的，处五日以上十日以下拘留；猥亵智力残疾人、精神病人、不满十四周岁的人或者有其他严重情节的，处十日以上十五日以下拘留。

第四十五条　有下列行为之一的，处五日以下拘留或者警告：

（一）虐待家庭成员，被虐待人要求处理的；

（二）遗弃没有独立生活能力的被扶养人的。

第四十六条　强买强卖商品，强迫他人提供服务或者强迫他人接受服务的，处五日以上十日以下拘留，并处二百元以上五百元以下罚款；情节较轻的，处五日以下拘留或者五百元以下罚款。

第四十七条　煽动民族仇恨、民族歧视，或者在出版物、计算机信息网络中刊载民族歧视、侮辱内容的，处十日以上十五日以下拘留，可以并处一千元以下罚款。

第四十八条　冒领、隐匿、毁弃、私自开拆或者非法检查他人邮件的，处五日以下拘

留或者五百元以下罚款。

第四十九条　盗窃、诈骗、哄抢、抢夺、敲诈勒索或者故意损毁公私财物的，处五日以上十日以下拘留，可以并处五百元以下罚款；情节较重的，处十日以上十五日以下拘留，可以并处一千元以下罚款。

第四节　妨害社会管理的行为和处罚

第五十条　有下列行为之一的，处警告或者二百元以下罚款；情节严重的，处五日以上十日以下拘留，可以并处五百元以下罚款：

（一）拒不执行人民政府在紧急状态情况下依法发布的决定、命令的；

（二）阻碍国家机关工作人员依法执行职务的；

（三）阻碍执行紧急任务的消防车、救护车、工程抢险车、警车等车辆通行的；

（四）强行冲闯公安机关设置的警戒带、警戒区的。

阻碍人民警察依法执行职务的，从重处罚。

第五十一条　冒充国家机关工作人员或者以其他虚假身份招摇撞骗的，处五日以上十日以下拘留，可以并处五百元以下罚款；情节较轻的，处五日以下拘留或者五百元以下罚款。

冒充军警人员招摇撞骗的，从重处罚。

第五十二条　有下列行为之一的，处十日以上十五日以下拘留，可以并处一千元以下罚款；情节较轻的，处五日以上十日以下拘留，可以并处五百元以下罚款：

（一）伪造、变造或者买卖国家机关、人民团体、企业、事业单位或者其他组织的公文、证件、证明文件、印章的；

（二）买卖或者使用伪造、变造的国家机关、人民团体、企业、事业单位或者其他组织的公文、证件、证明文件的；

（三）伪造、变造、倒卖车票、船票、航空客票、文艺演出票、体育比赛入场券或者其他有价票证、凭证的；

（四）伪造、变造船舶户牌，买卖或者使用伪造、变造的船舶户牌，或者涂改船舶发动机号码的。

第五十三条　船舶擅自进入、停靠国家禁止、限制进入的水域或者岛屿的，对船舶负责人及有关责任人员处五百元以上一千元以下罚款；情节严重的，处五日以下拘留，并处五百元以上一千元以下罚款。

第五十四条　有下列行为之一的，处十日以上十五日以下拘留，并处五百元以上一千元以下罚款；情节较轻的，处五日以下拘留或者五百元以下罚款：

（一）违反国家规定，未经注册登记，以社会团体名义进行活动，被取缔后，仍进行活动的；

（二）被依法撤销登记的社会团体，仍以社会团体名义进行活动的；

（三）未经许可，擅自经营按照国家规定需要由公安机关许可的行业的。

有前款第三项行为的，予以取缔。

取得公安机关许可的经营者，违反国家有关管理规定，情节严重的，公安机关可以吊销许可证。

第五十五条　煽动、策划非法集会、游行、示威，不听劝阻的，处十日以上十五日以下拘留。

第五十六条　旅馆业的工作人员对住宿的旅客不按规定登记姓名、身份证件种类和号码的，或者明知住宿的旅客将危险物质带入旅馆，不予制止的，处二百元以上五百元以下罚款。

旅馆业的工作人员明知住宿的旅客是犯罪嫌疑人员或者被公安机关通缉的人员，不向公安机关报告的，处二百元以上五百元以下罚款；情节严重的，处五日以下拘留，可以并处五百元以下罚款。

第五十七条　房屋出租人将房屋出租给无身份证件的人居住的，或者不按规定登记承租人姓名、身份证件种类和号码的，处二百元以上五百元以下罚款。

房屋出租人明知承租人利用出租房屋进行犯罪活动，不向公安机关报告的，处二百元以上五百元以下罚款；情节严重的，处五日以下拘留，可以并处五百元以下罚款。

第五十八条　违反关于社会生活噪声污染防治的法律规定，制造噪声干扰他人正常生活的，处警告；警告后不改正的，处二百元以上五百元以下罚款。

第五十九条　有下列行为之一的，处五百元以上一千元以下罚款；情节严重的，处五日以上十日以下拘留，并处五百元以上一千元以下罚款：

（一）典当业工作人员承接典当的物品，不查验有关证明、不履行登记手续，或者明知是违法犯罪嫌疑人、赃物，不向公安机关报告的；

（二）违反国家规定，收购铁路、油田、供电、电信、矿山、水利、测量和城市公用设施等废旧专用器材的；

（三）收购公安机关通报寻查的赃物或者有赃物嫌疑的物品的；

（四）收购国家禁止收购的其他物品的。

第六十条　有下列行为之一的，处五日以上十日以下拘留，并处二百元以上五百元以下罚款：

（一）隐藏、转移、变卖或者损毁行政执法机关依法扣押、查封、冻结的财物的；

（二）伪造、隐匿、毁灭证据或者提供虚假证言、谎报案情，影响行政执法机关依法办案的；

（三）明知是赃物而窝藏、转移或者代为销售的；

（四）被依法执行管制、剥夺政治权利或者在缓刑、暂予监外执行中的罪犯或者被依法采取刑事强制措施的人，有违反法律、行政法规或者国务院有关部门的监督管理规定的行为。

第六十一条　协助组织或者运送他人偷越国（边）境的，处十日以上十五日以下拘留，并处一千元以上五千元以下罚款。

第六十二条　为偷越国（边）境人员提供条件的，处五日以上十日以下拘留，并处五百元以上二千元以下罚款。

偷越国（边）境的，处五日以下拘留或者五百元以下罚款。

第六十三条　有下列行为之一的，处警告或者二百元以下罚款；情节较重的，处五日以上十日以下拘留，并处二百元以上五百元以下罚款：

（一）刻划、涂污或者以其他方式故意损坏国家保护的文物、名胜古迹的；

（二）违反国家规定，在文物保护单位附近进行爆破、挖掘等活动，危及文物安全的。

第六十四条　有下列行为之一的，处五百元以上一千元以下罚款；情节严重的，处十日以上十五日以下拘留，并处五百元以上一千元以下罚款：

（一）偷开他人机动车的；

（二）未取得驾驶证驾驶或者偷开他人航空器、机动船舶的。

第六十五条　有下列行为之一的，处五日以上十日以下拘留；情节严重的，处十日以上十五日以下拘留，可以并处一千元以下罚款：

（一）故意破坏、污损他人坟墓或者毁坏、丢弃他人尸骨、骨灰的；

（二）在公共场所停放尸体或者因停放尸体影响他人正常生活、工作秩序，不听劝阻的。

第六十六条　卖淫、嫖娼的，处十日以上十五日以下拘留，可以并处五千元以下罚款；情节较轻的，处五日以下拘留或者五百元以下罚款。

在公共场所拉客招嫖的，处五日以下拘留或者五百元以下罚款。

第六十七条　引诱、容留、介绍他人卖淫的，处十日以上十五日以下拘留，可以并处五千元以下罚款；情节较轻的，处五日以下拘留或者五百元以下罚款。

第六十八条　制作、运输、复制、出售、出租淫秽的书刊、图片、影片、音像制品等淫秽物品或者利用计算机信息网络、电话以及其他通讯工具传播淫秽信息的，处十日以上十五日以下拘留，可以并处三千元以下罚款；情节较轻的，处五日以下拘留或者五百元以下罚款。

第六十九条　有下列行为之一的，处十日以上十五日以下拘留，并处五百元以上一千元以下罚款：

（一）组织播放淫秽音像的；

（二）组织或者进行淫秽表演的；

（三）参与聚众淫乱活动的。

明知他人从事前款活动，为其提供条件的，依照前款的规定处罚。

第七十条　以营利为目的，为赌博提供条件的，或者参与赌博赌资较大的，处五日以下拘留或者五百元以下罚款；情节严重的，处十日以上十五日以下拘留，并处五百元以上三千元以下罚款。

第七十一条　有下列行为之一的，处十日以上十五日以下拘留，可以并处三千元以下罚款；情节较轻的，处五日以下拘留或者五百元以下罚款：

（一）非法种植罂粟不满五百株或者其他少量毒品原植物的；

（二）非法买卖、运输、携带、持有少量未经灭活的罂粟等毒品原植物种子或者幼苗的；

（三）非法运输、买卖、储存、使用少量罂粟壳的。

有前款第一项行为，在成熟前自行铲除的，不予处罚。

第七十二条　有下列行为之一的，处十日以上十五日以下拘留，可以并处二千元以下罚款；情节较轻的，处五日以下拘留或者五百元以下罚款：

（一）非法持有鸦片不满二百克、海洛因或者甲基苯丙胺不满十克或者其他少量毒品的；

（二）向他人提供毒品的；

（三）吸食、注射毒品的；

（四）胁迫、欺骗医务人员开具麻醉药品、精神药品的。

第七十三条　教唆、引诱、欺骗他人吸食、注射毒品的，处十日以上十五日以下拘留，并处五百元以上二千元以下罚款。

第七十四条　旅馆业、饮食服务业、文化娱乐业、出租汽车业等单位的人员，在公安机关查处吸毒、赌博、卖淫、嫖娼活动时，为违法犯罪行为人通风报信的，处十日以上十五日以下拘留。

第七十五条　饲养动物，干扰他人正常生活的，处警告；警告后不改正的，或者放任动物恐吓他人的，处二百元以上五百元以下罚款。

驱使动物伤害他人的，依照本法第四十三条第一款的规定处罚。

第七十六条　有本法第六十七条、第六十八条、第七十条的行为，屡教不改的，可以按照国家规定采取强制性教育措施。

第四章　处罚程序

第一节　调查

第七十七条　公安机关对报案、控告、举报或者违反治安管理行为人主动投案，以及其他行政主管部门、司法机关移送的违反治安管理案件，应当及时受理，并进行登记。

第七十八条　公安机关受理报案、控告、举报、投案后，认为属于违反治安管理行为的，应当立即进行调查；认为不属于违反治安管理行为的，应当告知报案人、控告人、举报人、投案人，并说明理由。

第七十九条　公安机关及其人民警察对治安案件的调查，应当依法进行。严禁刑讯逼供或者采用威胁、引诱、欺骗等非法手段收集证据。

以非法手段收集的证据不得作为处罚的根据。

第八十条　公安机关及其人民警察在办理治安案件时，对涉及的国家秘密、商业秘密或者个人隐私，应当予以保密。

第八十一条　人民警察在办理治安案件过程中，遇有下列情形之一的，应当回避；违反治安管理行为人、被侵害人或者其法定代理人也有权要求他们回避：

（一）是本案当事人或者当事人的近亲属的；

（二）本人或者其近亲属与本案有利害关系的；

（三）与本案当事人有其他关系，可能影响案件公正处理的。

人民警察的回避，由其所属的公安机关决定；公安机关负责人的回避，由上一级公安机关决定。

第八十二条　需要传唤违反治安管理行为人接受调查的，经公安机关办案部门负责人批准，使用传唤证传唤。对现场发现的违反治安管理行为人，人民警察经出示工作证件，可以口头传唤，但应当在询问笔录中注明。

公安机关应当将传唤的原因和依据告知被传唤人。对无正当理由不接受传唤或者逃避传唤的人，可以强制传唤。

第八十三条　对违反治安管理行为人，公安机关传唤后应当及时询问查证，询问查证的时间不得超过八小时；情况复杂，依照本法规定可能适用行政拘留处罚的，询问查证的时间不得超过二十四小时。

公安机关应当及时将传唤的原因和处所通知被传唤人家属。

第八十四条　询问笔录应当交被询问人核对；对没有阅读能力的，应当向其宣读。记载有遗漏或者差错的，被询问人可以提出补充或者更正。被询问人确认笔录无误后，应当签名或者盖章，询问的人民警察也应当在笔录上签名。

被询问人要求就被询问事项自行提供书面材料的，应当准许；必要时，人民警察也可以要求被询问人自行书写。

询问不满十六周岁的违反治安管理行为人，应当通知其父母或者其他监护人到场。

第八十五条　人民警察询问被侵害人或者其他证人，可以到其所在单位或者住处进行；必要时，也可以通知其到公安机关提供证言。

人民警察在公安机关以外询问被侵害人或者其他证人，应当出示工作证件。

询问被侵害人或者其他证人，同时适用本法第八十五条的规定。

第八十六条　询问聋哑的违反治安管理行为人、被侵害人或者其他证人，应当有通晓手语的人提供帮助，并在笔录上注明。

询问不通晓当地通用的语言文字的违反治安管理行为人、被侵害人或者其他证人，应当配备翻译人员，并在笔录上注明。

第八十七条　公安机关对与违反治安管理行为有关的场所、物品、人身可以进行检查。检查时，人民警察不得少于二人，并应当出示工作证件和县级以上人民政府公安机关开具的检查证明文件。对确有必要立即进行检查的，人民警察经出示工作证件，可以当场检查，但检查公民住所应当出示县级以上人民政府公安机关开具的检查证明文件。

检查妇女的身体，应当由女性工作人员进行。

第八十八条　检查的情况应当制作检查笔录，由检查人、被检查人和见证人签名或者盖章；被检查人拒绝签名的，人民警察应当在笔录上注明。

第八十九条　公安机关办理治安案件，对与案件有关的需要作为证据的物品，可以扣押；对被侵害人或者善意第三人合法占有的财产，不得扣押，应当予以登记。对与案件无关的物品，不得扣押。

对扣押的物品，应当会同在场见证人和被扣押物品持有人查点清楚，当场开列清单一式二份，由调查人员、见证人和持有人签名或者盖章，一份交给持有人，另一份附卷备查。

对扣押的物品，应当妥善保管，不得挪作他用；对不宜长期保存的物品，按照有关规定处理。经查明与案件无关的，应当及时退还；经核实属于他人合法财产的，应当登记后立即退还；满六个月无人对该财产主张权利或者无法查清权利人的，应当公开拍卖或者按照国家有关规定处理，所得款项上缴国库。

第九十条　为了查明案情，需要解决案件中有争议的专门性问题的，应当指派或者聘请具有专门知识的人员进行鉴定；鉴定人鉴定后，应当写出鉴定意见，并且签名。

第二节　决定

第九十一条　治安管理处罚由县级以上人民政府公安机关决定；其中警告、五百元以下的罚款可以由公安派出所决定。

第九十二条　对决定给予行政拘留处罚的人，在处罚前已经采取强制措施限制人身自由的时间，应当折抵。限制人身自由一日，折抵行政拘留一日。

第九十三条　公安机关查处治安案件，对没有本人陈述，但其他证据能够证明案件事实的，可以作出治安管理处罚决定。但是，只有本人陈述，没有其他证据证明的，不能作出治安管理处罚决定。

第九十四条　公安机关作出治安管理处罚决定前，应当告知违反治安管理行为人作出治安管理处罚的事实、理由及依据，并告知违反治安管理行为人依法享有的权利。

违反治安管理行为人有权陈述和申辩。公安机关必须充分听取违反治安管理行为人的意见，对违反治安管理行为人提出的事实、理由和证据，应当进行复核；违反治安管理行为人提出的事实、理由或者证据成立的，公安机关应当采纳。

公安机关不得因违反治安管理行为人的陈述、申辩而加重处罚。

第九十五条　治安案件调查结束后，公安机关应当根据不同情况，分别作出以下处理：

（一）确有依法应当给予治安管理处罚的违法行为的，根据情节轻重及具体情况，作出处罚决定；

（二）依法不予处罚的，或者违法事实不能成立的，作出不予处罚决定；

（三）违法行为已涉嫌犯罪的，移送主管机关依法追究刑事责任；

（四）发现违反治安管理行为人有其他违法行为的，在对违反治安管理行为作出处罚决定的同时，通知有关行政主管部门处理。

第九十六条　公安机关作出治安管理处罚决定的，应当制作治安管理处罚决定书。决

定书应当载明下列内容：

（一）被处罚人的姓名、性别、年龄、身份证件的名称和号码、住址；

（二）违法事实和证据；

（三）处罚的种类和依据；

（四）处罚的执行方式和期限；

（五）对处罚决定不服，申请行政复议、提起行政诉讼的途径和期限；

（六）作出处罚决定的公安机关的名称和作出决定的日期。

决定书应当由作出处罚决定的公安机关加盖印章。

第九十七条　公安机关应当向被处罚人宣告治安管理处罚决定书，并当场交付被处罚人；无法当场向被处罚人宣告的，应当在二日内送达被处罚人。决定给予行政拘留处罚的，应当及时通知被处罚人的家属。

有被侵害人的，公安机关应当将决定书副本抄送被侵害人。

第九十八条　公安机关作出吊销许可证以及处二千元以上罚款的治安管理处罚决定前，应当告知违反治安管理行为人有权要求举行听证；违反治安管理行为人要求听证的，公安机关应当及时依法举行听证。

第九十九条　公安机关办理治安案件的期限，自受理之日起不得超过三十日；案情重大、复杂的，经上一级公安机关批准，可以延长三十日。

为了查明案情进行鉴定的期间，不计入办理治安案件的期限。

第一百条　违反治安管理行为事实清楚，证据确凿，处警告或者二百元以下罚款的，可以当场作出治安管理处罚决定。

第一百零一条　当场作出治安管理处罚决定的，人民警察应当向违反治安管理行为人出示工作证件，并填写处罚决定书。处罚决定书应当当场交付被处罚人；有被侵害人的，并将决定书副本抄送被侵害人。

前款规定的处罚决定书，应当载明被处罚人的姓名、违法行为、处罚依据、罚款数额、时间、地点以及公安机关名称，并由经办的人民警察签名或者盖章。

当场作出治安管理处罚决定的，经办的人民警察应当在二十四小时内报所属公安机关备案。

第一百零二条　被处罚人对治安管理处罚决定不服的，可以依法申请行政复议或者提起行政诉讼。

第三节　执行

第一百零三条　对被决定给予行政拘留处罚的人，由作出决定的公安机关送达拘留所执行。

第一百零四条　受到罚款处罚的人应当自收到处罚决定书之日起十五日内，到指定的银行缴纳罚款。但是，有下列情形之一的，人民警察可以当场收缴罚款：

（一）被处五十元以下罚款，被处罚人对罚款无异议的；

（二）在边远、水上、交通不便地区，公安机关及其人民警察依照本法的规定作出罚款决定后，被处罚人向指定的银行缴纳罚款确有困难，经被处罚人提出的；

（三）被处罚人在当地没有固定住所，不当场收缴事后难以执行的。

第一百零五条　人民警察当场收缴的罚款，应当自收缴罚款之日起二日内，交至所属的公安机关；在水上、旅客列车上当场收缴的罚款，应当自抵岸或者到站之日起二日内，交至所属的公安机关；公安机关应当自收到罚款之日起二日内将罚款缴付指定的银行。

第一百零六条　人民警察当场收缴罚款的，应当向被处罚人出具省、自治区、直辖市人民政府财政部门统一制发的罚款收据；不出具统一制发的罚款收据的，被处罚人有权拒绝缴纳罚款。

第一百零七条　被处罚人不服行政拘留处罚决定，申请行政复议、提起行政诉讼的，可以向公安机关提出暂缓执行行政拘留的申请。公安机关认为暂缓执行行政拘留不致发生社会危险的，由被处罚人或者其近亲属提出符合本法第一百零八条规定条件的担保人，或者按每日行政拘留二百元的标准交纳保证金，行政拘留的处罚决定暂缓执行。

第一百零八条　担保人应当符合下列条件：

（一）与本案无牵连；

（二）享有政治权利，人身自由未受到限制；

（三）在当地有常住户口和固定住所；

（四）有能力履行担保义务。

第一百零九条　担保人应当保证被担保人不逃避行政拘留处罚的执行。

担保人不履行担保义务，致使被担保人逃避行政拘留处罚的执行的，由公安机关对其处三千元以下罚款。

第一百一十条　被决定给予行政拘留处罚的人交纳保证金，暂缓行政拘留后，逃避行政拘留处罚的执行的，保证金予以没收并上缴国库，已经作出的行政拘留决定仍应执行。

第一百一十一条　行政拘留的处罚决定被撤销，或者行政拘留处罚开始执行的，公安机关收取的保证金应当及时退还交纳人。

第五章　执法监督

第一百一十二条　公安机关及其人民警察应当依法、公正、严格、高效办理治安案件，文明执法，不得徇私舞弊。

第一百一十三条　公安机关及其人民警察办理治安案件，禁止对违反治安管理行为人打骂、虐待或者侮辱。

第一百一十四条　公安机关及其人民警察办理治安案件，应当自觉接受社会和公民的监督。

公安机关及其人民警察办理治安案件，不严格执法或者有违法违纪行为的，任何单位和个人都有权向公安机关或者人民检察院、行政监察机关检举、控告；收到检举、控告的机关，应当依据职责及时处理。

第一百一十五条　公安机关依法实施罚款处罚，应当依照有关法律、行政法规的规

定，实行罚款决定与罚款收缴分离；收缴的罚款应当全部上缴国库。

第一百一十六条　人民警察办理治安案件，有下列行为之一的，依法给予行政处分；构成犯罪的，依法追究刑事责任：

（一）刑讯逼供、体罚、虐待、侮辱他人的；

（二）超过询问查证的时间限制人身自由的；

（三）不执行罚款决定与罚款收缴分离制度或者不按规定将罚没的财物上缴国库或者依法处理的；

（四）私分、侵占、挪用、故意损毁收缴、扣押的财物的；

（五）违反规定使用或者不及时返还被侵害人财物的；

（六）违反规定不及时退还保证金的；

（七）利用职务上的便利收受他人财物或者谋取其他利益的；

（八）当场收缴罚款不出具罚款收据或者不如实填写罚款数额的；

（九）接到要求制止违反治安管理行为的报警后，不及时出警的；

（十）在查处违反治安管理活动时，为违法犯罪行为人通风报信的；

（十一）有徇私舞弊、滥用职权，不依法履行法定职责的其他情形的。

办理治安案件的公安机关有前款所列行为的，对直接负责的主管人员和其他直接责任人员给予相应的行政处分。

第一百一十七条　公安机关及其人民警察违法行使职权，侵犯公民、法人和其他组织合法权益的，应当赔礼道歉；造成损害的，应当依法承担赔偿责任。

第六章　附则

第一百一十八条　本法所称以上、以下、以内，包括本数。

第一百一十九条　本法自 2006 年 3 月 1 日起施行。1986 年 9 月 5 日公布、1994 年 5 月 12 日修订公布的《中华人民共和国治安管理处罚条例》同时废止。

十八、江西省学校学生人身伤害事故预防与处理条例

第一章　总则

第一条　为了预防和依法处理学生人身伤害事故，保护学生和学校的合法权益，维护正常的教育教学秩序，根据《中华人民共和国教育法》等法律、行政法规的规定，结合本省实际，制定本条例。

第二条　本省行政区域内的学生人身伤害事故预防，在学校教育教学活动或者学校组织的校外活动中，以及在学校负有管理责任的校舍、场地和其他教育教学设施、生活设施内发生的学生人身伤害事故处理，适用本条例。

前款规定以外的活动、区域和设施内发生的学生人身伤害事故处理，不适用本条例。

第三条　学生人身伤害事故预防应当坚持安全优先、多方配合、各司其职的原则。学生人身伤害事故处理应当坚持依法、公正、合理、及时的原则。

第四条　县级以上人民政府应当加强对学生人身伤害事故预防与处理工作的领导，建立教育、公安、司法行政、卫生计生、发展改革、住房和城乡建设、交通运输、国土资源、环境保护、文化、新闻出版广电、水利、工商、质量技术监督、安全生产监督、食品药品监督等有关部门参加的学校安全管理协作机制，依法做好学生人身伤害事故预防与处理工作。

县级以上人民政府教育督导机构应当加强对学校安全工作的督导，将学校安全工作列入教育督导评估的重要内容。

学校所在地乡镇人民政府、街道办事处、村（居）民委员会应当与学校、有关部门共同维护学校及周边地区安全，做好学生人身伤害事故预防与处理工作。

新闻媒体应当加强学生安全法律、法规和知识的宣传，对学生人身伤害事故纠纷的报道应当客观、公正。

第五条　建立学生人身伤害事故纠纷人民调解制度。

县级以上社会治安综合治理机构应当根据本地实际，指导、协调设立学生人身伤害事故纠纷人民调解委员会，并将学生人身伤害事故预防与处理工作纳入社会治安综合治理目标管理考评。

学生人身伤害事故纠纷人民调解委员会，是依法设立的调解学生人身伤害事故纠纷的群众性组织。县级以上人民政府司法行政部门应当对学生人身伤害事故纠纷人民调解委员会的调解工作进行指导。

第六条　建立健全学校风险防范和风险分担机制。

鼓励学校购买校方责任保险及附加无过失责任保险。提倡学生监护人或者抚养人自愿为学生购买学生意外伤害等商业保险。

保险监督管理机构应当加强对校方责任保险及附加无过失责任保险、学生意外伤害保险承保及其理赔工作的监督管理，依法保护被保险人和投保人的权益。

第二章　学生人身伤害事故预防

第七条　预防学生人身伤害事故，保障学生人身安全是各级人民政府及有关部门、学校举办者、学校、学生及其监护人或者抚养人的共同责任。

第八条　教育主管部门应当加强对学校安全防范工作的部署、指导和检查，会同相关部门共同做好学生人身伤害事故预防工作，履行下列职责：

（一）建立健全学生人身伤害事故预防制度和学校安全工作考核监督机制，落实学校安全防范工作责任制和事故责任追究制；

（二）指导学校开展学生安全教育，建立教师安全培训制度，组织、指导教师安全知识培训；

（三）定期组织对学校的校舍、场地和其他公共设施，以及学校提供给学生使用的学

具、教育教学和生活设施设备的安全检查；

（四）制定学校突发事件应急预案，协调学生人身伤害事故纠纷的应急处置；

（五）指导和监督学校建立健全并落实预防学生人身伤害事故的制度和措施；

（六）指导和监督学校建立健全校车安全管理制度，落实校车安全管理责任；

（七）法律、法规规定的其他职责。

第九条　公安机关应当履行下列职责：

（一）指导和监督学校做好内部安全保卫工作，构建校园内部治安防控网络；

（二）加强学校及其周边地区的治安工作，在治安情况复杂的学校周边地区设置警务室或者治安岗亭，安装监控设施，及时制止和依法查处扰乱学校秩序、侵害学生人身财产安全的违法犯罪行为；

（三）指导和监督学校做好校内消防工作，定期对学校进行消防安全监督检查，督促学校规范消防安全管理，消除火灾隐患；

（四）加强学校及其周边道路的交通安全管理，依法在学校附近设立交通安全标志，并在学校门前路段设置车辆禁停、警示、限速等标志标线，施画人行横道线，上学、放学时段维护交通繁忙路段学校出入口道路的交通秩序；

（五）加强对校车运行情况的监督检查，依法查处校车道路交通安全违法行为，定期将校车交通事故信息和驾驶人的道路交通安全违法行为抄送其所属单位和教育主管部门；

（六）协助学校开展治安、消防、禁毒和交通安全知识教育。

第十条　卫生计生主管部门应当加强对学校卫生防疫和卫生保健工作的指导和检查，督促学校落实疾病预防控制措施；监督检查学校饮用水和其他教学生活环境的卫生状况；及时向学校通报传染病疫情等相关情况。

食品药品监督主管部门应当加强对学校食品安全教育的指导和有关食品安全法律、法规的宣传，定期对学校食堂及周边地区餐饮、食品安全状况进行监督、检查。

第十一条　发展改革、住房和城乡建设、城市管理、交通运输、国土资源、环境保护、文化、水利、工商、质量技术监督、安全生产监督等部门，应当按照各自职责加强对学校及其周边地区建设、生产经营活动的监督管理，及时制止和查处下列行为：

（一）进行易燃易爆、有毒有害等危险物品项目建设或者项目的建设、生产会危及学校和学生安全的；

（二）依傍学校围墙搭建建筑物、构筑物的；

（三）在中小学周边两百米范围内设置营业性歌舞娱乐场所、互联网上网服务营业场所等不适宜未成年人活动场所的；

（四）在学校门前及其两侧五十米范围内摆摊设点、堆放杂物，设置影响学生安全或者正常通行的设施、设备的；

（五）学校及其周边道路出现不符合安全通行条件的状况或者存在交通安全隐患，不及时改善道路安全通行条件消除安全隐患的；

（六）进行有污染环境以及其他影响学校和学生安全的生产经营活动的；

（七）学校及其周边存在地质灾害、洪涝灾害等安全隐患，不采取工程治理或者搬迁避让措施的；在学校及其周边的水利工程管理范围内未设立明显警示标志的；

（八）法律、法规规定的其他危及学校和学生安全的行为。

第十二条　学校举办者应当提供符合国家和本省规定的安全、卫生标准的校舍、场地以及其他教育教学和生活设施设备。

学校不得在教育期间将操场等教学场地用于停放机动车辆；将校舍、场地以及其他教育教学和生活设施设备用于其他用途的，不得影响学校教育教学秩序和危害学生人身安全。

第十三条　学校应当将学生安全纳入日常管理和教育教学活动，根据不同年龄学生的认知能力、心理和生理特点，开展下列安全教育：

（一）开展有关法律、法规的宣传教育，增强学生安全防范和依法维权的意识；

（二）开展交通安全教育，帮助学生掌握基本的交通规则和行为规范；

（三）开展消防安全教育，帮助学生掌握基本的消防安全知识，增强防火意识和逃生自救能力；

（四）开展防溺水教育，帮助学生掌握游泳安全知识；

（五）开展心理、生理健康知识，传染病预防知识，防性侵、防拐卖知识和毒品危害知识教育，帮助学生提高心理素质，掌握卫生保健知识，提高自我保护能力；

（六）开展网络安全教育，增强学生抵制网络不良信息诱惑的能力；

（七）开展食品安全教育，普及食品安全知识，增强学生食品安全意识和自我保护能力；

（八）开展自然灾害、事故灾难等突发事件的应急演练，提高学生避险、逃生、自救和互救能力。

第十四条　学校应当建立健全下列安全管理制度：

（一）建立以校长为第一责任人的学生安全管理责任制，明确专门机构或者人员具体负责安全管理工作；

（二）建立传染病疫情报告制度和卫生管理制度，并按照国家有关规定配备具有从业资格的专职医务（保健）人员或者兼职卫生保健教师，负责学生卫生保健工作；

（三）建立食堂物资索证、登记制度以及饭菜留验制度，保证食品安全；配备专职或者兼职的食品安全管理员，负责学校食品安全管理工作；

（四）建立门卫管理、校园巡查等内部安全保卫制度，安排专人担任门卫和其他保卫工作，加强进入学校区域来访人员和车辆的登记和管理，负责校园内安全值勤，防范和制止校园欺凌、校园暴力等违法行为；

（五）落实消防安全制度和消防工作责任制，加强消防设施和器材的日常维护，设置消防安全标志，保障疏散通道、安全出口和消防车通道畅通；

（六）建立实验室安全管理制度，加强实验室易燃易爆、有毒有害等危险物品的购买、保管、使用、登记、注销等环节的管理，规范实验操作流程，定期对实验室的安全防范措施进行检查；

（七）建立学生请销假制度，对学生请销假进行登记，发现学生未到校、擅自离校、旷课的，及时告知学生监护人或者抚养人；

（八）有寄宿生的学校应当建立住校学生管理制度，做好住校学生的生活管理和安全保护工作，对违反校规擅自在校外住宿的学生，应当告知其监护人或者抚养人；

（九）建立校内安全检查与隐患排查报告制度，发现安全隐患及时进行处理。

第十五条　学校应当落实以下安全管理和学生人身伤害事故预防措施：

（一）印发标准格式的入学须知，告知学生及其监护人或者抚养人学校的安全管理制度和注意事项、学校负责管理的区域范围以及发生意外伤害事故的处理途径和程序，并要求如实填写血型、疾病史以及过敏食物、药物等情况；

（二）寒暑假前，印发安全告知单，明确寒暑假起止时间及假期安全注意事项等；

（三）组织学生参加实习、考察、劳动等社会实践活动以及军事训练、文化娱乐和其他集体活动，应当与学生生理、心理特点相适应，符合安全要求，采取必要的安全防护措施，并落实专人负责；

（四）对特异体质或者患有疾病不适宜参加特定教育教学活动的学生给予必要照顾，发现学生有身体和心理异常状况，及时救护、告知其监护人或者抚养人；

（五）在教学楼进行教学活动和晚自习时，应当合理安排学生疏散时间和楼道上下顺序，同时安排人员巡查，防止拥挤踩踏；在易发生拥挤的通道、场所，应当采取必要的防护措施，并设置明显的警示标志；

（六）教职工患有不适宜担任教育教学或者其他工作的疾病的，应当及时将其调离相应的工作岗位；

（七）学校选用产品和服务时应当建立查验记录制度，查验产品标签、说明书、质量合格证或者服务提供者的资质证书，保证产品和服务可追溯；

（八）建立安全工作台账，记录日常安全工作、安全责任落实、安全检查、安全隐患消除等情况；

（九）制定突发事件应急预案，发生自然灾害、事故灾难、公共卫生事件、社会安全事件等突发事件时，及时启动应急预案，采取防护、抢险、救助等措施，保护学生的人身安全。

第十六条　除本条例第十三条、第十四条和第十五条规定外，中小学校还应当履行下列职责：

（一）合理安排学生上学、放学时间，保持疏散通道畅通；

（二）在学生上学、放学时段，应当组织门卫和保安人员在校门口在岗值守，组织教职工和成年志愿者在校门口维护秩序；

（三）按照校车安全管理的有关规定，建立健全校车安全管理制度；

（四）建立学生安全信息通报制度，将学校规定的学生到校和放学时间、学生提前离校情况，以及学生身体和心理的异常状况等关系学生安全的信息，及时告知其监护人或者抚养人；

（五）建立健全与家长的联系制度，建立家长委员会，为家庭教育提供指导，对涉及学生人身安全的重要事项，征求家长委员会的意见；

（六）重视学校留守儿童的安全管理工作，加强与留守儿童监护人或者抚养人、所在村（居）民委员会的沟通联系。

第十七条　除本条例第十三条、第十四条和第十五条规定外，中等职业学校还应当履行下列职责：

（一）规范实习基地建设，完善实习管理制度，配备责任心强、熟悉安全生产常识的实习指导教师，为学生参加实习提供有效的安全保障；

（二）依照有关法律、法规规定，为学生提供必要的实习条件和安全的实习环境；

（三）与实习单位或者实习基地依法签订学生安全保障协议或者安全保障条款，明确双方对学生安全保障的责任和义务。

第十八条　除本条例第十三条、第十四条和第十五条规定外，高等学校还应当履行下列职责：

（一）规范心理健康教育工作，建立健全心理健康教育和咨询的专门机构，按照规定配备专职或者兼职心理健康教育教师，完善学生心理健康预警和干预机制，对入校新生进行体检和心理健康测试；

（二）引导学生建立安全管理组织，提高学生自主进行安全防范与安全管理的能力；

（三）与合作办学者或者实习基地依法签订学生安全保障协议，明确双方对学生安全保障的责任和义务。

第十九条　学校教职工应当履行下列职责：

（一）发现学生行为具有危险性或者学生遭受侵害时，应当及时进行告诫、制止、保护，并及时报告学校或者有关部门；

（二）在教育教学活动中发现学生生理、心理有异常的，应当及时处理；

（三）在工作岗位上遇到紧急情况时，应当及时采取必要措施优先保护学生人身安全。

学校教职工在教育教学活动中应当尊重学生人格，不得对学生实施侮辱、歧视、殴打、体罚、变相体罚或者利用学生惩罚等其他人身侵害行为。

第二十条　未成年学生的监护人应当与学校共同做好学生的安全教育，落实安全保护措施，保障未成年学生上学、放学途中的人身安全，制止未成年学生携带管制刀具、易燃易爆、有毒有害等危险物品进入学校。

未成年学生的监护人因外出务工或者其他原因不能履行监护职责的，应当委托有监护能力的其他成年人代为监护，并将委托监护情况告知未成年学生所在学校、村（居）民委员会，保持与委托监护人、未成年学生及其所在学校、村（居）民委员会的经常性联系。

有特异体质、特定疾病或者身体状况、行为、情绪等有异常情况的学生，其监护人或者抚养人应当向学校提供医学诊断证明或者书面报告；涉及学生隐私的，学校应当保密。

第二十一条　学生应当遵守法律、法规、社会公共行为准则和学校规章制度，服从学校的安全教育和管理，不得进行可能危及自身或者他人安全的游戏，不得进行赌博、吸

毒、酗酒、寻衅滋事、打架斗殴、擅自攀爬学校建筑物、构筑物等危及自身或者他人安全的活动。

第二十二条　为学校、学生提供教育教学、实习和生活设施设备、场地，以及其他与学生学习、生活有关的物品和服务的学校举办者以外的单位和个人，应当落实各项安全保障措施，所提供的设施设备、物品、场地和服务应当符合国家、行业的质量标准或者安全要求。

在学校内施工作业或者开展其他活动的单位和个人，应当遵守学校的安全制度，服从学校的安全管理。

第二十三条　保险人、保险代理人应当积极参与教育行业风险管理服务体系建设，定期为学校提供风险诊断、风险排查、风险化解等风险管理服务，及时提供安全风险隐患排查结果并协助学校消除安全隐患，降低学校学生人身伤害事故的发生率。

第三章　学生人身伤害事故处理

第一节　一般规定

第二十四条　学生人身伤害事故发生后，学校应当及时采取措施救护受伤害学生，保护事故现场，保全相关证据，通知受伤害学生监护人或者抚养人。出现重伤、死亡的，学校应当立即向当地公安机关报案。公安机关对学生死亡的事故，应当依法及时对死亡原因、死亡性质作出结论。

医疗机构对受伤害学生应当及时抢救和治疗，不得拒绝、推诿或者拖延；对限于设备或者技术条件不能诊治的病人，应当按照规定及时转诊。

第二十五条　发生学生人身伤害事故，学校应当按照规定向教育主管部门及有关部门报告。属于重大学生伤害事故的，教育主管部门接到学校报告后，应当立即向本级人民政府和上一级教育主管部门报告。出现影响社会稳定的群体性事件的，学校应当向社会治安综合治理机构报告。

第二十六条　发生学生人身伤害事故，学校应当及时组织调查处理，并通知保险人参与；学校无法调查处理的，由县级以上人民政府教育主管部门或者有关部门组织调查处理。

发生重大学生人身伤害事故，由学校所在地县级以上人民政府组织教育、公安、卫生计生、安全生产监督、食品药品监督等有关部门组成联合调查组进行事故调查，并自事故发生之日起三十日内提出事故调查处理意见。法律、法规另有规定的，从其规定。

受伤害学生的监护人或者抚养人有权了解学生伤害事故及相关调查处理情况，学校及有关部门应当如实告知。

第二十七条　学生人身伤害事故纠纷发生后，学校应当及时成立事故纠纷处理小组或者指派专人负责事故纠纷的处理工作。负责事故纠纷处理的人员应当听取受伤害学生及其监护人或者抚养人、代理人意见，告知学生及其监护人或者抚养人、代理人事故纠纷处理的途径、方法和程序。对出现情绪失控，有过激行为的学生及其监护人、抚养人、代理人，应当及时采取心理危机干预等方式稳定其情绪，并视情况报告公安机关。

第二十八条　学生人身伤害事故纠纷发生后，当事人可以选择下列途径解决：

（一）自行协商；

（二）向学校主管部门申请行政调解；

（三）向学校所在地学生人身伤害事故纠纷人民调解委员会申请调解；

（四）向人民法院提起诉讼；

（五）法律、法规规定的其他途径。

第二十九条　处理学生人身伤害事故，应当保护当事人的个人隐私。

第二节　协商与调解

第三十条　学生人身伤害事故纠纷发生后，当事人可以自行协商解决。协商一致的，当事人可以签订书面和解协议。协商不一致的，当事人可以申请调解。

第三十一条　学生人身伤害事故纠纷发生后，当事人可以请求学校主管部门组织行政调解。

学校主管部门收到调解申请后，应当指派专人调解，并自受理申请之日起三十日内调解终结。调解应当遵循自愿、合法、公正的原则。双方当事人达成一致意见的，可以签订调解协议书；调解不成或者人民法院已经受理当事人起诉的，应当终止调解，并书面通知当事人。

第三十二条　学生人身伤害事故纠纷发生后，学校应当告知当事人可以向学校所在地的学生人身伤害事故纠纷人民调解委员会申请调解。

学生人身伤害事故纠纷人民调解委员会由三至九名具有教育、法律、保险、医疗、心理等专业技能或者调解工作经验的委员组成，设主任一人，必要时，可以设副主任若干人；根据工作需要，委员会可以聘任公道正派、热心人民调解、群众认可的社会人士、学校家长委员会代表作为人民调解员参与调解。委员的产生、人民调解员的聘任等事项，由司法行政部门和教育主管部门依法确定。

学生人身伤害事故纠纷人民调解委员会调解学生人身伤害事故纠纷不得收取任何费用，调解工作经费由本级财政予以保障。

第三十三条　学生人身伤害事故纠纷人民调解委员会收到调解申请后，应当在三个工作日内予以审查。决定受理的，及时答复当事人；不予受理的，应当书面通知当事人并说明理由。

学生人身伤害事故纠纷人民调解委员会受理调解申请后，应当告知双方当事人在调解过程中的权利和义务。

代理人从事学生人身伤害事故纠纷代理活动应当出示授权委托书，代理人属于律师或者基层法律服务工作者的，还应当出示执业证。参加学生人身伤害事故纠纷调解活动的学生监护人、抚养人或者其代理人不得超过 5 人。

法律援助机构应当依法为符合法律援助条件的学生或者其监护人、抚养人提供法律援助。

第三十四条　有下列情形之一的，学生人身伤害事故纠纷人民调解委员会不予受理；已经受理的，终止调解：

（一）一方当事人拒绝调解的；

（二）一方当事人申请行政调解，学校主管部门已经受理的；

（三）一方当事人向人民法院提起诉讼的；

（四）法律、法规规定的其他情形。

终止调解的，应当书面通知当事人并说明理由。

第三十五条　学生人身伤害事故纠纷人民调解委员会根据调解纠纷的需要，可以指定一名或者数名人民调解员进行调解，也可以由当事人选择一名或者数名人民调解员进行调解。

第三十六条　学生人身伤害事故纠纷人民调解委员会应当自受理申请之日起三十日内调解终结。调解期限不包含鉴定时间。

因特殊情况需要延长调解期限的，当事人可以约定延长期限；超过约定期限仍未达成调解协议的，视为调解不成。调解不成的，应当书面告知当事人并说明理由。

调解学生人身伤害事故纠纷需要鉴定的，鉴定费用由相关当事人按照责任比例承担。

第三十七条　经学生人身伤害事故纠纷人民调解委员会调解达成一致的，可以制作调解协议书。调解协议书自各方当事人签名、盖章或者按指印，人民调解员签名并加盖学生人身伤害事故纠纷人民调解委员会印章之日起生效。调解协议书，具有法律约束力，当事人应当按照约定履行。

当事人认为无须制作调解协议书的，可以采取口头协议方式，人民调解员应当记录协议内容。口头调解协议自各方当事人达成协议之日起生效。

第三十八条　经学生人身伤害事故纠纷人民调解委员会调解达成调解协议后，双方当事人认为有必要的，可以自调解协议生效之日起三十日内共同向学生人身伤害事故纠纷人民调解委员会所在地的基层人民法院申请司法确认。学生人身伤害事故纠纷人民调解委员会可以协助当事人进行司法确认。经人民法院依法确认有效的调解协议，一方当事人拒绝履行或者未全部履行的，对方当事人可以向人民法院申请强制执行。

人民法院依法确认调解协议无效的，当事人可以通过人民调解方式变更原调解协议或者达成新的调解协议，也可以向人民法院提起诉讼。

第三节　应急处置

第三十九条　学校应当制定学生人身伤害事故应急预案，报所在地的教育主管部门和公安机关备案。发生学生人身伤害事故，学校应当及时启动应急预案。

发生重大学生人身伤害事故，当地人民政府应当立即采取措施组织救援，防止事态扩大。

第四十条　学生及其监护人、抚养人或者其代理人以及其他相关人员有下列行为之一，经劝阻无效的，学校应当立即向所在地公安机关报案，并保护好现场，配合公安机关做好调查取证等工作：

（一）侮辱、威胁、恐吓、故意伤害教职工、学生或者非法限制教职工、学生人身自由的；

（二）围堵学校或者进入学校拉条幅、设灵堂、焚香烧纸、摆花圈、散发传单、喧闹、张贴大字报等聚众闹事的；

（三）侵占、破坏学校房屋、设施、设备等寻衅滋事行为的；

（四）在学校等公共场所停尸或者拒不按照规定处理遗体的；

（五）携带易燃易爆危险物质和管制器具进入学校的；

（六）制造、散布谣言等其他扰乱学校教学、生活秩序行为的。

第四十一条　公安机关接到学校报案后，应当依照下列程序处理：

（一）立即组织警力赶赴现场，开展教育疏导，劝阻过激行为，经劝阻无效的，应当依法予以制止，防止事态扩大；

（二）将扰乱学校正常教育教学秩序的参与人员带离现场调查，维护学校正常教育教学秩序；

（三）依法查处违法犯罪行为。

第四十二条　社会治安综合治理机构接到影响社会稳定的学生人身伤害事故纠纷报告后，应当协调、督促有关地方和部门做好学生人身伤害事故纠纷处理工作。

学生监护人、抚养人、代理人和其他相关人员所在单位、户籍所在地或者居住地乡镇人民政府、街道办事处、村（居）民委员会，接到社会治安综合治理机构要求其参与处理纠纷的通知后，应当立即指派有关人员赶赴纠纷现场，配合教育、公安等部门开展教育、疏导和劝返工作。

第四章　学生人身伤害事故责任承担和损害赔偿

第四十三条　发生学生人身伤害事故，当事人应当依法承担责任和给予损害赔偿。

受害人和行为人对损害的发生都没有过错的，可以根据实际情况，由双方分担损失。

第四十四条　因下列情形之一造成的学生人身伤害事故，学校应当依法承担相应责任：

（一）学校的校舍、场地和其他公共设施，以及学校提供给学生使用的学具、教育教学和生活设施设备不符合国家、行业的质量标准或者安全要求的；

（二）学校的安全保卫、消防和设施设备管理等安全管理制度有疏漏，或者管理混乱，存在明显安全隐患，未及时发现并采取措施的；

（三）学校向学生提供的食品、饮用水、药品等不符合国家、行业的相关标准和要求的；

（四）学校组织学生参加教育教学活动或者校外活动，未对学生进行相应的安全教育，未采取必要的安全措施的；

（五）学生在校期间突发疾病或者受到伤害，学校发现后未及时采取相应措施，导致不良后果的；

（六）学校教职工违反本条例第十九条规定的；

（七）学校知道或者应当知道教职工有不适宜担任教育教学活动的情况，但未采取必

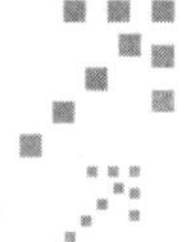

要措施的；

（八）学校知道或者应当知道学生患有需要隔离治疗的传染病，但未采取必要措施的；

（九）对学生擅自离校等与学生人身安全直接相关的信息，学校未发现或者已经发现但未及时告知未成年学生的监护人，导致学生发生伤害的；

（十）学校因故放假、学生提前离校，但未及时告知未成年学生监护人的；

（十一）学校未履行本条例规定的其他职责以及法律、法规规定学校应当承担责任的其他情形。

第四十五条　因下列情形之一造成的学生人身伤害事故，学校已履行了教育、管理职责，且行为并无不当的，不承担责任：

（一）地震、雷击、台风、洪水等不可抗力造成的；

（二）因学生自杀、自伤等自身故意或者身体疾病造成的；

（三）因学校以外的第三人造成的；

（四）学校组织的对抗性或者具有风险性的体育竞赛活动中发生意外伤害的；

（五）法律、法规规定学校不应当承担责任的其他情形。

第四十六条　学生监护人或者抚养人未履行法定义务，疏于或者不配合学校对未成年子女进行管理、教育和保护，或者没有及时将未成年子女的身体和心理异常情况告知学校，导致其他学生人身伤害事故发生的，应当依法承担责任。

第四十七条　有下列情形之一造成学生人身伤害事故的，学生或者其监护人应当依法承担相应责任：

（一）违反法律法规、社会公共行为准则、学校规章制度和纪律，实施危害他人或者自身行为的；

（二）行为具有危险性，学校、教师已经告诫并要求纠正，学生不听劝阻、拒不改正的；

（三）违反学校规定擅自租住房屋，学校、教师已经告诫并要求纠正，学生不听劝阻、拒不改正的；

（四）法律、法规规定的其他情形。

第四十八条　因学校以外的第三人实施侵害行为造成未成年学生人身伤害的，由第三人承担责任。学校未尽到管理职责的，承担相应的补充责任。

第四十九条　学生人身伤害事故损害赔偿的范围和标准，适用有关法律和国家、本省相关的规定。

第五十条　因学校教职工在教育教学活动中造成学生人身伤害事故的，学校赔偿损失后，可以向有故意或者重大过失的教职工进行追偿。

第五十一条　教育主管部门应当鼓励、引导学校办理校方责任保险及附加无过失责任保险，校方责任保险的保险费由学校举办者承担，禁止向学生摊派。

学校可以为学生参加意外伤害等商业保险提供便利条件，但不得从中收取任何费用。

第五十二条　保险责任范围内的学生人身伤害事故发生后，学校应当及时通知保险人。

保险人应当将其所参与签订的自行和解协议书、学生人身伤害事故纠纷人民调解协议书、主管部门行政调解协议书以及人民法院判决书、调解书等作为保险理赔的依据。

发生学生人身伤害事故，依法应当由学校承担赔偿责任的，由保险人根据校方责任及附加无过失责任保险合同赔偿，不足部分由学校赔偿。

第五章　法律责任

第五十三条　学校有下列情形之一的，由教育主管部门或者其他有关部门责令改正；情节严重的，对学校主要负责人和其他直接责任人员给予处分：

（一）未建立健全安全管理制度，未落实安全管理和学生人身伤害事故预防措施；

（二）拒绝或者不配合有关部门依法实施安全监督管理职责的；

（三）对学生人身伤害事故负有责任的；

（四）学生人身伤害事故发生后，未及时采取救护措施导致损害加重的；

（五）瞒报、谎报学生人身伤害事故的；

（六）伪造、隐匿、转移、销毁学生人身伤害事故证据的；

（七）其他违反本条例规定应当给予处分的情形。

第五十四条　学校教职工对学生人身伤害事故负有责任的，教育主管部门或者其他有关部门、学校应当给予批评教育或者处分；情节严重的，可以依法予以开除、解聘。

第五十五条　学生对学生人身伤害事故负有责任的，学校可以按照学籍管理的规定给予处分；情节严重的，由有关部门依法处理。

第五十六条　县级以上人民政府教育、公安、司法行政、卫生计生、发展改革、住房和城乡建设、交通运输、国土资源、环境保护、文化、新闻出版广电、水利、工商、质量技术监督、安全生产监督、食品药品监督等部门和社会治安综合治理机构及其工作人员未履行相应职责，对学生人身伤害事故发生负有责任的，或者在学生人身伤害事故预防与处理中滥用职权、玩忽职守、徇私舞弊、索贿受贿，尚不构成犯罪的，对主要负责人和其他直接责任人员依法给予处分；构成犯罪的，依法追究刑事责任。

第五十七条　学校及其教职工、学生及其监护人、抚养人及其亲属或者其代理人以及其他相关人员有违反治安管理行为的，由公安机关依照《中华人民共和国治安管理处罚法》的规定予以处罚；构成犯罪的，依法追究刑事责任。

第六章　附　则

第五十八条　本条例中下列用语的含义为：

（一）学校，是指国家或者社会力量举办的全日制中小学（含特殊教育学校）、中等职业学校和高等学校；

（二）学生，是指在学校中全日制就读的受教育者；

（三）学校举办者，是指举办学校的人民政府、行业主管部门（或者群众团体）以及

民办学校的出资人；

（四）学校以外的第三人，是指除学校教职工、学生以外的人员；

（五）教职工，是指学校管理人员、教师以及学校的其他职工；

（六）人身伤害，是指侵犯他人的生命健康权益造成致伤、致残、致死等后果；

（七）校车，是指依照国务院《校车安全管理条例》取得使用许可，用于接送接受义务教育的学生上下学的 7 座以上的载客汽车。

第五十九条　幼儿园的幼儿人身伤害事故预防与处理，参照本条例执行。

第六十条　本条例自 2016 年 1 月 1 日起施行。

十九、高等学校学生勤工助学管理办法

（2018 年修订）

第一章　总则

第一条 为规范管理高等学校学生勤工助学工作，促进勤工助学活动健康、有序开展，保障学生合法权益，帮助学生顺利完成学业，发挥勤工助学育人功能，培养学生自立自强、创新创业精神，增强学生社会实践能力，特制定本办法。

第二条 本办法所称高等学校是指根据国家有关规定批准设立、实施高等学历教育的全日制普通本科高等学校、高等职业学校和高等专科学校（以下简称学校）。

第三条 本办法所称学生是指学校招收的本专科生和研究生。

第四条 本办法所称勤工助学活动是指学生在学校的组织下利用课余时间，通过劳动取得合法报酬，用于改善学习和生活条件的实践活动。

第五条 勤工助学是学校学生资助工作的重要组成部分，是提高学生综合素质和资助家庭经济困难学生的有效途径，是实现全程育人、全方位育人的有效平台。勤工助学活动应坚持“立足校园、服务社会”的宗旨，按照学有余力、自愿申请、信息公开、扶困优先、竞争上岗、遵纪守法的原则，由学校在不影响正常教学秩序和学生正常学习的前提下有组织地开展。

第六条 勤工助学活动由学校统一组织和管理。学生私自在校外兼职的行为，不在本办法规定之列。

第二章　组织机构

第七条 学校学生资助工作领导小组全面领导勤工助学工作，负责协调学校的宣传、学工、研工、财务、人事、教务、科研、后勤、团委等部门配合学生资助管理机构开展相关工作。

第八条 学校学生资助管理机构下设专门的勤工助学管理服务组织，具体负责勤工助学的日常管理工作。

第三章 学校职责

第九条 组织开展勤工助学活动是学校学生工作的重要内容。学校要加强领导，认真组织，积极宣传，校内有关职能部门要充分发挥作用，在工作安排、人员配备、资金落实、办公场地、活动场所及助学岗位设置等方面给予大力支持，为学生勤工助学活动提供指导、服务和保障。

第十条 加强对勤工助学学生的思想教育，培养学生热爱劳动、自强不息、创新创业的奋斗精神，增强学生综合素质，充分发挥勤工助学育人功能。

第十一条 对在勤工助学活动中表现突出的学生予以表彰和奖励；对违反勤工助学相关规定的学生，可按照规定停止其勤工助学活动。对在勤工助学活动中违反校纪校规的，按照校纪校规进行教育和处理。

第十二条 根据本办法规定，结合学校实际情况，制定完善本校学生勤工助学活动的实施办法。

第十三条 根据国家有关规定，筹措经费，设立勤工助学专项资金，并制定资金使用与管理办法。

第四章 勤工助学管理服务组织职责

第十四条 确定校内勤工助学岗位。引导和组织学生积极参加勤工助学活动，指导和监督学生的勤工助学活动。

第十五条 开发校外勤工助学资源。积极收集校外勤工助学信息，开拓校外勤工助学渠道，并纳入学校管理。

第十六条 接受学生参加勤工助学活动的申请，安排学生勤工助学岗位，为学生和用人单位提供及时有效的服务。

第十七条 在学校学生资助管理机构的领导下，配合学校财务部门共同管理和使用学校勤工助学专项资金，制定校内勤工助学岗位的报酬标准，并负责酬金的发放和管理工作。

第十八条 组织学生开展必要的勤工助学岗前培训和安全教育，维护勤工助学学生的合法权益。

第十九条 安排勤工助学岗位，应优先考虑家庭经济困难的学生。对少数民族学生从事勤工助学活动，应尊重其风俗习惯。

第二十条 不得组织学生参加有毒、有害和危险的生产作业以及超过学生身体承受能力、有碍学生身心健康的劳动。

第五章 校内勤工助学岗位设置

第二十一条 设岗原则：

（一）学校应积极开发校内资源，保证学生参与勤工助学的需要。校内勤工助学岗位

设置应以校内教学助理、科研助理、行政管理助理和学校公共服务等为主。按照每个家庭经济困难学生月平均上岗工时原则上不低于20小时为标准，测算出学期内全校每月需要的勤工助学总工时数（20工时 × 家庭经济困难学生总数），统筹安排、设置校内勤工助学岗位。

（二）勤工助学岗位既要满足学生需求，又要保证学生不因参加勤工助学而影响学习。学生参加勤工助学的时间原则上每周不超过8小时，每月不超过40小时。寒暑假勤工助学时间可根据学校的具体情况适当延长。

第二十二条 岗位类型：

勤工助学岗位分固定岗位和临时岗位。

（一）固定岗位是指持续一个学期以上的长期性岗位和寒暑假期间的连续性岗位；

（二）临时岗位是指不具有长期性，通过一次或几次勤工助学活动即完成任务的工作岗位。

第六章　校外勤工助学活动管理

第二十三条 学校勤工助学管理服务组织统筹管理校外勤工助学活动，并注重与学生学业的有机结合。

第二十四条 校外用人单位聘用学生勤工助学，须向学校勤工助学管理服务组织提出申请，提供法人资格证书副本和相关的证明文件。经审核同意，学校勤工助学管理服务组织推荐适合工作要求的学生参加勤工助学活动。

第七章　勤工助学酬金标准及支付

第二十五条 校内固定岗位按月计酬。以每月40个工时的酬金原则上不低于当地政府或有关部门制定的最低工资标准或居民最低生活保障标准为计酬基准，可适当上下浮动。

第二十六条 校内临时岗位按小时计酬。每小时酬金可参照学校当地政府或有关部门规定的最低小时工资标准合理确定，原则上不低于每小时12元人民币。

第二十七条 校外勤工助学酬金标准不应低于学校当地政府或有关部门规定的最低工资标准，由用人单位、学校与学生协商确定，并写入聘用协议。

第二十八条 学生参与校内非营利性单位的勤工助学活动，其劳动报酬由勤工助学管理服务组织从勤工助学专项资金中支付；学生参与校内营利性单位或有专门经费项目的勤工助学活动，其劳动报酬原则上由用人单位支付或从项目经费中开支；学生参加校外勤工助学，其劳动报酬由校外用人单位按协议支付。

第八章　法律责任

第二十九条 在校内开展勤工助学活动的，学生及用人单位须遵守国家及学校勤工助学相关管理规定。学生在校外开展勤工助学活动的，勤工助学管理服务组织必须经学校授权，代表学校与用人单位和学生三方签订具有法律效力的协议书。签订协议书并办理相关聘用手续后，学生方可开展勤工助学活动。协议书必须明确学校、用人单位和学生等各方的权利和义务，开展勤工助学活动的学生如发生意外伤害事故的处理办法以及争议解决方法。

第三十条 在勤工助学活动中，若出现协议纠纷或学生意外伤害事故，协议各方应按照签订的协议协商解决。如不能达成一致意见，按照有关法律法规规定的程序办理。

第九章 附则

第三十一条 科研院所、党校、行政学院、会计学院等研究生培养单位根据本办法规定，制定完善本单位学生勤工助学活动的实施办法。

第三十二条 本办法由教育部、财政部负责解释。

第三十三条 本办法自公布之日起施行。教育部财政部印发的《高等学校勤工助学管理办法》（教财〔2007〕7号）同时废止。

二十、江西省学生资助工作“十不准”

（2019年修订）

一、不准违反各类学生资助金管理办法和相关财务制度规定；

二、不准因任何主观原因造成遗漏，导致家庭经济困难学生资助政策未落实；

三、不准在学生资助金评定过程中搞优亲厚友、暗箱操作，将不符合资助条件的学生确定为受助对象；

四、不准在学生资助金评定过程中搞平均主义、轮流坐庄、拉票、受贿，接受学生或家长吃请、现金、礼品、有价证券等；

五、不准将学生资助金评定与招生业绩、驾照考试等附加条件相挂钩；

六、不准公示和泄露受助学生的身份证件号码、家庭住址、电话号码等个人敏感和隐私信息；

七、不准截留、挤占、挪用、骗取、套取学生资助金；

八、不准将学生资助金冲抵班费或其他费用；

九、不准无故延迟发放学生资助金；

十、不准以任何理由和方式向学生索要资助金。

二十一、江西省民办高校学生退学退费办法

第一条 依据《中华人民共和国民办教育促进法》、《中华人民共和国民办教育促进法实施条例》和《关于印发〈民办教育收费管理暂行办法〉的通知》（发改价格〔2005〕

309号）的规定，为保障江西省民办高校学生的合法权益和维护学校正常的教学生活秩序，切实规范民办高校退学退费行为特制定本办法。

第二条　民办高校通过发布虚假招生简章或者广告，欺诈招收的学生，查实后由学校无条件办理退学，并全额退还学生所交学费、住宿费等各项收费。

（一）民办高校通过发布虚假招生简章或者广告，欺诈招收的学生，凭学生提出的书面退学申请和提供的有关证据材料，查实后由学校无条件办理退学，并全额退还学生所交学费、住宿费等各项收费；

（二）参加高等教育自学考试社会助学的学生和非学历教育学生被学校招生人员或社会非法中介机构，以"统招"或入学后可代转为"统招"等名义欺诈入学，凭学生提出的退学申请书和书面控告，查实后由学校无条件办理退学，并全额退还学生所交学费、住宿费等各项收费；

（三）教育行政部门接举报查实认定学校发布虚假招生简章或者广告，欺诈招收的学生，责成学校全额退还学生所交学费、住宿费等各项收费。各学校应开设退学退费窗口，简化手续，学生可自愿办理退学退费。

第三条　民办高校学生入学报到注册后，如有以下情况，可以提出申请退学、退费。

（一）学生因患有传染病、严重疾病不能坚持学习的，凭本人退学申请书和医院有关诊断证明申请退学。

（二）学生因应征入伍，凭入伍通知书和退学申请书申请退学。

（三）学生因家庭发生意外重大事故或重大经济困难而不能坚持学习的，凭乡（镇）以上人民政府有关证明和本人退学申请书申请退学。

（四）属高等教育自学考试社会助学的学生和非学历教育学生，被其它高校统招录取，凭本人退学申请书和统招录取通知书申请退学。

第四条　学生提交退学退费申请和有关证明材料后，民办高校应在五个工作日内给予学生书面答复，如挽留学生就读，要向学生说明理由，并征得学生书面同意，方可留校继续就读，否则必须在学生提交退学退费申请和有关证明材料后的十个工作日内办理退学退费。

第五条　民办高校办理学生退学退费，凡属本文第三条情况的，应根据学生实际学习时间和住宿时间，按月计退剩余的学费和住宿费（每学年按10个月计算，实际学习时间或住宿时间不满1个月的按1个月计算），并对代收代支费用进行清算，对未发生的代收费用全额退还，对已使用的代收代支费用，剩余部分予以退还。学生要求退学退费如符合以上情况，学校不能及时给予办理退费手续，教育行政部门从收取的学校办学风险保证金中支付。

第六条　各民办高校必须从维护稳定的高度，诚信办学、和谐办学，规范招生行为和退学退费办法。各校要建立学生利益表达和调解处理机制，在学校行政办公场所设立学生信访接待处，设立退学退费窗口，指定专门人员按规定及时接访和办理，妥善处理矛盾纠纷，切实维护学校稳定。

第七条　本通知所称民办高校是指实施本、专科学历教育的民办高等学校。独立学院及其他民办高等教育机构参照执行。本办法自发布之日起实施，解释权归江西省教育厅。

二十二、江西省家庭经济困难学生认定暂行办法

第一章　总则

第一条　为进一步落实家庭经济困难学生资助政策，实现精准识别、精准资助，确保不让一个学生因家庭经济困难而失学，根据国家和省有关规定，制定本办法。

第二条　做好家庭经济困难学生认定工作，是贯彻落实党中央、国务院决策部署，全面推进精准资助，确保资助政策有效落实的迫切需要。

第三条　家庭经济困难学生认定要将民政、扶贫、退役军人事务、残联等部门认定的家庭经济困难人口信息与教育部门、人社部门学生信息实行定期、动态比对，建立部门联动、信息共享机制。

第四条　家庭经济困难学生认定要坚持阳光操作，以相关部门核定的信息和学生家庭真实经济状况为基础，确保家庭经济困难学生认定各个环节和认定结果公开、公平、公正。

第二章　认定对象

第五条　家庭经济困难学生认定工作的对象是指本人及其家庭的经济能力难以满足在校期间的学习、生活基本支出的学生。本办法中的学生包括根据有关规定批准设立的普惠性幼儿园幼儿；根据国家有关规定批准设立、实施学历教育的全日制中等职业学校（含技工院校，下同）、普通高中、初中和小学学生；根据国家有关规定批准设立、实施学历教育的全日制普通本科高等学校、高等职业学校和高等专科学校招收的本专科学生（含第二学士学位和预科生），纳入全国研究生招生计划的全日制研究生。

第六条　家庭经济困难认定对象包括以下 8 类：

1. 经扶贫部门确认的建档立卡贫困家庭学生；

2. 经民政部门确认的最低生活保障家庭学生；

3. 经民政部门确认的特困救助供养学生；

4. 经民政部门确认的孤儿学生；

5. 经退役军人事务部门确认的烈士子女、一至四级残疾军人子女；

6. 经残联确认的家庭经济困难残疾学生及残疾人子女；

7. 经民政部门确认的城镇贫困群众家庭学生（含城镇特困人员、城镇最低生活保障对象、支出型贫困低收入家庭）；

8. 其他家庭经济困难学生。主要包括享受抚恤补助待遇的优抚对象的经济困难家庭、因家庭遭受重大自然灾害造成重大损失、因家庭成员遭受重大疾病或意外伤害、因家庭发生重大变故等情况影响其子女入学就读及其他需要资助的家庭经济困难学生。

第三章　认定原则

第七条　坚持实事求是、客观公平。认定家庭经济困难学生要从客观实际出发，以学生家庭经济状况为主要认定依据，认定标准和尺度要统一，确保公平公正。

第八条　坚持定量评价与定性评价相结合。既要建立科学的量化指标体系，进行定量评价，也要通过定性分析修正量化结果，更加准确、全面地了解学生的实际情况。

第九条　坚持公开透明与保护隐私相结合。既要做到认定内容、程序、方法等透明，确保认定公正，也要尊重和保护学生隐私，严禁让学生当众诉苦、互相比困。

第十条　坚持积极引导与自愿申请相结合。既要引导学生如实反映家庭经济困难情况，主动利用国家资助完成学业，也要充分尊重学生个人意愿，遵循自愿申请的原则。

第四章　认定依据

第十一条　家庭经济因素。主要包括家庭收入、财产、债务等情况。

第十二条　特殊群体因素。主要指是否属于建档立卡贫困家庭学生、最低生活保障家庭学生、特困供养学生、孤儿学生、烈士子女、一至四级残疾军人子女、家庭经济困难残疾学生及残疾人子女等情况。

第十三条　地区经济社会发展水平因素。主要指校园地、生源地经济发展水平、城乡居民最低生活保障标准，学校收费标准等情况。

第十四条　突发状况因素。主要指遭受重大自然灾害、重大突发意外事件等情况。

第十五条　学生消费因素。主要指学生消费的金额、结构等是否合理。

第十六条　其他影响家庭经济状况的有关因素。主要包括家庭负担、劳动力及职业状况等。

第五章　认定办法

第十七条　家庭经济困难学生每学年秋季学期认定一次。每学期要按照家庭经济困难学生实际情况进行动态调整。

第十八条　设区市、县（市、区）所属学校本地户籍的第 1 至 7 类家庭经济困难学生的认定，由设区市、县（市、区）教育部门、人社部门于每年秋季开学后将在籍在校的学生信息提交给同级扶贫、民政、退役军人事务、残联等职能部门，相关职能部门根据最新家庭经济困难人口信息库进行比对后，于 15 个工作日内将家庭经济困难学生名单及确认类别盖章后反馈到教育部门、人社部门，教育部门及人社部门将学生名单分发到相关学校。

第十九条　普通高校、省属中职学校第 1 至 7 类家庭经济困难学生认定，以及设区市、县（市、区）所属学校非本地户籍的第 1 至 7 类家庭经济困难学生认定，由学生向就读学校提交户籍所在地扶贫、民政、退役军人事务、残联等部门出具的建档立卡贫困户登记证、特困人员救助供养证、城乡低保证、烈士证、残疾证（残疾人子女还需提供户口证明）等有效证件的原件之一核验。

第二十条　其他家庭经济困难学生认定，由学校（含幼儿园，下同）组织学生填写《江西省家庭经济困难学生认定申请表（样表）》（以下简称《申请表》），《申请表》须学生本人（或监护人）签字，并承诺所填写资料真实准确，学校根据学生特点及实际情况可以分别采用或综合运用实地家访、个别谈话、电话访谈等有效方式逐一核实其家庭经济真实情况后再进行认定。

第二十一条　在校学生因其家庭遭遇突发事件造成家庭经济困难的，可及时向学校提出认定申请，学校应及时对其进行认定。

第六章　认定程序

第二十二条　提前告知。学校要通过多种途径和方式，提前向学生或监护人告知家庭经济困难学生认定工作事项，并做好资助政策宣传工作。

第二十三条　个人申请。普通高校、省属中职学校的所有家庭经济困难学生本人或监护人如实填报综合反映学生家庭经济情况的《申请表》，其中：第 1 至 7 类家庭经济困难学生需同时提供户籍所在地扶贫、民政、残联等部门出具的建档立卡贫困户登记证、特困人员救助供养证、城乡低保证、烈士证、残疾证（残疾人子女还需提供户口证明）等有效证件的原件之一核验，第 8 类其他家庭经济困难学生，需提供家庭经济困难相关佐证材料。

设区市、县（市、区）所属学校的非本地户籍的家庭经济困难学生本人或监护人如实填报综合反映学生家庭经济情况的《申请表》，其中：第 1 至 7 类家庭经济困难学生需同时提交户籍所在地扶贫、民政、残联等部门出具的建档立卡贫困户登记证、特困人员救助供养证、城乡低保证、烈士证、残疾证（残疾人子女还需提供户口证明）等有效证件的原件之一核验，第 8 类其他家庭经济困难学生，需提供家庭经济困难相关佐证材料；本地户籍的第 8 类家庭经济困难学生本人或监护人如实填报综合反映学生家庭经济情况的《申请表》，并提供家庭经济困难相关佐证材料，第 1 至 7 类家庭经济困难学生，无须填写《申请表》。

第二十四条　认定审核。对经扶贫、民政、退役军人事务、残联等职能部门确认或提供了相关部门出具的有效证件的学生，直接认定为家庭经济困难学生，其他家庭经济困难学生的认定由学校根据学生或监护人提交的申请材料，综合考虑学生日常消费情况以及影响家庭经济状况的有关因素开展认定工作，按规定对家庭经济困难学生划分资助档次。学校可采取家访、个别访谈、大数据分析、信函索证、量化评估、民主评议等方式提高家庭经济困难学生认定精准度。

第二十五条　结果公示。学校要将家庭经济困难学生认定的名单及档次，在适当范围内、以适当方式予以公示，公示时间不得少于 5 个工作日，公示时严禁涉及学生个人敏感信息及隐私。学校应建立家庭经济困难学生认定结果复核和动态调整机制，及时回应有关认定结果的异议。

第二十六条　建档备案。经公示无异议后，学校汇总家庭经济困难学生名单，连同学生的申请材料统一建档，并按要求录入全国学生资助管理信息系统（技工院校按要求录入技工院校学生管理信息系统）。

第七章　组织机构及职责

第二十七条　省教育厅、省财政厅、省民政厅、省人力资源社会保障厅、省扶贫办、省退役军人事务厅、省残联根据工作职责指导全省各级各类学校家庭经济困难学生认定工作。

第二十八条　各地要建立联动机制，加强相关部门间的工作协同，进一步整合家庭经济困难学生数据资源，将全国学生资助管理信息系统、技工院校学生管理信息系统与民政、扶贫、退役军人事务、残联等部门有关信息系统对接，确保建档立卡贫困家庭学生、最低生活保障家庭学生、特困供养学生、孤儿学生、烈士子女、家庭经济困难残疾学生及残疾人子女等学生信息全部纳入家庭经济困难学生数据库。

第二十九条　各高校要健全认定工作机制，成立学校学生资助工作领导小组，领导、监督家庭经济困难学生认定工作；学生资助管理机构具体负责组织、管理全校家庭经济困难学生认定工作；院（系）成立以分管学生资助工作的领导为组长，班主任、辅导员代表等相关人员参加的认定工作组，负责认定的具体组织和审核工作；年级（专业或班级）成立认定评议小组，成员应包括班主任、辅导员、学生代表等，开展民主评议工作。

第三十条　各中等职业学校、普通高中、初中、小学、幼儿园要成立家庭经济困难学生认定工作组，负责组织实施本校家庭经济困难学生认定工作。成员一般应包括学校领导、资助工作人员、教师代表、学生代表、家长代表等。

第八章　工作机制

第三十一条　各级教育、财政、民政、人力资源社会保障、扶贫、退役军人事务、残联等部门要加强对家庭经济困难学生认定工作的监督与指导，发现问题，及时纠正。

第三十二条　各级民政、人力资源社会保障、扶贫、退役军人事务、残联等部门要为学生家庭经济状况的核实认定工作提供必要依据和支持，确保建档立卡贫困家庭学生、最低生活保障家庭学生、特困供养学生、孤儿学生、烈士子女、家庭经济困难残疾学生及残疾人子女等信息真实有效。

第三十三条　各级教育、人力资源社会保障等部门和学校要加强学生资助信息安全管

第九章　附则

第三十五条　本办法从 2019 年秋季学期开始施行。

第三十六条　各地、各高校要根据本办法，结合实际，制（修）定具体的认定办法，并报省学生资助管理中心备案。本办法由省教育厅、省财政厅、省民政厅、省人力资源社会保障厅、省扶贫办、省退役军人事务厅、省残联负责解释。

附件：江西省家庭经济困难学生认定申请表（样表）

附件：

江西省家庭经济困难学生认定申请表（样表）

学校：＿＿＿＿＿院系：＿＿＿＿＿专业：＿＿＿＿＿年级：＿＿＿＿班级：＿＿＿＿

<table>
<tr><td rowspan="2">基本情况</td><td>姓名</td><td></td><td>性别</td><td></td><td>出生年月</td><td></td><td>籍贯</td><td></td></tr>
<tr><td>身份证号　码</td><td colspan="2"></td><td>家庭人口</td><td></td><td>手机号码</td><td colspan="2"></td></tr>
<tr><td rowspan="2">家庭通信信息</td><td colspan="2">详细通信地址</td><td colspan="6"></td></tr>
<tr><td colspan="2">邮政编码</td><td></td><td>家庭手机号码</td><td colspan="4"></td></tr>
<tr><td rowspan="6">家庭成员情况</td><td>姓名</td><td>年龄</td><td>与学生关系</td><td>工作（学习）单位</td><td>职业</td><td>年收入（元）</td><td colspan="2">健康状况</td></tr>
<tr><td></td><td></td><td></td><td></td><td></td><td></td><td colspan="2"></td></tr>
<tr><td></td><td></td><td></td><td></td><td></td><td></td><td colspan="2"></td></tr>
<tr><td></td><td></td><td></td><td></td><td></td><td></td><td colspan="2"></td></tr>
<tr><td></td><td></td><td></td><td></td><td></td><td></td><td colspan="2"></td></tr>
<tr><td></td><td></td><td></td><td></td><td></td><td></td><td colspan="2"></td></tr>
<tr><td>特殊群体类型</td><td colspan="8">1. 建档立卡贫困家庭学生：□是　□否；2. 最低生活保障家庭：□是　□否；
3. 特困供养学生：□是　□否；4. 孤儿学生：□是　□否；
5. 烈士子女、一至四级残疾军人子女：□是　□否；
6. 家庭经济困难残疾学生及残疾人子女：□是　□否　　残疾号：＿＿＿＿＿＿；
7. 城镇贫困群众家庭学生：□是　□否；8. 其他家庭经济困难学生：□是　□否。</td></tr>
<tr><td>影响家庭经济状况有关信息</td><td colspan="8">家庭人均年收入＿＿＿元。
家庭遭受自然灾害情况：＿＿＿＿＿。家庭遭受突发意外事件：＿＿＿＿＿。
家庭成员因残疾、年迈而劳动能力弱情况：＿＿＿＿＿＿＿＿＿＿。
家庭成员失业情况：＿＿＿＿＿＿＿。家庭欠债情况：＿＿＿＿＿。
其他情况：＿＿＿＿＿＿＿＿＿＿＿＿。</td></tr>
<tr><td>个人承诺</td><td colspan="5">承诺内容：</td><td>学生本人（或监护人）签字</td><td colspan="2"></td></tr>
</table>

5.2 共青科技职业学院学生管理与服务文件

一、共青科技职业学院学生管理规定

（2017 年 8 月修订）

第一章 总则

第一条 为规范普通高等学校学生管理行为，维护普通高等学校正常的教育教学秩序和生活秩序，保障学生合法权益，培养德、智、体、美等方面全面发展的社会主义建设者和接班人，依据教育法、高等教育法、《普通高等学校学生管理规定》（教育部令第 41 号）、《高等学校学生行为准则》（教学〔2005〕5 号）等有关规定精神，结合《共青科技职业学院章程》及我校实际情况，制定本规定。

第二条 共青科技职业学院的学生应当拥护中国共产党的领导，热爱社会主义祖国，努力学习马克思列宁主义、毛泽东思想、中国特色社会主义理论体系，深入学习习近平总书记系列重要讲话精神和治国理政新理念新思想新战略，坚定中国特色社会主义道路自信、理论自信、制度自信、文化自信，树立中国特色社会主义共同理想；应当树立爱国主义思想，具有团结统一、爱好和平、勤劳勇敢、自强不息的精神；应当增强法治观念，遵守宪法、法律、法规，遵守公民道德规范，遵守学校管理制度，具有良好的道德品质和行为习惯；应当刻苦学习，勇于探索，积极实践，努力掌握现代科学文化知识和专业技能；应当积极锻炼身体，增进身心健康，提高个人修养，培养审美情趣。立志成为有理想、有道德、有文化、有纪律，德、智、体、美全面发展的社会主义事业建设者和接班人。

第三条 本规定适用于我校接受普通高等学历教育的专科（高职）学生。对接受高等学历继续教育的学生、港澳台侨学生、留学生的管理，参照本规定执行。

第四条 本规定的学生管理，是指对学生入学到毕业期间在校的管理，教育和引导学生承担应尽的义务与责任，鼓励和支持学生实行自我管理、自我服务、自我教育、自我监督，是对我校学生学习、工作、生活、行为的规范。

第二章　学生的权利与义务

第五条　学生在校期间依法享有下列权利：

（一）参加学校教育教学计划安排的各项活动，使用学校提供的教育教学资源；

（二）参加社会实践、志愿服务、勤工助学、文娱体育及科技文化创新等活动，获得就业创业指导和服务；

（三）申请奖学金、助学金及助学贷款；

（四）在思想品德、学业成绩等方面获得科学、公正评价，完成学校规定学业后获得相应的学历证书；

（五）在校内组织、参加学生团体，以适当方式参与学校管理，对学校与学生权益相关事务享有知情权、参与权、表达权和监督权；

（六）对学校给予的处分或处理有异议，向学校、教育行政部门提出申诉；对学校、教职员工侵犯其人身权、财产权等合法权益行为，提出申诉或者依法提起诉讼；

（七）法律、法规及学校章程规定的其他权利。

第六条　学生在校期间依法履行下列义务：

（一）遵守宪法、法律、法规；

（二）遵守学校章程和规章制度；

（三）努力学习，恪守学术道德，完成规定学业；

（四）按规定缴纳学费及有关费用，履行获得助学金及助学贷款的相应义务；

（五）遵守学生行为规范，尊敬师长，养成良好的思想品德和行为习惯；

（六）法律、法规及学校章程规定的其他义务。

第三章　学籍管理

第一节　入学与注册

第七条　按国家招生规定录取的我校新生，持录取通知书和其他相关证件，在规定的期限到学校报到，办理入学手续。因故不能按期入学者，应当在规定报到时间前向学校招生办请假，请假一般不超过两周。学生因不可抗力原因如地震、台风、洪水等自然灾害不能按期报到的，可在该自然灾害消除后10日内到校报到，并向学校招生办说明理由，经核实后办理入学手续。未请假或请假后逾期不报到者，视为放弃入学资格。

第八条　学校招生办在报到时，对新生入学资格进行初步审查，审核合格的办理入学手续，予以注册学籍；审查发现新生的录取通知、考生信息等证明材料与本人实际情况不符或者有其他违反国家招生考试规定情形的，取消入学资格。

第九条　新生有下列情况之一者，可以申请保留入学资格，保留入学资格期间不具有学籍。

（一）新生应征入伍者。因参军入伍且被录取的新生或者新生家长《应征入伍普通高等学校录取新生保留入学资格申请表》原件两份、新生入伍通知书复印件一份、新生身份证复印件一份、高中毕业证书复印件一份至学校。经招生办审核学生资格，对合格者，教务处依据规定给予学生办理新生保留入学资格。学生退役后 2 年内可向学校申请入学，经招生办审核学生入学资格合格后，办理入学手续。复查不合格或逾期且未有因不可抗力延迟等正当理由而不办理入学手续者，取消入学资格。

（二）新生在健康复查中，对患有疾病或身心状况不适宜在校学习的学生，经学校指定的二级甲等及以上医院（以下简称医院）诊断，需在家休养，可申请保留入学资格一年。在保留入学资格期内经治疗康复，可向学校申请入学，由学校指定医院诊断，符合体检要求，招生办审核合格后，重新办理入学手续。复查不合格或逾期且未有因不可抗力延迟等正当理由而不办理入学手续者，取消入学资格。

第十条　学生入学后，学校招生办在 3 个月内按照国家招生规定进行复查。复查内容主要包括以下方面：

（一）录取手续及程序等是否合乎国家招生规定；

（二）所获得的录取资格是否真实、合乎相关规定；

（三）本人及身份证明与录取通知、考生档案等是否一致；

（四）身心健康状况是否符合报考专业或者专业类别体检要求，能否保证在校正常学习、生活；

（五）艺术、体育等特殊类型录取学生的专业水平是否符合录取要求。

复查中发现学生存在弄虚作假、徇私舞弊等情形的，确定为复查不合格，取消学籍；情节严重的，移交有关部门调查处理。

复查中发现学生身心状况不适宜在校学习，经学校指定的二级甲等以上医院诊断，需要在家休养的，按照规定保留入学资格。

第十一条　每学期开学时，学生应当按学校规定办理注册手续。每学年的第一学期，学生应当先交齐学费和住宿费，凭交款收据报到注册；不能如期注册者，除因不可抗力因素外，应当事先履行暂缓注册手续。未按学校规定缴纳学费和住宿费或者其他不符合注册条件的，不予注册。家庭经济困难的学生，因交不齐学费、住宿费及有关费用，可以通过申请助学贷款或者其他形式资助，办理有关手续后注册；家庭经济特别困难的新生，因交不齐学费和住宿费，本人申请，二级学院审核，经教务处研究同意并报请学校批准，办理有关手续后给予注册或者暂缓注册。学生未请假或请假未准，逾期两周以上（含两周）不注册的，视为放弃学籍，按自动退学处理。

第二节　考核与成绩记载

第十二条　学生应当参加学校教育教学计划规定的课程和各种教育教学环节的考核，

考核成绩记入成绩册，并归入本人档案。登记成绩以教师所交成绩单为依据。

第十三条　对教育教学计划规定的课程，学生必须按时听讲、完成作业和参加课程考核。一学期内无故缺课超过某门课程教学时数 1/3 的或缺交课程作业超过 1/3 者，视为平时成绩不合格，取消其参加该门课程的期末考试资格，令其自修并完成所缺作业后参加下学期初补考。

第十四条　成绩考核分为下列几种：

（一）日常考查：由任课教师随时考核（含课堂测验及作业）；

（二）期末考试：公共必修课的考试课程，由教务处统一组织考试，其余课程由各二级学院组织考试或考查。

第十五条　各门课程学期成绩，由任课教师按平时成绩（日常考查成绩）占学期成绩的 40%，期末考试成绩占学期成绩的 60% 计算，统分填入记分册并上传学校教务系统成绩管理模块中。若二级学院根据本学院具体情况调整某些课程成绩核算的比例，应提出申请，经教务处审核、由主管校长批准后方可执行。

第十六条　“大学英语”课程一、二各学期考试未通过者需按照学校规定参加补考。但学生持全国大学英语四、六级考试成绩可以替代学校的大学英语课程成绩。

学生思想品德的考核、鉴定，以《普通高等学校学生管理规定》（中华人民共和国教育部令第 41 号）文件中规定的第四条为主要依据，采取个人小结、师生民主评议等形式进行。

学生体育课的成绩应当根据考勤、课内教学和课外锻炼活动和体质健康的情况综合评定。

第十七条　期末考试试卷实行 A、B 卷制，教师在考前须同时出齐两份难易程度、题量大小和题型相同的 A、B 试卷，经教研室主任、二级学院教学副院长审核签署意见后，由教务处随机抽取一份用于期末考试，另一份封存备用。积极推行各门课程的考教分离，逐步建立试题库。

第十八条　学生每学期不及格课程须补考。补考学生凭身份证和学生证参加补考。补考时间安排在下一学期开学初 3 周内进行，应届毕业生最后一学期成绩不及格课程的补考，在学期结束前进行。补考成绩记录标有“补考”字样。

有下列情况之一者不得参加补考：

（一）期末考试作弊者；

（二）无故缺考者。

第十九条　对规定不得参加补考的学生须写出检查，提出重考申请，经二级学院审核同意后，安排在毕业前考试。对正常补考仍不及格的课程，准予再补考一次，安排在学生毕业前进行。

第二十条　学生因故不能按期参加考试，须事先向所在二级学院提出缓考申请（因病缓考需出示医院证明），经二级学院同意并上报教务处批准后方可缓考。缓考可随补考考试一起进行。缓考不及格则参加毕业前补考。未经批准擅自缺考者以零分计，并注明“缺

考”字样，且要参加毕业前补考。

第二十一条　学生可以申请辅修校内其他专业或者选修其他专业课程；可以申请跨校辅修专业或者修读课程，参加学校开设的开放式网络课程学习。学生修读的课程成绩（学分），教务处审核同意后，予以承认。

第二十二条　学生参加创新创业、社会实践等活动以及发表论文、获得专利授权等与专业学习、学业要求相关的经历、成果，可以折算为学习成绩（学分），计入学业成绩。学校鼓励、支持和指导学生参加社会实践、创新创业活动，建立学生创新创业档案，设置创新创业学分。

第二十三条　学校建立相应的学生学业成绩和学籍档案管理制度，真实、完整地记载、出具学生学业成绩，对通过补考、重修获得的成绩标注“补考”“重修”字样。

学生必须遵守考场纪律，对违纪者要按规定进行严肃处理。凡缺考或考试作弊者，该课程成绩以零分计，注明“缺考”或“作弊”字样，并视情节分别予以警告、严重警告、记过及留校察看处分。经教育表现较好，可以对该课程给予补考或者重修机会。

学生因退学等情况中止学业，其在校学习期间所修课程及已获得学分，予以记录。学生重新参加入学考试、符合录取条件，再次入学的，其已获得学分，经学校教务处认可，可以予以承认。

第二十四条　学生应按时参加教育教学计划规定的活动，不能按时参加的，应当事先请假并获得批准。无故缺席的，学校给予批评教育，情节严重的，给予相应的纪律处分。

第二十五条　学校积极开展学生诚信教育，二级学院及时记录学生学业、学术、品行等方面的诚信信息，按照相关规定约束教育有失信行为的学生；对有严重失信行为的，给予相应的纪律处分，对违背学术诚信的，对其获得学术称号、荣誉将予以取消。

第三节　转专业与转学

第二十六条　按照《普通高等学校学生管理规定》，根据学校目前的专业状况及办学条件，为维护正常的教育教学秩序，学生应当在被录取的专业完成学业。

第二十七条　对具备以下条件者，可以提出校内转专业的申请：

（一）学生确有专长，转专业更能发挥其专长，经本人申请，并同时得到转出和转入二级学院同意，报教务处批准；

（二）学生入学后发现患有某种疾病或有某种生理缺陷，经学校指定的医疗单位证明，不能在原专业学习，尚能在其他专业学习者；

（三）经学校认可学生确有某种特殊困难，不能在原专业学习者；

（四）学生留级后下一年级无相同专业，不转专业则无法继续学习者；

（五）因原专业录取人数太少无法开班，学生须转入相近专业者；

（六）休学创业或者退役后复学的学生，可申请转入与创业或者服役有关的专业学习。

第二十八条　有下列情形之一者，不得转专业：

（一）专科二年级及以上者；

（二）降级试读者；

（三）艺术类专业与非艺术类专业互转者；

（四）尚在休学期间者；

（五）五年一贯制高职各专业学生；

（六）经批准转入新专业的学生，不得再次申请转专业；

（七）其他无正当理由者。

第二十九条　办理程序

（一）符合条件且有意转专业的学生，须征得家长同意并由本人提出书面申请，填写《共青科技职业学院学生转专业申请表》，经转出、转入二级学院同意后，报学工处、教务处、主管校领导审批同意，最终将审批表交教务处学籍科办理转专业手续并存档管理。

（二）学生需转入专业的二级学院应按专业要求对转入的学生进行必要的知识或技能测试，不能通过测试的学生不能转入该专业。

（三）学生转专业的手续应在每学年开学后的一个月内办理完毕，学期中途不再办理转专业手续。

（四）转入新专业的学生，从转入的学年起，按转入专业的收费标准交纳学费及其他费用。

（五）学生转专业后，其在原专业的课程成绩与转入的二级学院教学计划相符的，经转入的二级学院和教务处确认后，予以承认。

（六）全校转专业人数控制在 9% 的比例内，其中 8% 为各二级学院控制专业转出比例，1% 由学校统一协调。

第三十条　学生一般应当在被录取学院完成学业。患病或确有特殊困难，而无法继续学习的，可以申请转学。

第三十一条　学生有下列情况之一者，不得转学：

（一）入学未满一学期或者毕业前一年的；

（二）高考分数低于拟转入的同学历层次学校相关专业相应年份生源地录取分数的；

（三）由低学历层次转入高学历层次的；

（四）通过定向就业、艺术类、体育类、高水平艺术团、高水平运动队等特殊招生形式录取的；

（五）未通过普通高等学校招生全国统一考试或者未使用高考成绩录取入学的（含保送生、单独考试招生、政法干警、五年一贯制等）；

（六）跨学科门类的；

（七）应予退学的；

（八）其他无正当理由的。

第三十二条　学生转学，经转出、转入学校同意后，由转出学校报所在地省级教育行政部门审批。跨省转学经两校同意后，报转出地和转入地省级教育行政主管部门审批。具

体如下：

（一）学生转学由学生提出书面申请，说明理由，由转出学校和拟转入学校同意，由拟转入学校负责审核转学条件及相关证明；

（二）符合学校培养要求且学校有教学能力的，经校长办公会或者专题会议研究决定，将转入学生名单、表决情况如实做好会议纪要，由校长签署接收函，可转入；

（三）学校公开转学的政策、程序、结果，对拟转学学生相关信息（包括学生姓名、转出及拟转入学校和专业的名称、入学年份、录取分数、转学理由等）通过学校网站进行不少于 5 个工作日的公示；

（四）转学学生的相关手续和证明材料一式五份，除学生留存外，同时报转出和拟转入学校，并在转学完成后 3 个月内，由转入学校报所在地省级教育行政部门备案；

（五）跨省转学的，由转出地省级教育行政部门商権转入地省级教育行政部门，按转学条件确认后办理转学手续。须转户口的由转入地省级教育行政部门将有关文件抄送转入学校所在地的公安机关。

第四节　休学与复学

第三十三条　学生可以分阶段完成学业，属下列之一者，可申请休学：

（一）因伤和疾病经二甲或以上医院诊断，须停课治疗、休养时间占一学期总学时三分之一以上的；

（二）根据考勤，一学期请病假、事假或缺课累计占一学期总学时三分之一以上的；

（三）因某种特殊原因及困难等暂时中断学业的；

（四）学生创业者需暂时中断学业的。

（五）二级学院认为必须休学的。

学生本人申请休学的，须由学生提出书面申请，学生所属二级学院注明休学起止时间，写出意见，并经二级学院书记、院长签字同意后，报教务处、主管副校长审批。同时学生需办理休学离校手续。

第三十四条　学生休学一般以 1 年为期，经学校批准可持续休学，如因创业休学者可延长保留学籍 4 年。学期结束前开始休学者，该学期按休学计算。

第三十五条　学生应征参加中国人民解放军（含中国人民武装警察部队），无论在军队工作时间多长，可保留学籍至退役后 2 年。退役后超过 2 年仍未办理复学手续的，则不再保留学籍。

第三十六条　休学学生按学校规定的程序办理休学手续后，应当离校，回父母或自己家庭所在地，学校保留其学籍。休学学生的户口不变更，往返路费自理。学生在休学期间发生的各类事故由学生本人负责。休学期间不需要返回学校上课考试。学生在休学期间不享受在校学习学生的待遇，即不参加奖学金、三好学生的评选、学杂费减免、助学贷款和勤工俭学等待遇。

第三十七条　学生休学期满，应当在学期开学前两周内向所属二级学院提交书面复学申请，并按下列规定办理：

（一）因病休学申请复学时，必须提交由二级甲等或以上医院诊断，证明已恢复健康可以正常学习，由二级学院签署同意后，报教务处审批。伪造诊断证明或复查不合格者不得复学。

（二）因其他原因休学者，须提供必要的证明，由二级学院签署同意后，报教务处审批，方可办理复学手续。

（三）无论何种原因休学，在休学期间应遵纪守法，其行为应符合《高等学校学生行为准则》。符合要求者才能复学。休学期间，如有违法乱纪行为，取消复学或持续休学资格，情节严重者，予以退学。

（四）为确保学生能按专业人才培养方案的要求完成学业，休学学生复学后均应降级编入原专业。当降级无后续专业时，可申请选择相近专业就读。

第五节　学习年限、学籍预警和退学

第三十八条　学校各专业的培养方案按照国家规定学制年限制定。三年制学生学制一般为 3 年，如有特殊情况可申请延长学习年限，但最长不超过 7 年（含休学和保留入学时间）。超过学习年限者，不予注册。在规定的学制年限内未修满专业人才培养方案规定的课程者，如尚未受退学处理，可向学校申请延长在校学习年限。由学生本人向所在二级学院提出，经所在二级学院主管教学领导签字后报教务处，由教务处报学校主管副校长批准。申请延长学习年限的手续在规定学制届满当年的 4 月份集中办理。

第三十九条　学校实行学籍预警制度。学籍预警是指在学籍管理工作中，针对学生在学习中出现的不良情况，及时提示、告知学生本人及其家长可能产生的不良后果，并有针对性地采取相应的防范措施，通过二级学院与学生及家长之间的沟通与协作，帮助学生顺利完成学业的一种信息沟通和危机预警制度。

第四十条　学生有下列情形之一者，应予以学籍预警：

（一）学生累计不及格课程达到 6 门低于 9 门者（不含选修课）；

（二）累计无故旷考课程达 3 门者（不含选修课）。

具体程序如下：

（一）各二级学院在每学期开学补考成绩录入后一周内对所属二级学院学生的学业情况进行统计，并向教务处报送本二级学院应予以学籍预警的学生名单。

（二）教务处在收到预警学生名单后进行复查，复查结束后一周内发文下达学籍预警的学生名单，并在网上公布，同时学生所属二级学院将《学籍预警通知书》送达学生本人。

（三）学生所属二级学院应主动与学生及其家长沟通，查找原因，针对不同情况的学生制定相应的措施。

（四）学生应对本人受到学籍预警的原因进行深入剖析，制定整改措施，并写出书面材料报所属二级学院备案。

第四十一条　学生有下列情形之一者，应予以退学：

（一）累计无故旷考课程达 8 门及以上的或不及格课程达 15 门及以上的；

（二）休学、保留学籍期满，在学校规定的期限内未办理复学手续或者申请复学经复查不合格或不符合延长休学的；

（三）经学校指定医院诊断，患有疾病或者意外伤残无法继续在校学习的；

（四）未请假离校连续两周未参加学校规定的教学活动的；

（五）超过学校规定期限未注册而又无正当事由的；

（六）应休学而拒不休学的；

（七）学校规定的不能完成学业、应予退学的其他情形；

（八）学生本人申请退学的；

第四十二条　学生的退学处理，由校长办公会议研究决定。由学校出具退学决定书并送达学生本人，同时报江西省教育厅备案。

第四十三条　学校出具退学决定书送达学生本人即生效。因特殊原因无法送达学生本人的，根据《普通高等学校学生管理规定》第五十五条规定，学生拒绝签收的，以留置方式送达；已离校的，采取邮寄方式送达；难于联系的，通过学校网站、新闻媒体等以公告方式送达。

第四十四条　学生对退学处理有异议的，可向学校学生申诉处理委员会提出书面申诉。

第四十五条　学生退学后善后事宜，按下列规定办理：

（一）退学的学生，必须在退学决定书送达或公告之日起 1 周内办理退学手续离校，档案、户口退回其家庭户籍所在地。

（二）退学学生办理完退学手续后学校发给退学证明，学满一学年者，发给学习证明。无故超过规定期限两周不办理手续者，由学校有关部门注销其在校各种关系，不再出具任何证明。

（三）秋季学期退学者，学校退还已缴的下一学期的学费及有关费用；春季学期退学者，已缴费用不退还。

（四）取消学籍、已退学的学生不得复学。

第六节　毕业、结业与肄业

第四十六条　具有正式学籍的学生，在学校规定的学习年限内，修完专业人才培养方案规定全部课程，成绩合格，德、智、体、美达到毕业要求，准予毕业，由学校发给毕业证书。

第四十七条　学生在学校规定学习年限内，修完专业人才培养方案规定全部课程，有 1 门及以上课程不及格或在校就读期间因受留校察看处分，察看期未满等原因而没有达到毕业要求的，不予毕业准予结业，由学校发给结业证书。

第四十八条　结业生申请换发毕业证书的规定：

（一）因课程考核成绩不及格的学生，在结业后一年内可参加由学校组织的相关清考（清考一般在结业当年的 12 月份或者次年 6 月份进行）。相关课程考试合格，经学校审查符合毕业条件的，可换发毕业证书。

（二）因实习不及格，如结业后从事与实习内容相近的工作，可在结业后的 1 年内由工作单位开具鉴定证明（单位负责人签字后加盖公章），经学生所属二级学院审查、考核合格，经学校批准，可换发毕业证书。

（三）在校期间受留校察看处分未能毕业的，待留校察看期满后，由本人申请（结业之日起 1 年内），用人单位或乡镇、街道以上政府机构向学校提供工作及现实表现和评议意见，经学校批准，可换发毕业证书。

（四）结业证书换发毕业证书中毕业时间的填写，按实际换发证书日期确定。

第四十九条　对学满 1 学年以上而未完成专业人才培养方案的课程中途退学 (被开除学籍者除外) 者，学校可以发给肄业证书；不满 1 年者，发给学习证明书。已办理肄业证书的学生不得申请回校补修、重修、重考。

第五十条　学历证书的发放，每年进行一次。

第五十一条　毕（结）业证书遗失或者损坏，经本人申请，学校核实后出具相应的学历证明书，不再补办相应的学历证书。学历证明书与原学历证书具有同等效力。

第七节　学业证书管理

第五十二条　学校严格按照招生时确定的办学类型和学习形式，以及学生招生录取时填报的个人信息，填写、印制、颁发学历证书。学生在校期间变更姓名、出生日期等证书需填写的个人信息的，应当有合理、充分的理由，并提供有法定效力的相应证明文件。学校进行严格审查。

第五十三条　学校执行高等教育学历证书电子注册管理制度，制定相应的学籍学历信息管理办法，按相关规定及时完成学生学籍学历电子注册，颁发的学历证书的相关信息可网上查询。

第五十四条　对完成专业学业同时辅修其他专业并达到该专业辅修要求的学生，学校发给辅修专业证书。

第五十五条　对违反国家招生规定入学者，一经查实，取消学籍，学校不给予发放学历证书；对已发的学历证书，学院依法予以撤销。对以作弊、剽窃、抄袭等学术不端行为或者其他不正当手段获得学历证书的，学校依法予以撤销。被撤销的学历证书已注册的，学校予以注销并报江西省教育厅宣布证书无效。

第四章　校园秩序与课外活动

第五十六条　学校、学生应当共同维护校园正常秩序，保障学校环境安全、稳定，保障学生的正常学习和生活。

第五十七条　学校应当建立和完善学生参与管理的组织形式，支持和保障学生依法、依章程参与学校管理。

第五十八条　学生应当自觉遵守公民道德规范，自觉遵守学校管理制度，创造和维护文明、整洁、优美、安全的学习和生活环境，树立安全风险防范和自我保护意识，保障自身合法权益。

第五十九条　学生不得酗酒、打架斗殴、赌博、吸毒，传播、复制、贩卖非法书刊和音像制品等违法行为；不得参与非法传销和进行邪教、封建迷信活动；不得下江、河等游泳、抓鱼，在校期间不得使用摩托车（含电动车），不得从事或者参与有损大学生形象、有悖社会公序良俗的活动，树立良好的社会道德风尚。

学校发现学生在校内有违法行为或者严重精神疾病可能对他人造成伤害的，可以依法采取或者协助有关部门采取必要措施。

第六十条　坚持教育与宗教相分离原则。任何组织和个人不得在学校进行宗教活动。

第六十一条　学校应当建立健全学生代表大会制度，为学生会开展活动提供必要条件，支持其在学生管理中发挥作用。

学生可以在校内成立、参加学生团体。学生成立团体，应当按学校有关规定提出团体宗旨、章程、活动内容、形式和负责人的书面申请，报学校学工处批准并施行登记和年检制度。

学生团体应当在宪法、法律、法规和学校管理制度范围内活动，接受学校的领导和管理。学生团体邀请校外组织、人员到校举办讲座等活动，须经学校批准。

第六十二条　学校提倡并支持学生及学生团体开展有益于身心健康、成长成才的学术、科技、文化、艺术、文娱、体育等活动。学生进行课外活动不得影响学校正常的教育教学秩序和生活秩序。

学生参加勤工助学活动应当遵守法律、法规以及学校、用工单位的管理制度，履行勤工助学活动的有关协议。

第六十三条　学生举行大型集会、游行、示威等活动，应按国家法律程序和有关规定获得批准。学校有权依法劝阻或制止未经批准的大型集会、游行、示威等活动。

第六十四条　学校引导学生养成高尚、健康的审美情趣，树立正确的审美观念，提高识别美丑的能力。学生应当遵守国家和学校关于网络使用的有关规定，不得登录非法网站和传播非法文字、音频、视频资料等，不得编造或者传播虚假、有害信息；不得攻击、侵入他人计算机和移动通信网络系统。

第六十五条　建立健全学生住宿管理制度。学生应当遵守学校关于学生住宿管理的规定。严禁男女互窜，男女混居。未经学校同意，学生宿舍不得留宿外人，鼓励和支持学生通过制定公约，实施自我管理。

第五章　奖励与处分

第六十六条　对德、智、体、美等方面发展突出或在思想品德、学业成绩、科技创造、体育竞赛、文艺活动、志愿服务及社会实践等方面表现突出的学生，可分别授予“三好学生”“优秀学生干部”称号或其他单项荣誉称号。

实行精神鼓励和物质奖励相结合，以精神奖励为主的办法，表扬和奖励的方式有：口头表扬、通报表扬、发给奖状、证书、奖品或奖学金等。

第六十七条　学校给予学生处分，应当坚持教育与惩戒相结合，与学生违法、违纪行为的性质和过错的严重程度相适应。对学生的处分，应当做到程序正当，证据充分，依据明确，定性准确，处分恰当；应坚持公平、公开、公正原则，坚持学生的申诉权保障原则。

对犯有错误的学生，学校可视其情节轻重给予批评教育或纪律处分。学校给予学生的纪律处分，应当与学生违法、违规、违纪行为的性质和过错的严重程度相适应，处分分下列五种：（1）警告；（2）严重警告；（3）记过；（4）留校察看；（5）开除学籍。

受留校察看处分的学生，在留校察看期内有显著进步表现的，可以解除察看处分；经教育不改的，根据法律法规和学校规章制度可以开除学籍。

第六十八条　学生有下列情形之一，学校可以给予开除学籍处分：

（一）违反宪法，反对四项基本原则，破坏安定团结，扰乱社会秩序的；

（二）触犯国家法律，构成刑事犯罪的；

（三）违反治安管理规定受到处罚，情节严重、性质恶劣的；

（四）代替他人或者让他人代替自己参加考试、组织作弊、使用通信设备作弊、向他人出售考试试题或答案牟取利益，及其他严重作弊或扰乱考试秩序行为的；

（五）学位论文、公开发表的研究成果存在抄袭、篡改、伪造等学术不端行为，情节严重的；或者代写论文、买卖论文，情节严重的；

（六）违反学校规定，严重影响学校教育教学秩序、生活秩序以及公共场所管理秩序的，侵害其他个人、组织合法权益，造成严重后果的；

（七）屡次违反学校规定受到纪律处分，经教育不改的。

第六十九条　学校在对学生作出处分决定之前，应当告知学生作出决定的事实、理由及依据，并告知学生享有陈述和申辩的权利，听取学生的陈述和申辩。应当听取学生或者其代理人的陈述和申辩。由于学生本人、监护人或代理人无法到场或联系不上的，可由二级学院根据违纪事实上报学校，申请处理。

第七十条　学校对学生作出的处分决定书应当包括学生的基本信息、作出处分的事实和证据；处分的种类、依据、期限；申诉的途径和期限；其他必要内容。处理、处分决定以及处分告知书等，应当直接送达学生本人，学生拒绝签收的，可以以留置方式送达；已离校的，可以采取邮寄方式送达；难于联系的，可以利用学校网站、新闻媒体等以公告方式送达。

第七十一条　对学生作出取消入学资格、取消学籍、退学、开除学籍或者其他涉及学生重大利益的处理或者处分决定的，应当提交校长办公会或者校长授权的专门会议研究决定，并应当事先进行合法性审查。

第七十二条　除开除学籍处分以外，给予学生处分一般应当设置 6 到 12 个月期限，到期按学校规定程序予以解除。解除处分后，学生获得表彰、奖励及其他权益，不再受原处分的影响。

第七十三条　对学生的奖励、处理、处分及解除处分材料，学校应当真实完整地归入学校文书档案和本人档案。被开除学籍的学生，由学校发给学习证明。学生在开除学籍处分决定作出后一周内办理完离校手续。逾期不办，由学校给予办理，其善后问题，按学籍管理的有关规定处理；档案由学校退回其家庭所在地，户口应当按照国家相关规定迁回原户籍地或者家庭户籍所在地。

第六章　学生申诉

第七十四条　学校成立学生申诉处理委员会，负责受理学生对处理或者处分决定不服提起的申诉。学生申诉处理委员会应当由学校分管学生工作的副校长、职能部门负责人、教师代表、学生代表、负责法律事务的相关机构负责人等组成，可以聘请校外法律、教育等方面专家参加。学生申诉处理委员会下设办公室，具体负责接待学生申诉受理事宜，办公室设在学工处。学校应当完善学生申诉的具体办法，健全学生申诉处理委员会的组成与工作规则，提供必要条件，保证其能够客观、公正地履行职责。

第七十五条　学生对处理或处分决定有异议的，可以在接到学校处理或处分决定之日起 10 个工作日内，向学校学生申诉处理委员会提出书面申诉。

第七十六条　学生申诉处理委员会对学生提出的申诉进行复查，并在接到书面申诉之日起 15 个工作日内作出复查结论并告知申诉人。情况复杂不能在规定限期内作出结论的，经学校负责人批准，可延长 15 日。学生申诉处理委员会认为必要的，可以建议学校暂缓执行有关决定。

学生申诉处理委员会经复查，认为作出处理或者处分的事实、依据、程序等存在不当，可以作出建议撤销或变更的复查意见，要求相关职能部门予以研究，重新提交校长办公会或者专门会议作出决定。

需要改变原处分决定的，由学生申诉处理委员会提交学校重新研究决定。

第七十七条　学生对复查决定有异议的，在接到学校复查决定书之日起 15 个工作日内，可以向江西省教育厅提出书面申诉。江西省教育厅应当在接到学生书面申诉之日起会在 30 个工作日内，对申诉人的问题给予处理并作出决定。

第七十八条　自处理、处分或者复查决定书送达之日起，学生在申诉期内未提出申诉的视为放弃申诉，学校或者省级教育行政部门不再受理其提出的申诉。

处理、处分或者复查决定书未告知学生申诉期限的，申诉期限自学生知道或者应当知道处理或者处分决定之日起计算，但最长不得超过 6 个月。

学生认为学校及其工作人员违反本规定，侵害其合法权益的；或者学校制定的规章制度与法律法规和本规定抵触的，可以向学校所在地省级教育行政部门投诉。

第七章　附则

第七十九条　本规定由学校学工处负责解释。

第八十条　本规定自 2017 年 9 月 1 日起施行，学校原有有关学生管理规定与本规定不一致的，以本规定为准。

二、共青科技职业学院学生违纪处分规定

（2017年8月修订）

第一章　总则

第一条　为维护正常的教学和生活秩序，加强校风建设，严肃校纪，培养有理想、有道德、有文化、有纪律，德、智、体、美等全面发展的人才，根据《中华人民共和国高等教育法》、教育部《普通高等学校学生管理规定》、《大学生行为准则》以及其他有关法律、法规，结合学校实际情况，制定本规定。

第二条　本条例适用于在校接受普通高等学历教育专科（高职）学生的管理。

第三条　对有违法、违规、违纪的学生，学校必须给予批评教育或者纪律处分。学校给予学生的纪律处分，做到与学生违纪行为的性质和过错程度相适应。

第四条　学校对学生的处分，应程序正当，证据充分，依据明确，定性准确，处分适当。

第五条　学校对违纪学生实施纪律处分时，保护学生合法权益。

第二章　处分的种类及相关事项

第六条　学生违反国家法律、法规、校纪、校规，视情节轻重，分别给予下列纪律处分：（1）警告；（2）严重警告；（3）记过；（4）留校察看；（5）开除学籍。

除开除学籍外，给予学生处分一般应当设置6—12个月期限，警告（6个月）、严重警告（8个月）、记过（10个月）、留校察看（12个月）；到期后按照二级学院主动提出，学生申请，二级学院审核，学工处备案，分管校领导批准的程序解除相应处分。解除处分后，学生获得表彰、奖励及其他权益，不再受原处分影响。毕业班学生根据处分时限一般不超过毕业时间。

第七条　留校察看时间一般为一年；受留校察看处分的学生，由所在二级学院负责考察，在察看期间有显著进步的，可按时解除留校察看；有突出贡献和立功表现的，可提前解除察看。经教育不改的，开除学籍。毕业班学生受处分时限一般不超过毕业时间。

第八条　违反校规校纪、学校章程者，有下列情形之一，且违纪情节轻微，可以从轻或免于处分：

（一）主动认错且检查深刻者；

（二）积极检举、揭发他人的违纪行为，对违纪事件处理有贡献者；

（三）由于他人威胁或者诱骗者；

（四）平时一贯表现好，且又属于初犯者；

（五）有真诚悔改和立功表现者。

第三章 违纪行为及相应处分

第九条 学生有下列情形之一，学校可以给予开除学籍处分：

（一）违反宪法，反对四项基本原则，破坏安定团结，扰乱社会秩序的；

（二）触犯国家法律，构成刑事犯罪的；

（三）违反治安管理规定受到处罚，情节严重、性质恶劣的；

（四）代替他人或者让他人代替自己参加考试、组织作弊、使用通信设备作弊、向他人出售考试试题或答案牟取利益，及其他严重作弊或扰乱考试秩序行为的；

（五）学位论文、公开发表的研究成果存在抄袭、篡改、伪造等学术不端行为，情节严重的；或者代写论文、买卖论文，情节严重的；

（六）违反学校规定，严重影响学校教育教学秩序、生活秩序以及公共场所管理秩序的，侵害其他个人、组织合法权益，造成严重后果的；

（七）屡次违反学校规定受到纪律处分，经教育不改的。

第十条 对赌博、传播淫秽物品者的处分：

（一）初次参与赌博、变相赌博，赌资数额较小，或仅为赌博提供条件者给予警告处分；多次参与赌博或赌资数额较大者，情节恶劣的，给予留校察看直至开除学籍处分；因赌博受过处分再次参与者给予开除学籍处分。

（二）收看、传阅、传播淫秽书刊、音像或其他淫秽物品者，给予严重警告以上处分。

（三）制作、复制、出租、出售淫秽书刊、音像或其他淫秽物品者，给予留校察看处分；情节恶劣者，给予开除学籍处分直至移送公安机关处理。

第十一条 对品行不端者的处分：

（一）有流氓行为，尚未构成犯罪的，视情节轻重给予严重警告以上处分。

（二）在学生宿舍男女违规混宿者，给予留校察看处分；屡教不改者给予开除学籍处分；对本室同学留宿异性行为不抵制、不反对、不报告者，给予严重警告以上处分。

第十二条 偷盗、诈骗国家、集体或私人财产，视情节轻重，分别给予下列处分：

（一）作案在两次以下的，不构成犯罪的，能积极主动改正错误，给予警告或严重警告处分：

（二）作案两次的，不构成犯罪的，认识错误不端正，给予严重警告以上直至留校察看处分；

（三）作案两次以上的，不构成犯罪的，给予记过处分，视情节严重程度，给予开除学籍处分；

（四）因盗窃、诈骗受过处分，屡教不改多次作案者，给予开除学籍处分；

（五）经公安或保卫部门确认为撬盗者，虽未获得财物，给予严重警告以上直至留校察看处分；

（六）盗用、伪造、涂改他人证件、冒领钱物或进行其他违法活动者，给予留校察看处分；情节严重的开除学籍。

第十三条 打架斗殴者，依下列情形处理：

（一）策划者：

1. 策划他人打架并造成事实者，致他人轻伤的，给予留校察看处分；致他人轻伤以上的，给予开除学籍处分，并移交司法机关处理；

2. 教唆、雇用他人参与打架，未造成后果者，给予记过处分；致他人轻伤的，给予留校察看处分；致他人轻伤以上的，给予开除学籍处分，并移交司法机关处理；

3. 在上课期间，公然在教室里打架闹事，扰乱教学秩序并造成严重后果者，给予开除学籍处分。

（二）肇事者：

1. 虽未动手打人，但造成打架后果者，给予警告处分；

2. 首先动手打人者，给予记过以上处分；

3. 致他人轻伤者，给予留校察看处分；

4. 致他人轻伤以上者，给予开除学籍处分，并移送司法机关处理；

5. 屡次参与打架斗殴事件，多次教育不改者，给予开除学籍处分。

（三）参与者：

1. 动手打人未致轻伤者，给予严重警告处分；

2. 致他人轻伤者，给予记过或留校察看处分。

3. 致他人轻伤以上者，给予开除学籍处分，并移送司法机关处理。

（四）偏袒一方者：以“劝架”为名，偏袒一方，促使打架事态发展，并造成后果者，视情节轻重，给予严重警告以上处分。

（五）提供凶器者：

1. 未造成后果者，除收缴凶器外，给予记过或留校察看处分；

2. 造成后果者，视情节轻重，给予留校察看以上处分。

（六）持械打人者：致人轻伤的，给予留校察看处分，致人轻伤以上的，给予开除学籍处分，并移送司法机关处理。

（七）打架双方已经平息，当事者一方或第三方再度挑起事端者，给予留校察看以上处分。

第十四条 对故意损坏公共财物者，视情节轻重分别给予下列处分：

（一）损坏门窗、打破玻璃或损坏桌椅、破坏水电设施、破坏消防设施和通信设施者，视情节轻重给予严重警告以上处分；

（二）破坏校园花草树木等绿化、美化、亮化设施者，视情节轻重给予警告以上处分；

（三）故意损坏图书资料、仪器设备等公物者，视情节轻重分别给予警告以上处分；

第十五条　对违章用电或使用明火者，视情节轻重给予以下处分：

（一）凡私自拆、拉电源，拆修配电设施及违章使用电器者，除按学校用电管理规定处理外，视情节轻重给予严重警告以上处分；

（二）凡因违章用电及违章使用电饭煲、电炉、热得快等电器，引起火灾、供电设施严重损坏或造成人员财产严重损失者，给予记过以上处分，直至开除学籍；对已构成犯罪

的，移送司法机关依法追究刑事责任。

（三）在寝室或楼道内焚烧物品，使用明火者，给予警告或严重警告处分；由此造成严重后果者，给予留校察看或开除学籍处分。

第十六条　学生因故不能出勤（上课、自习、出操或其他集体活动），必须按规定办理有关请假手续，否则按不参加教学活动论处。

一学期内累计不参加教学活动达到：

（一）1—2 天时，给予警告处分；

（二）3—5 天时，给予严重警告处分；

（三）6—10 天时，给予记过处分；

（四）11—14 天时，给予留校察看处分；

（五）15 天以上，给予退学处理。

第十七条　对考试（含补考）、考查、测验作弊者，视情节给予以下处分：

（一）偷看、夹带、传递试卷答案、考试答案违反考场纪律者，视情节轻重，该科成绩无效，给予警告以上处分；

（二）由他人代替考试，替他人参加考试，组织作弊，使用通信设备作弊及其他作弊行为严重的，给予开除学籍处分；

（三）威胁他人、监考教师或组织集体舞弊者，给予开除学籍处分；

（四）对盗窃试卷、胁迫教师更改评分者，给予开除学籍处分。

第十八条　有下列行为之一者，视情节及后果，给予警告以上处分：

（一）在宿舍、教室、学校门口、餐厅、会场、影院或其他公共场所起哄、闹事、扰乱公共秩序者；

（二）撕毁、破坏学校榜文、布告及各种标志者；

（三）在建筑物或桌椅墙壁上乱涂、乱写、乱画、违章张贴者；

（四）造谣、陷害他人的；

（五）未经允许在校外租房住宿者；

（六）擅自在学校宿舍留校外人员住宿造成不良后果者；

（七）酗酒、吸烟造成不良后果者；

（八）在宿舍上网、吵闹影响他人休息者；

（九）男女互串寝室或不遵守学校宿舍管理规定者；

（十）将宠物带入教室、办公室、实验室、宿舍等场所，严重影响教学及他人学习、生活且不听劝阻者；

（十一）在饭厅、宿舍或其他公共场所酗酒、划拳、哄闹、摔酒瓶等扰乱公共秩序者；

（十二）扰乱宿舍、课堂、校门、操场、会场、影剧场、图书馆等场所公共秩序者；

（十三）晚归学生，第一次警告，第二次严重警告，第三次记过，第四次留校察看，第五次开除学籍。

第十九条　对自我约束能力差，缺乏自律和良好的生活、学习习惯的学生，经教育、劝阻不改者，给予相应的处罚：

（一）赤膊或只穿背心、裤衩或拖鞋进入教室、阅览室、实验室等公共场所，不听劝阻者，给予警告以上处分；

（二）在校园内打麻将赌博者，给予严重警告处分；屡教不改者，给予记过以上处分；

（三）因不文明现象，严重妨碍他人学习、休息，引起公愤的，给予警告处分。

第二十条　有下列行为之一者，视情节和后果，给予相应处分：

（一）因学习成绩、毕业就业等原因对教师或领导威胁恐吓、寻衅滋事者，给予严重警告以上处分；

（二）隐匿、毁弃或私拆他人邮件者，给予记过处分；

（三）为了学业成绩、评奖、评优等向教师、干部、工作人员行贿者，给予记过以上处分；

（四）袒护违纪人员，或为其作伪证，或串供、订立攻守同盟者，给予记过以上处分；

（五）对检举人、证人进行威胁或打击报复者，给予留校察看以上处分；

（六）阻碍甚至拒绝学校管理人员依法或依学校的校规校纪执行公务者，给予记过处分。

第二十一条　在网络上从事非法活动者，视其情节轻重分别给予以下处分：

（一）在网上泄露国家机密、制造或传播政治谣言，发表反对四项基本原则、反对国家统一等反动言论以及发布恐吓言论，给予留校察看以上处分；

（二）在网上恶意攻击他人，损坏他人声誉，造成不良影响的，给予严重警告以上处分；

（三）在网上浏览黄色、暴力等非法网站，传播相关内容，视情节轻重，给予记过以上处分；

（四）在网上制造、传播病毒，从事破坏他人网站或电子邮箱、窃取他人密码等黑客行为者，给予记过以上处分。

第二十二条　凡参与吸毒、贩毒者给予开除学籍处分。

第二十三条　学生在一学期内受到学校两次通报批评，给予警告处分。一学年内因违纪受过处分，再次违纪者，加重处分。

第二十四条　本条例未列入的违纪行为，应给予纪律处分的，可参照相近条款处理；对构成犯罪的，移交司法机关处理。

第四章　违纪处分的有关程序

第二十五条　学生违纪行为的调查。发现学生的违纪行为时，有关二级学院应及时进行调查取证，查清事实。涉及几个二级学院的学生违纪，有关二级学院应积极协助承办部门调查。做到实事求是，不偏袒，不护短。

第二十六条　处理学生违纪的必备材料：学生的基本信息、作出处分的事实和证据；处分的种类、依据、期限；申诉的途径和期限，除开除学籍处分以外，给予学生处分一般

应当设置6到12个月期限，到期按学校规定程序予以解除；其他必要内容。

（一）学生本人的书面检查。检查内容必须包括承认作为处分依据的违纪事实，事实经过（时间、地点、过程），对违纪事实的思想认识。

（二）违纪物证原件。如作弊夹带物、试卷等。

（三）违纪事实的有效旁证。如人证、物证及有效的原始记录。

（四）学校对违纪事实的认定和对违纪学生的处理意见（加盖公章）。

第二十七条　学生违纪审查与决定：

（一）警告、严重警告、记过处分由二级学院提出处理意见（涉及治安的须会同保卫处）经学工处审核后，报分管校长审批。

（二）留校察看、开除学籍处分，由二级学院提出处理意见（涉及治安的须会同保卫处）经学工处审核后报分管校长审核，由校长会议审定。其中开除学籍的处分决定书必须报省教育厅备案。

（三）各二级学院必须在发现学生违纪行为后的15个工作日（复杂案件一个月）内核清违纪事实，提出意见上报学工处。学工处在收到各二级学院报告后在10个工作日内核实完毕，经处长办公会议讨论，将意见报学校。

（四）学工处在收到各二级学院报告后提出意见报学校之前，应指派专人与接受处分的学生谈话，听取学生的陈述和申辩。受派人员应做好笔录。笔录原件和学生的申辩材料应交学工处，学工处再根据材料作如下处理：

1. 属认识偏差或无正当理由的，责成学生所在二级学院做好工作；

2. 与事实和定性有偏差的，应予以复查和补证或者重新取证；

3. 学生的申辩材料应列入学生的处分材料，作为学生处分报告的附件。

（五）对应处理而未处理的违纪学生，学工处可以直接处理，并追究有关单位和个人的责任。

（六）对于受到处分的学生，二级学院要加强教育引导，定期考察。对受到留校察看处分的学生，察看期满，二级学院根据学生本人思想认识及申请，班委会或班主任签名的学生察看期间的表现证明，及时作出解除、延长、加重处分的决定，并交学工处。

（七）对考试违纪、作弊行为的处理程序由教务处负责核实并行文报学校处理。

第二十八条　学生违纪处分的校内申诉程序：

（一）处分决定均以学校行政名义发文。处分决定由学工处备案，由二级学院直接送达受处分学生本人。学生拒绝签收的或直接送达有困难的可以采取留置送达；已离校的，可以采取邮寄方式送达；难于联系的，可以利用学校网站、新闻媒体等以公告方式送达。送达处分决定书的同时告知学生可以提出申诉及申诉期限。

（二）如学生对所受处分不服，可以保留意见，在接到处分决定的10个工作日内可向学校学生申诉委员会提出书面申诉。接到申诉后，学校在15个工作日内给予复议，并将复议情况及时转告有关部门和申诉人。情况复杂不能在规定限期内作出结论的，经学校负责人批准，可延长15日。学生申诉处理委员会认为必要的，可以建议学校暂缓执行有关决定。学生申诉处理委员会经复查，认为作出处理或者处分的事实、依据、程序等存在不当，可以作出建议撤销或变更的复查意见，要求相关职能部门予以研究，重新提交校长办公会或者专门会议作出决定。

需要改变原处分决定的，由学生申诉处理委员会提交学校重新研究决定。

（三）学生对复查决定有异议的，在接到学校复查决定书之日起 15 个工作日内，可以向江西省教育厅提出书面申诉。

（四）处分决定书或复查决定书送交之日起，学生在申诉期间未提出申诉，学校或省教育厅不再受理其提出申诉。申诉或复议期间，不得以任何理由停止处分的决定。

处理、处分或者复查决定书未告知学生申诉期限的，申诉期限自学生知道或者应当知道处理或者处分决定之日起计算，但最长不得超过 6 个月。

学生认为学校及其工作人员违反本规定，侵害其合法权益的；或者学校制定的规章制度与法律法规和本规定抵触的，可以向学校所在地省级教育行政部门投诉。

第五章　附则

第二十九条　学生违纪处分决定书一份交学籍科，一份存入学生本人档案，处分的其他相关材料归入学校文书档案。

第三十条　除隐私或特殊情况外，记过以上处分应公布全校周知，记过以下处分应在该二级学院范围内公布。

第三十一条　受到开除学籍处分的学生，学校发给学习证明，档案、户口退回其家庭所在地。

第三十二条　受到开除学籍处分的学生，接到通知后，应在规定的期限内（一般不超过 15 日）办理离校手续，逾期不离校者，由保卫部门强制执行。

第三十三条　本规定文字中的“以上”均包括本数（本级）在内，“以下”不包括本数（本级）。

第三十四条　全体学生须认真学习本规定并积极参与监督，对违纪学生未查处或不执行本规定的工作人员可以举报。

第三十五条　本规定自 2017 年 9 月 1 日起施行，学校原有有关学生管理规定与本规定不一致的，以本规定为准。

第三十六条　本规定由学生工作处负责解释。

三、共青科技职业学院学生申诉处理办法

（2017 年 8 月修订）

第一章　总则

第一条　为了保障学生的合法权益，规范校内学生申诉处理程序，根据《普通高等学

校学生管理规定》(教育部令第 41 号)和《共青科技职业学院学生管理规定》《共青科技职业学院学籍管理规定》《共青科技职业学院学生违纪处分管理规定》，特制定本办法。

第二条　本办法所称的申诉，是指学生对学校作出的涉及本人合法权益的处理或处分决定不服，向学校提出不同的意见和要求。

第三条　本规定适用于学校接受普通高等学历教育的在籍学生。

第四条　学生应当坚持严肃、认真、诚实的原则提出申诉；学校应当坚持公开、公正、实事求是和有错必纠的原则处理学生的申诉。

第二章　学生申诉处理委员会的组成

第五条　学校成立学生申诉处理委员会，下设学生申诉处理办公室，办公室设在学工处，办公室是受理学生申诉的常设办事机构。教务处是学生因不参加教学活动、考试违纪、考试作弊、被取消入学资格、作退学处理而提出申诉的受理机关；学工处是学生因受其他纪律处分而提出申诉的受理机关。

第六条　学生申诉处理委员会依据国家有关法律法规及学校有关规章制度，受理学生申诉，维护学生合法权益。学生申诉处理委员会通过书面审查、听证等方式处理学生申诉事项。

第七条　学生申诉处理委员会成员由分管校领导、学工处、教务处、保卫处、团委等职能部门和二级学院的相关负责人、法律顾问及教师代表、学生代表组成。其中教师代表一般应由涉及学生所在二级学院专业教师担任，成员人数为单数。

第三章　学生申诉处理程序

第八条　学生对学校作出的下列处分或处理决定有异议的，可以在接到学校处理或处分决定书之日起 10 个工作日内(含当日，以下同)，向学生申诉处理委员会提出书面申诉。

(一)对学生本人作出的纪律处分；

(二)对学生本人作出的取消入学资格、退学处理。

第九条　学生提出申诉时，应当由本人或其代理人向学生申诉处理委员会办公室提交书面申请，并附上学校作出的处分决定书或处理决定书。申诉申请书应当包括以下内容：

(一)申诉人的姓名、(原)班级、(原)学号、申诉人或其代理人的通信地址和联系方式及其他基本情况；

(二)申诉的事项、理由和要求；

(三)相关的证据资料；

(四)提交申诉申请书的日期；

(五)学校处理决定的复印件；

（六）申诉人或其代理人签名或盖章。

第十条　学生申诉处理委员会接到申诉申请书的日期，以办公室接到满足本办法第九条要求的申诉申请书文本之日起计算。

第十一条　有下列情形之一的，学生申诉处理委员会不予受理：

（一）超过规定的申诉期限的；

（二）申诉人不符合本办法第三条之规定的；

（三）申诉事由不符合本办法第二条之规定的；

对于不予受理的申诉申请，学生申诉处理委员会应当书面驳回其申请，并说明驳回的理由。

第十二条　申诉人在学生申诉处理委员会作出复查结论之前，可以撤回申诉申请。

第十三条　学生申诉委员会办公室在收到学生的申诉申请书后，要求对申诉人作出处理决定的机构向学生申诉委员会提供处理过程中的相关档案。

第十四条　学生申诉处理委员会在接到学生书面申诉申请书之日起 15 个工作日内，根据实际情况，分别作出书面复查结论如下：

（一）同意原处理决定；

（二）认为原处理决定所依据的事实认定不清、发现新的重要证据、处理依据错误或者在处理程序上有错误，可能对原处理决定有实质性影响的，向原处理机构作出重新研究决定的建议，若情况复杂不能在规定限期内作出结论的，经学校负责人批准，可延长 15 日。

第十五条　复查结论书应当包括以下内容：

（一）申诉人的姓名、（原）班级、（原）学号申诉人或其代理人的通信地址和联系方式及其他基本情况；

（二）申诉的事项、理由和要求；

（三）原处理决定所认定的事实、理由和适用的有关规定；

（四）学生申诉处理委员会认定的事实、理由和适用的有关规定；

（五）复查结论；

（六）作出结论的日期。

第十六条　学生申诉处理委员会应当在接到申诉申请书后的 15 个工作日内将复查结论书送达申诉学生本人或其代理人，并由其本人在送交回证上签收。

如申诉人对申诉处理有不同意见，可如实在送交回证上写明。

如申诉人拒绝签字，则由学校工作人员在送交回证上说明拒绝签字的情况，并由在场的两名见证人签字证明。

如申诉人离校，可以利用学校网站、新闻媒体等以公告方式送达。自公告发布之日起，即视为送达。学校工作人员应当如实记录公告送交的过程，并由两名见证人签字证明。

第十七条　对学生申诉处理委员会复查结论有异议的，申诉人可以按照有关规定，在接到学生申诉处理委员会的复查结论书之日起 15 个工作日内，向江西省教育厅提出书面

申诉。

第十八条　复查结论书应当抄送原处理机构，并以适当形式向全校公布，但公布范围不得超过原处理决定的公布范围。

第四章　学生申诉处理工作规则

第十九条 学生申诉处理委员会召开委员会议时，会议以不公开形式举行。学生申诉处理委员会应当要求申诉学生和原处理机构代表到会，以开展必要的查证工作。

如果申诉学生和原处理机构代表因故不能到会，可以提交书面发言。书面发言在会上宣读并列入会议记录。

第二十条　复查结论作出之前，申诉学生、原处理机构或者相关人员不得单独接触学生申诉处理委员会委员，施加任何可能妨碍委员公正处理的影响。

学生申诉处理委员会委员如果有上述情形的经历，应在委员会议上说明。

第二十一条　学生申诉处理委员会委员如果有下列情形之一的，应当申请回避，学生或者原处理机构也可以申请其回避：

（一）是学校处理过程中的当事人；

（二）是学校处理过程中当事人的亲属；

（三）与学校处理过程中当事人或者该事件有利害关系的；

（四）存在其他可能妨碍公正处理的情况的。

第二十二条　学生申诉处理委员会委员的回避，由委员会主任决定；委员会主任的回避，由学生申诉处理委员会集体决定。在没有接到申请的情况下，也可以按照上述程序决定回避。

第二十三条　学生申诉处理委员会采取无记名投票的方式进行表决，任何决定均须赞同票数超过投票人数的半数。

主任不投票，除非在其他委员所投赞同与反对的票数相同时，委员会主任才投下决定性的一票。委员必须选择投赞同票或者反对票，不得投弃权票。

第二十四条　申诉处理委员会的复查结论书和其他会议决定由委员会主任签字后生效。

第五章　关于听证的规定和程序

第二十五条　学生申诉处理委员会根据申诉学生或其代理人请求，或认为应该实施听证程序的，可以举行听证。对没有请求的听证，在实施前应征得申诉学生或其代理人同意。听证会主持人由学生申诉处理委员会成员担当。

第二十六条　听证主持人就听证活动行使下列职权：

（一）决定举行听证的时间、地点和参加人员；

（二）决定听证的延期、中止或者终结；

（三）询问听证参加人；

（四）接收并审核有关证据；

（五）维护听证秩序，对违反听证秩序的人员进行警告，对情节严重者可以责令其退场；

（六）向学生申诉处理委员会提出相对的处理意见。

第二十七条　听证主持人在听证活动中应当公正地履行主持听证的职责，保证当事人行使陈述权、申辩权。

第二十八条　参加听证的当事人和其他人员应按时参加听证，遵守听证秩序，如实回答听证主持人的询问，依法举证。

第二十九条　听证开始前，听证记录员应当查明听证参加人是否到场，并宣读听证纪律。

第三十条　听证应当按照下列程序进行：

（一）听证主持人宣布听证开始，宣布案由；

（二）作出处分或处理的经办人就有关事实和依据进行陈述；

（三）申诉学生或其代理人就事实、理由、证据或依据进行申辩，并可以出示相关证据材料；

（四）经听证主持人允许，听证参加人可以就有关证据进行质问，也可以向到场的证人发问；

（五）有关当事人作最后陈述；

（六）听证主持人宣布听证结束。

第三十一条　听证记录员应当将听证的全部活动进行笔录，并由听证主持人和听证记录员签名。听证笔录还应当由当事人当场签名或者盖章。

第三十二条　听证结束后，听证主持人应当主持制作听证报告交申委会。

第三十三条　在申诉期间，学校对申诉学生的处理决定继续有效，不停止执行。

第六章　附则

第三十四条　学生对同一事件的申诉只限一次。

第三十五条　本办法自 2017 年 9 月 1 日起施行，学校原有有关学生管理规定与本规定不一致的，以本规定为准。

第三十六条　本办法由学生申诉处理委员会负责解释。

四、共青科技职业学院学生日常管理规定

第一章　总则

第一条　为做好学生日常教育管理工作，落实立德树人任务，培养德、智、体、美等方面全面发展的社会主义建设者和接班人，根据有关法律法规和《普通高等学校学生管理规定》（教育部令第 41 号）、《共青科技职业学院学生管理规定》及《共青科技职业学院

章程》制定本办法。

第二条　学生日常行为教育管理，按照行为主管与行为管理责任相一致的原则执行。学校在学生工作委员会统筹领导下推动教学团学一体化育人体系建设，实行全校学生日常管理的分工协作，积极推进学校全员育人、全方位育人、全过程育人和全要素育人的工作。

第二章　日常作息管理

第三条　全校师生实行统一的作息时间，由教务部门对学生作息时间、上课时间的重要节点作明确的规定，特殊情况根据实际调整，经校长办公会研究后，由校办发布执行。

第四条　学生参加教学实践实习、创新创业、个性发展锻炼等活动应自觉遵守安全规范、作息纪律等相关规定，有关作息管理规定由教务部门统一制定。

第三章　日常行为管理

第五条　学生在校学习应遵守学校教学秩序及相应管理规定。学生课堂行为和参加教学活动的规范由教务部门负责制定，主讲教师是学生课堂行为管理的第一责任人，二级学院负责主讲教师的监督管理。

第六条　学生所在学院应通过班团会等形式定期开展学生日常思想教育，学生须认真参加，不得缺席，特殊情况应履行请假手续。

第七条　学生参加课外活动应团结协作、服从管理并遵守相应行为规范。学生参加课外活动的规范由校团委或活动主办方制定，校团委负责学生课外活动的统一管理，实施单位负责活动的现场组织及管理。

第八条　学生应遵守日常行为规范，并自觉接受行为规范和纪律教育。学生所在学院及辅导员对学生的日常行为教育和日常思想政治教育负有重要责任。学生的日常行为表现是学生综合评估、操行评定、年度考核、评先评优的重要依据，辅导员应做好相关记载，并对后进学生进行及时的教育帮助。学工处应对辅导员的教育管理工作予以指导和督促。

第九条　学生参加学校统一管理的勤工助学岗位，应遵守劳动纪律及相关规定。学工处负责制定学生参加勤工俭学的规范并实施统一管理。学生所在学院及辅导员、用工单位，均对学生负有教育管理责任。

第十条　学生应自觉遵守文明礼仪规范。学生文明礼仪规范由学工处负责制定，并指导学生骨干对学生校园文明礼仪开展督察，发现问题交由辅导员批评教育或给予纪律处分。

第十一条　学生参加学术研究及创新发明等创新研究活动应自觉遵守诚信规范及相应纪律。学生毕业论文诚信规范由教务处制定并负责监督管理；学生参加科研项目、创新活动的规范分别由教务处和团委负责制定并监督管理。

第十二条　学生进入图书馆、教室等自主学习场所，应遵守自学秩序、服从管理。相应规定由图书馆及教务部门等主管单位负责制定，并实施相关管理。

第十三条　学生上网行为应遵守《共青科技职业学院校园网管理办法》及国家相关法律、法规。学生上网行为规范及管理办法由学校网络中心负责制定并实施监管。

第十四条　学生参与学生团体及实践育人活动应遵守组织纪律及相应规定。学生参与学生团体、实践育人活动的规范及管理由团委负责。

第四章　住宿管理

第十五条　学生在校住宿应遵守住宿管理规定。学生公寓住宿管理规定及管理制度由宿舍管理部门制定，学生在宿舍行为表现由宿舍管理人员监督记载。违纪学生教育由辅导员执行，违纪学生处分由辅导员会同宿管人员调查，辅导员负责呈报。

第十六条　宿舍管理人员应动态掌握学生归寝情况，宿管人员、学生骨干在宿舍管理部门的指导下开展学生就寝情况检查，发现夜不归寝的情况应做好记载并及时通报到学生所在学院，其操作办法由宿舍管理部门拟定。

第十七条　学校为全体学生提供住宿条件，并主张学生在校住读。确因学习、生病等特殊情况需要在外租房或走读的，应在征得家长同意的情况下，完善相关手续，否则按夜不归寝处理。学生租房、走读管理办法及办理程序由宿管部门负责制定。

第五章　请销假管理

第十八条　学生应严格遵守作息规范，因故不能正常参加教学活动及课外活动的，应及时完善请假手续。

第十九条　学生请假的审批由辅导员、党总支书记（副书记）、学工处分级负责审核上报批准，并实行登记制度。学生请销假制度由学工处负责修订。

第二十条　学生请假期满应及时销假，因故需延长请假期限的应及时续假，否则按旷课处理。

第二十一条　学生请假或正常放假离校、返校实行登记制度，登记管理由辅导员执行，长假结束学生返校情况由学生所在二级学院及时报告学工处，具体办法由学工处负责制定。

第六章　校园安全管理

第二十二条　学生应自觉遵守行为安全规范，自觉服从校园安全管理。学生在校内公共场所的行为安全管理由保卫处负责并建立相关制度。

第二十三条　学校实行学校领导、教学、学工、安保、后勤等相关职能部门负责人及二级学院党政领导、辅导员深入学生宿舍、食堂和教室、图书馆、实验实训室（场）等重要场所安全巡查的制度，巡查频度由保卫处按需设定，责任部门自主实施，巡查情况由保卫处督查统计。

第二十四条　实行每日校园安全巡逻及值班制度，相关工作由保卫处负责组织实施。

第七章　重大事项管理

第二十五条　学校实行严格的重大活动和突发事件及时报告制度，确保重大情况信息畅通，及时妥善处置。对外报告程序及相应规范由校办制定，学校内部报告程序及相应规范由保卫处制定。

第二十六条　宣传部负责在校园网和学校媒（载）体上醒目位置，公开学校总值班电话和安保部门值班电话，提醒全校师生知晓。

第二十七条　学校引导和鼓励突发事件或重大安全隐患情况第一发现人，第一时间将情况报告保卫部门或学校总值班室。相关职能部门接到重大情况信息后，必须按上级要求和学校规定立即稳妥处置。报告激励制度由保卫处负责制定落实。

第八章　附则

第二十八条　本规定适用于学校对接受普通高等学历教育的学生的日常管理。

第二十九条　本规定自 2017 年 9 月 1 日起施行。其他校内有关文件规定与本规定不一致的，以本规定为准。

第三十条　本规定由学校学生工作委员会负责解释。

五、共青科技职业学院学生助学贷款管理办法

国家助学贷款是党中央、国务院在社会主义市场经济条件下，运用金融手段完善我国高校资助政策体系，加大对高校经济困难且品学兼优学生资助力度的重大措施。现根据国务院、教育部、财政部、省政府及省教育厅、财政厅有关文件规定，结合我校实际，制定本办法。

第一条　本办法所指学生助学贷款为国家助学贷款，根据当前实际，按照规定贷款方式为生源地贷款和学校所在地贷款两种。

第二条　组织机构设置：

（一）学校成立助学贷款领导小组，由校领导及分管校领导担任正、副组长，下设办公室，挂靠学工处，抽调专职人员负责此项工作。

（二）建立学校助学贷款工作网络，由各二级学院指派专人负责，层层落实。

（三）制定相应的办法、制度、工作职责。

第三条　各部门的工作职责：

（一）班主任职责：负责对班级学生在校生活水平状况进行调查、摸底、排序，提供班级特困生的各种信息，协助学校做好特困生档案的建立及申请助学贷款等各项工作，提供已贷款学生毕业后的详细地址、就业单位、联系办法以及该生家庭的详细资料。

（二）二级学院职责：

1. 负责建立品学兼优的特困生的档案报学工处；

2. 对申请助学贷款的特困生进行审查、排序和测评工作；

3. 确定申报名单报学工处；

4. 对贷款后的学生进行跟踪管理，发现异变情况及时通报；

5. 负责已贷款学生毕业后的离校情况登记、岗位变动登记、联系办法，注意收集各种信息及时上报；

6. 协助银行和学校对贷款的催还工作。在未作出积极还贷的情况下，可缓发毕业证迫使学生作出回应。

（三）财务处职责：

1. 负责国家助学贷款的接收、核算、发放工作；

2. 做好统计、报表工作；

3. 协助做好还贷情况的通报工作及催交工作。

（四）学工处职责：

1. 负责召开助学贷款方面的工作会议，制订助学贷款的工作计划，做好安排，抓好落实；

2. 审查助学贷款人员的资格，提出决定意见，报领导小组讨论通过；

3. 做好贷款的催还工作；

4. 协调好学校、银行和各种关系，解决各种疑难问题。

（五）助学贷款管理中心办公室职责：

1. 与指定银行协商助学贷款事项，签订协议；

2. 做好助学贷款学生档案管理工作，进行登记和归类；

3. 贷款发放后的跟踪调查管理。发现异变情况，及时报告并研究解决；

4. 学生毕业后的情况应根据二级学院反映的实际进行核实，并加强联系，督促还贷，减少风险；

5. 加强班级、二级学院沟通，经常与银行保持联系，互通情况，做好还贷工作。

第四条　特困生的认定每学年的 10 月份进行，必须符合下列条件之一：

（一）父母双亡，无经济来源或靠亲朋好友的有限资助的孤儿；

（二）单亲家庭，其父亲或母亲的经济收入无法维持学生本人学习、生活费用支出；

（三）父母身体残疾，劳动能力不全或丧失劳动能力，又无其他经济来源的贫困家庭子女；

（四）城市中领取最低生活保证金的家庭子女；

（五）来自烈士或优抚家庭的特困子女；

（六）其他不可抗拒的原因导致家庭贫困的特困学生。

第五条　申请助学贷款的对象和条件：

（一）学生年满 18 周岁，具有完全民事行为能力（未满 18 周岁必须由监护人出具委托书，承担法律责任）；

（二）全日制学生；

（三）有同班同学、老师共两名见证人，负责提供和确认学生本人的身份及在校生活、学习、平常表现及经济状况的证明；

（四）品学兼优、遵纪守法、生活俭朴；

（五）来自灾区、贫困地区且收入微薄以及城镇下岗职工家庭又无固定收入的困难学生；

（六）学生必须学习刻苦，身体健康，能够顺利完成学业；

（七）一年内无违法违纪记录；

（八）学生诚实守信。

第六条　申请助学贷款的程序：

（一）学生根据自己的学业情况、身体状况、今后还贷意向提出助学贷款申请；

（二）书面申请必须如实说明家庭经济收入情况，出具县、乡、村或街道、居委会、单位的贫困证明，以及校内见证人的证明，再根据本人的经济现状提出贷款的额度和贷款范围；

（三）班主任根据学生的实际生活、学习及平时表现，诚实守信的程度，提出能否给予申请人贷款的书面意见；

（四）二级学院学生科进行审核，确定能否给予申请人贷款，报学工处审查，再由学工处报助学贷款管理中心办公室核准交银行审批；

（五）提交相关资料：

1. 学生身份证复印件；

2. 学生证复印件；

3. 完成学业所需的费用的有效证明（由各二级学院提供）；

4. 还款计划和保证书以及委托书；

5. 银行认为需要提供的其他相关资料；

6. 银行审查同意后，借款人将与银行签订《信用助学贷款借款合同》《借款借据》和《还款承诺书》《扣款授权书》。

第七条　助学贷款范围、规模、限额：

（一）国家助学贷款的范围包括学杂费贷款和生活费贷款，两部分贷款可同时申请，亦可只申请其中一项；

（二）国家助学贷款规模控制在国家规定的贷款比例范围内或银行承受的能力范围内；

（三）国家助学贷款每人每学年贷款额度不得超过 6000 元。其中学杂费贷款最高不超过学校学费收取标准，生活费贷款最高不超过学校所在地区的基本生活标准。

第八条　国家助学贷款利率的计算、分担、管理：

（一）助学贷款利率按照中国人民银行规定的同期同种类贷款利率执行，自贷款发放之日起一年一定；

（二）在贷款期限内如遇利率调整，则按照当时的贷款利率分段计算；

（三）属国家贴息部分由国家财政贴息，非贴息贷款则由贷款人全额负担；

（四）利息由放贷银行直接管理，如银行委托学校财务代收，则财务可根据贷款人与银行签订的还本付息协议，一次性或分时间段的本息收取，开具收款单，在约定的时间里统一与银行结清。

第九条　助学贷款审核：

（一）国家助学贷款的审核流程是：班级初审 — 二级学院学生工作小组复查 — 学工处审查 — 贷款管理中心办公室复核 — 银行审核批复；

（二）审核的重点应是：

1. 申请人的身份证件、家庭住址、通信方式的真实性；

2. 申请人是否有不良记录；

3. 申请人提交的资料的完整性、真实性；

4. 核定贷款范围、期限、金额、利率及还贷方式。

第十条　助学贷款的发放：

（一）银行在受理贷款人申请之日起在规定的时间内给予明确答复，学校将在银行答复后 2 日内通知申请人；

（二）申请人在接到通知后，到指定的银行签订贷款合同和其他协议；

（三）贷款的发放不得以现金支付，学费贷款分学年发放，由经办银行直接划入申请人所在学院指定的账户抵交申请人所欠缴的学费，并开具收费收据给申请人。基本生活费贷款由经办银行划入申请人校内饭卡内，供申请人在校内基本生活之用。

第十一条　助学贷款的归还：

（一）国家助学贷款的还贷原则是按期还贷，依法催缴；

（二）借款人必须按照借款合同的要求还本付息；

（三）借款人要求提前归还贷款必须经银行同意，但贷款利率应按合同规定利率执行；

（四）借款人毕业前必须与银行重新确认或变更借款合同，签订《还款确认书》并根据本人工作去向，由用人单位与银行签订《协助银行催收借款人按期归还助学贷款的承诺书》，由接收单位负责协助银行按期催收贷款；如暂无接收单位的，可由借款人委托直系亲属代为签订《还款承诺书》，承担还款责任；如借款人不办理确认手续或提交上述文件的，学院不为其办理毕业手续；

（五）国家助学贷款的归还，借款人可视就业情况，在毕业离校一年后开始还贷，3~5 年内还清；

（六）借款人如不按期还贷，将扣发毕业证，以促使其积极还贷；如借款人确因在还贷期间丧失还贷能力，银行则按照规定依法对其担保人催缴。

第十二条　有下列情形之一者属于违约行为，学校将采取处罚措施，直至扣发毕业证书，开除学籍等行政处分。

（一）申请助学贷款的学生必须品学兼优，所提供的本人资料及家庭信息必须真实；如发现弄虚作假，则终止该生的贷款，已发放的限期收回本息，同时视情给予批评教育直

至纪律处分；

（二）申请助学贷款的学生在校期间必须遵守国家法律法规和学校的校纪校规，如发现违纪行为，将终止其贷款，已发放的责令其在规定的时间内还本付息；

（三）学生未按规定的用途使用贷款的，如发现有吸烟、酗酒及其他不正常消费，则立即终止贷款，已发放的责令限期还本付息；

（四）开除学籍或其他原因退学的学生，将立即终止贷款并限期还本付息，必要时通知其担保人代为还贷。

第十三条　建立国家助学贷款的报告制度；

（一）学校助学贷款领导小组办公室应按有关文件规定，及时将学校国家助学贷款情况及特困生统计表报学校领导小组和教育主管部门；

（二）每学年的 10 月份领导小组办公室将贷款学生的学习、生活情况，平时表现等情况向银行作报告；

（三）贷款学生离校后，其所在二级学院须将该生的去向、变动情况、联系地址和联系方式书面报告领导小组办公室，办公室及时报告银行；

（四）贷款学生应该按照借款合同中的承诺及时向银行、领导小组办公室通报变动后的单位、联系地址、联系方式以及贷款担保的变化情况。

第十四条　本办法自公布之日起实施。本办法若与上级组织或银行有关政策相悖，以上级规定为准。

第十五条　本办法解释权归学工处。

六、共青科技职业学院学生品德评定细则

第一条　为全面贯彻党的教育方针，全面推进素质教育，促进学生德、智、体、美、劳全面发展，根据我校学生思想品德、遵纪守法教育和考核的需要，制定本细则。

第二条　学生品德分是学生思想品德和遵纪守法状况的量化标志，应与对学生的定性评语相结合，综合评定学生的品行，存入学生档案，作为学生学籍的重要组成部分，并填入每学期的成绩报告单，向家长通报，与家长共同教育学生。

第三条　学生品德分与学分结合，作为考核学生能否毕业的两项重要的指标，毕业生班学生各学期的品德分平均值不及格（59 分以下），不得颁发毕业证书，只发给学业证明。但学生结业后两年内，在就业单位工作表现突出，可提出申请并出具相应书面证明，经学校校务委员会审核，可视情换发毕业证书。

第四条　学生品德分由班主任负责评分。班主任应深入学生并广泛听取任课教师和二级学院、处室的意见，及时发现问题，做到评分有依据，公平、公正、公开。班主任要对学生做深入细致的思想工作，教育学生正确对待评分，发扬成绩，改正缺点，不断提高思想道德水平。

第五条　学生品德分，每学期每人基数分为 80 分，根据学生实际情况酌情扣分和加

分。班主任对每名学生每次的扣分和加分，都要向全班学生公布，对时间、理由、分数有明确记载，并随时接受各级领导的检查，以作为衡量班主任工作业绩的重要依据。

各二级学院、处室也可直接给学生扣、加品德分，并以书面通知班主任，班主任应及时向全班同学公布，及时记录计算。

第六条　学生本人对班主任的评分有意见，可向二级学院提出申诉，二级学院院长应认真听取学生申诉，组织查清事实，及时作出坚持或改正班主任评分的决定，班主任应予服从。班委会亦有为本班学生向二级学院提出申诉的权利。

第七条　扣分方案：

（一）政治言行方面：

1. 有严重政治错误言行，影响不好，又不听教育，但尚够不上行政处分，酌情扣1~8分；

2. 组织并参加非法组织和活动，影响班级、学校和社会安定团结及稳定，且不听劝阻，但尚够不上行政处分，酌情扣1~8分。

（二）课堂纪律方面：

1. 无故旷课和不上自习，每课时扣1分；

2. 上课、自习迟到或早退，每次扣1分；

3. 扰乱课堂或自习秩序，不听劝阻，影响他人学习，每次扣2~5分；

4. 在规定时间外乱开电视，影响他人学习，每次扣2~5分；

5. 衣着不整或穿拖鞋进入教室，每次扣0.2分；

6. 晚自习后教室无人不关灯、不关电视、不关电风扇，责任人扣2分，或全班每人扣0.5分；

7. 严重顶撞、辱骂、侮辱老师、班主任、班干部，每次扣2分；

8. 上课、自习时间，在教室玩闹、下棋、睡觉，每次扣1分；

（三）寝室纪律方面：

1. 熄灯后在寝室打闹、喧哗、影响他人休息，扣2分；

2. 23时后无故不回寝室，扣2分；

3. 未经批准，夜不归宿，每次扣5分；

4. 未经批准，留宿他人，该寝室每人扣0.5分，当事人扣3分；

5. 男女生互串寝室逗留，扣5分；

6. 寝室存放危险品（酒精、汽油、电炉、酒精炉、管制刀具等）、私接电线，扣3分，或全寝室每人扣0.5分；

7. 寝室无人不关灯、不关水、不关电扇，责任人扣2分，或全寝室每人扣0.5分；

8. 在寝室或走廊上使用电炉、酒精炉、热得快等，责任人扣5分，或全寝室每人扣0.5分；

9. 在寝室内抽烟或寝室内有香烟、烟盒、烟蒂，责任人扣2分，或全寝室每人扣0.5分；

10. 损坏宿舍消防设施，除照价赔偿外，扣3~8分；

11. 在卫生大评比活动中，被评为最差寝室，寝室长扣 3 分，其他成员各扣 1 分；

12. 在规定时间外，将寝室垃圾扫到门外，责任人扣 2 分，或全寝室每人扣 0.5 分；

13. 从窗户向外乱扔垃圾、倒水等，责任人扣 2 分，或全寝室每人扣 0.5 分；

14. 吹熄灯号后，寝室不熄灯，或使用蜡烛，责任人或寝室长扣 1 分，或全寝室每人扣 0.5 分；

15. 寝室严重脏、乱、差，寝室长扣 3 分，其他成员扣 1 分。

（四）校园文明和集体活动方面：

1. 无故不参加学校、二级学院及各处室组织的集体活动，扣 2 分；

2. 不戴胸卡，每发现一次扣 0.2 分；

3. 践踏草地，每次扣 0.5 分；

4. 无故不出早操，每次扣 2 分；

5. 无故不参加升旗仪式，每次扣 1 分；

6. 在校园内抽烟，每次扣 2 分；

7. 乱吐痰，乱扔果皮，乱泼水，乱倒饭菜，每次扣 1 分；

8. 在校舍墙壁上、课桌上乱涂、乱画、乱写、乱贴等，扣 2 分；

9. 撕毁或涂改学校或各二级学院、处室布告、通告等，扣 3 分；

10. 损坏公物和校园花木，除照价赔偿外，每次扣 3~8 分；

11. 参与打架斗殴，每人扣 5~8 分；围观起哄，不听劝阻，每人扣 3~5 分；

12. 不按学校、二级学院要求打扫公共卫生，责任人扣 3 分，或每人扣 0.5 分；

13. 卫生区打扫不达标，责任人扣 2 分，或每人扣 0.2 分；

14. 男女交往影响学校形象，扣 3~8 分；

15. 受二级学院、处室或学校通报批评者，分别扣 5 分、8 分；

16. 受警告、严重警告、记过、留校察看处分者，分别扣 10 分、20 分、30 分、40 分。

注：上列之外的事件，班主任可酌情比照扣分。同一事件可扣多种品德分时，按最高分扣一次。学生学期品德最低为 0 分。

第八条　加分方案：

（一）努力学习、见义勇为、做好人好事、表现突出等获得表彰或通报表扬者，二级学院、处室级加 1 分，学校级加 2 分，市级加 5 分，省级加 10 分，国家级加 20 分。

（二）关心学校建设，积极向学校各部门提出合理化建议，被学校或有关部门采纳者，加 2 分。

（三）积极向校广播站、校报投稿并有多篇被录用，受到有关部门表扬者，每次加 1 分。

（四）在校外报纸杂志上发表文章，每篇文章或其他作品，市级加 2 分，省级加 3 分，国家级加 10 分。

（五）在学校组织的各项检查评比中，如寝室内务大检查，获第一、二、三、四、五名者，寝室长分别加 4 分、3 分、2 分、1.5 分、1 分，寝室每人加 3 分、2 分、1.5 分、1

分、0.5 分。其他检查评比活动获奖加分，依此类推。

（六）积极参加各项竞赛活动，获学校第一、二、三名者，分别加 5、3、2 分；学校集体第一、二、三名者，每人加 3 分、2 分、1 分；获市级奖励者，加 7 分，集体项目每人加 5 分；获省级奖励者，每人加 10 分。

（七）一学期内未扣 1 分（集体扣分除外）者，加 5 分。

注：上列之外的事项，班主任可酌情比照加分。同一事项可加多种品德分时，按最高分加一次。学生学期品德最高分为 100 分。

第九条　期末评定品行等级。对学生的品德分，平时要及时加、扣分，每学期总计一次（小数点后四舍五入），并评定品行等级，与品德分、评语一起记入学生档案和成绩报告单。

（一）品德分 86~100 分，品行为甲级；

（二）品德分 70~85 分，品行为乙级；

（三）品德分 60~69 分，品行为丙级；

（四）品德分 59 分以下，品行为丁级；

第十条　本评分细则由学工处负责解释。

七、共青科技职业学院学生住宿管理办法

第一章　总则

第一条　学生宿舍是学生学习、生活、休息的重要场所，是高等学校管理工作的重要组成部分。为了进一步加强学生宿舍管理工作，创造“整洁、安全、便利、文明”的良好育人环境，依照国家教育部颁发的《高等学校学生行为准则》《高等学校校园秩序管理若干规定》，结合学校实际情况，制定本办法。

第二条　每栋学生宿舍配备两名宿管员、一名清洁工。学生宿舍由总务处、宿舍管理科负责管理。宿舍管理科的主要职能是：负责学生宿舍纪律管理、安全管理、卫生管理、文化管理和做好学生宿舍财产管理，协同保卫处做好学生宿舍安全保卫工作。宿舍管理科还可根据有关规定，对违反学生宿舍管理条例的有关组织和个人提出处理意见或直接作出处罚决定。

第二章　财产管理

第三条　学生宿舍及其配套设施、设备，都是学校财产，学生应自觉爱护，严禁损坏。

（一）学生宿舍内的学校财产，未经许可，不得私自搬出宿舍。

（二）宿舍内的设施不得自行拆卸、调换，床位不得自行随意组合。宿舍内的公物不得随意调换和损坏，违者予以罚款，损坏照价赔偿，并视情节轻重予以纪律处分。

第四条 宿舍内供水、供电等设施均由学校统一配备、安装。提倡节约用水用电，应做到随手关好水龙头、人走灯熄，晚上按照学校规定的时间关灯就寝。

第五条 学生毕业离校期间，学校对其所住寝室进行验收并收回，如有损坏公物，必须照价赔偿。有特殊情况，须继续留住的毕业生，应报学校同意，由宿舍管理科办理有关手续后另行安排。

（一）宿舍内的财产属自然损坏或不可抗拒的原因所致不收费。

（二）家具能修复的按修复价计费，不能修复的，新的照价赔偿，旧的折价赔偿。

（三）宿舍公物如有损坏，应在 6 天内办理报修手续，小修不过天，大修不过周。不能因为收费而不报修。对不报修者，宿舍管理科有权上门主动维修，并收取维修费。

（四）公物损坏，由责任人承担维修和赔偿费用；属宿舍公共部分又无责任人的，由宿舍全体人员共同承担维修费或赔偿金。

第三章 纪律管理

第六条 学生的住房和床位由宿舍管理科统一计划、统一安排，未经许可，任何单位和个人不准擅自调换和强占。如有违反，视情节轻重予以经济处罚或纪律处分。

第七条 学生出入宿舍必须携带有关证件，主动配合宿管员的工作，接受询问，服从管理。

第八条 严格遵守学校作息时间，学生宿舍在规定熄灯时间后半小时关闭大门。夜间关门后回宿舍者视为晚归。晚归者应向管理人员说明原因，出示证件，如实登记方可进入。一学期无正当理由晚归三次者，予以通报批评；四次（含四次）以上者，视情节轻重予以纪律处分。

第九条 学生应自觉遵守第七条、第八条规定。对无理取闹或是假报姓名者，视情节轻重予以纪律处分。

第十条 学生不得擅自留宿校外人员。若需留宿须经宿舍管理科同意，办理登记手续，由宿舍管理科另外安排。

第十一条 男女生不准擅自互串寝室，如遇特殊情况须经管理人员同意后方可入内。严禁男女混宿。一旦发现，即按有关规定处理。

第十二条 遵守学生宿舍的学习、生活秩序。不准在宿舍楼道内大声喧哗、吵架、酗酒、打球等；上课、自习时间和熄灯后不允许在宿舍或楼道内下棋、打扑克、吹拉弹唱；不准在宿舍和楼道内停放自行车、堆放杂物等。

第十三条 学生宿舍内已安排有床位，又擅自在外租房住宿者，依据学校有关规定，予以纪律处分，并限期回校住宿。

第四章 安全管理

第十四条 严禁违章用电。严禁在宿舍内使用电炉、取暖器，禁止私自拆、接电源或拆修配电设施，违者处以罚款，并视情节轻重予以纪律处分。

第十五条　注意防火、防盗，严禁使用灶具（含酒精炉等）；严禁将易燃易爆、有毒物品及公安管制刀具带入宿舍，严禁在寝室和楼道内烧废纸和杂物；严禁在宿舍点蜡烛，违者处以罚款，并视情节轻重予以纪律处分。对现金、存折、贵重物品要妥善保管。

第十六条　爱护消防设施，对损坏宿舍内消防设施者，除照价赔偿或处以罚款外，视情节轻重予以纪律处分。

第十七条　严禁在宿舍内摆摊设点，或以直销、代销、促销等方式进行任何商业活动。违者除没收实物外，并给予罚款；态度恶劣不服从管理，移送校保卫部门处理，如系本校学生，予以纪律处分。

第十八条　探亲访友者，须征得值班人员同意，办理来访登记手续后，方可入内，并按规定时间离开宿舍。

第十九条　严禁一切扰乱宿舍正常生活、学习秩序、破坏安定团结的行为。不准在宿舍内粘贴大小字报，违者予以纪律处分。

第二十条　学校设立学生安全员（由校卫队或校学生会、团委干部兼），并根据本办法确定其工作职责。

第五章　卫生管理

第二十一条　内务卫生：

（一）寝室内务卫生实行寝室长负责制，卫生打扫实行寝室成员轮流值班制。

（二）寝室卫生每日打扫两次（早：7:00—8:00；中：12:00—13:30），清扫的垃圾置于垃圾篓内，其他时间不得将垃圾扫出室外。平时应保持室内地面无垃圾，门窗无灰尘，墙角无蜘蛛网，墙面无污迹。

（三）除午休和晚上就寝时间外，寝室内的床上用品要叠放整齐，各种日用品要摆放有序，衣服、鞋子挂（摆）放成行，桌上床面无杂物。

（四）学生离校实习，或寒暑假期间，必须认真整理内务，打扫寝室。

（五）内务卫生的检查评比每月进行一次。检查结果作为文明卫生活动中评选优胜寝室的重要依据，并记入每位学生本学期政治思想和行为规范考评总分。学生工作处、团委每月按各二级学院宿舍总数的 20% 进行抽查，并依据每学期抽查总分评出文明卫生活动的先进二级学院。

第二十二条　公共卫生：

（一）不准在宿舍墙面、公物上踏脚印、乱刻、乱画、乱钉、乱粘贴，禁止随地吐痰，违者按学校有关规定进行罚款并责令清除干净，无责任人的则由印痕或污迹邻近的寝室人员负责清除。

（二）严禁往走廊、楼道或窗外倒水、倒剩饭菜、扔瓜皮果壳、纸屑、塑料袋等杂物。严禁将任何可能堵塞下水道的杂物及塑料袋、废电池等扔入水池、便池。

（三）公共卫生由清洁工或勤工助学学生打扫。爱护公共卫生人人有责，全体学生均

有义务进行监督。

第六章　文化管理

第二十三条　寝室文化建设的基本要求是：文明、健康、积极、向上。

第二十四条　严禁在寝室打麻将，严禁以任何形式进行赌博，违者除没收赌具外，予以纪律处分。

第二十五条　学习和自习时间不准在寝室收看电视、玩电脑游戏、看光碟等，违者处以罚款，情节严重者予以纪律处分。

第二十六条　严禁在宿舍观看、收藏、传播淫秽书刊、录像制品或其他淫秽制品。一旦发现，除没收非法书刊、制品外，还要对当事人依据学校有关规定严肃处理。

第二十七条　不准在宿舍墙面书写、粘贴格调低下的字画，不准讲粗话、脏话，不准恶语伤人。

第二十八条　对有关寝室的管理信息（含通知、通报等）不得随意涂改或撕毁，违者处以罚款，态度恶劣者予以纪律处分。

第七章　奖励和处罚

第二十九条　学生违反本办法，依照本办法有关规定进行处理；本办法无处罚规定的，依照《共青科技职业学院学生违纪处罚规定》的有关条款进行处罚。

第三十条　对遵守本办法并在开展寝室文明卫生、寝室文明活动中取得优异成绩的单位及个人，按照有关规定予以奖励和表彰。

第三十一条　学生宿舍管理部门应组织有关人员认真学习本办法，认真履行岗位职责，同时要加强对勤杂工人的管理和培训，充分发挥学生宿舍管理组织的作用，努力提高学生宿舍管理的整体水平。

第八章　附则

第三十二条　本办法由总务处负责解释。

第三十三条　本办法自 2013 年 9 月 1 日起执行。

八、共青科技职业学院新生军训实施细则

《中华人民共和国兵役法》规定："高等学校的学生在就学期间，必须接受基本的军事训练。"国务院、中央军委在国办发〔2001〕48 号文件中指出："开展学生军训工作，是全面贯彻党的教育方针，推进素质教育，培养有理想、有道德、有文化、有纪律的社会主义新人的客观要求，是为国防和军队建设培养造就大批高素质后备兵员的重要措施。"高等学校"要把学生军训作为学校教育工作的一项重要内容，科学制定计划，严密组织实

施，确保学生军训工作的落实”。

学生军训内容包括军事技能训练和军事理论教学两个部分，本实施细则所述“军训”，专指军事技能训练。

第一章　新生军训的目的和要求

第一条　新生军训的目的：

（一）通过军训，提高学生的思想政治觉悟，激发爱国热情，增强国防观念和国家安全意识。

（二）使学生掌握基本军事知识和技能，为国防和军队培养后备兵员和预备役军官，为国家培养社会主义事业的建设者和接班人打好基础。

（三）进行爱国主义、集体主义和革命英雄主义教育。增强学生的组织纪律观念，培养艰苦奋斗作风，提高学生的综合素质。

（四）在新生军训中结合心理健康教育和入学教育，调适好心理，尽快适应大学生活；认识学校，热爱学校，熟悉和遵守学校各项规章制度；了解专业，热爱专业，树立良好的专业思想。

第二条　学生军训是高等学校学生的必修课，纳入学校教学计划，并进行考核和考试。

除因身体伤病、残疾，经本人申请、二级学院审核、报请学校主管领导批准免修者外，所有新生都必须参加军训。

第三条　军训在新生入学时集中实施，训练时间为 2 周，不少于 14 天。主要内容是队列训练。学生完成训练学时 2/3 以上并考试及格，视为军训合格，取得 2 个学分。

第四条　新生军训工作由学校党委领导，在学工处设立军训办公室，具体负责新生军训工作的组织、计划、实施。

第五条　军训以教学班级为单位，原则上一个教学班或一个专业组成一个连，人数较少的班级可由几个教学班合编成一个连，每个连 50~70 名学生。由军训办公室派出军训教官任连长，班主任为指导员。每个连可分为若干排、班，由连长、指导员指定新生骨干为排长和班长。

第二章　新生军训纪律

第六条　新生军训必须严格遵守纪律。纪律要求参照《中国人民解放军纪律条例》第三条的规定。队列纪律按照《中国人民解放军纪律条例》第五条执行。结合学校实际，制定五条军训纪律，要求人人熟记，严格执行：

（一）尊敬老师，服从教官，令行禁止，一切行动听指挥；

（二）按时到训，缺训要请假，严格遵守队列纪律；

（三）不怕苦，不怕累，坚决完成训练任务，争当优秀军训生；

（四）团结友爱，互相帮助，培养团队精神，争创先进军训连队；

（五）科学训练，注重实效，安全第一，防止发生事故。

第三章 “三结合”军政教育训练内容

第七条 新生军训，定位于“军政教育训练”，以队列训练为主，实施国防教育、心理健康教育、入学教育“三结合”的军政教育训练。

第八条 军事训练：

（一）队列训练。主要内容为：集合、解散，立正、跨立、稍息、整齐报数，敬礼、蹲下、起立，停止间转法，齐步、正步、跑步，队形变换、行进呼号。学会以连为单位会操、队列操、阅兵式、分列式和升国旗仪式。

（二）“三大条例”教育。宣读《内务条例》《纪律条例》《队列条例》有关内容，以《队列条例》为主。

（三）内务管理。按《内务条例》要求，结合学校实际，规范整理宿舍内务，检查内务卫生。

（四）学唱军歌和队列歌曲。

从“管用、够用”出发，为适应今后集会、早操和升国旗仪式需要，着重练习连四路纵队齐步行进、呼号和唱队列歌曲，跑步入场、整队和解散。在训练中，突出集体主义和队列纪律教育，培养吃苦耐劳精神，增强体质。

第九条 国防教育：

（一）了解我军历史，进行我军光荣传统教育。

（二）学习军事高技术和高技术局部战争基本知识，了解我军高技术武器装备的发展和现状，树立我军“敢打必胜”的信心。

（三）学习《反分裂国家法》和我国政府解决台湾问题的基本方针，了解台湾海峡军事政治形势，增强反对台独和对台军事斗争准备的观念。

（四）了解当前国际热点军事问题。

第十条 在军训中进行心理健康教育，实施“心理军训”，其特点是结合军训，关注心理，增强自信，防治心障，寓教于乐，丰富多彩。主要内容有：

（一）心理讲座。使学生了解心理学和心理健康的基本知识。

（二）心理咨询。个别解决心理问题，达到平衡心理，稳定情绪，适应大学生活，提高心理健康素质。

（三）心理测试。通过普查，及时发现心理问题，预防心理障碍、心理疾病发生，建立心理健康档案。

（四）心理素质训练活动。培养良好心理素质，并使军训更加丰富多彩，生动活泼。

第十一条 入学教育：

（一）校情教育。认识学校，热爱学校。了解学校创建、现状、发展前景和办学宗旨，以学校为荣，当好学校人。

（二）专业教育。了解学校专业设置和本专业的培养目标、课程设置和教学方法，本专业在国民经济中的地位、作用和发展前景。

（三）纪律教育。学习《共青科技职业学院学生手册》，重点了解《高等学校学生行为准则》和学校各项规章制度，特别是学分制、品德分制和违纪处分规定。

（四）法制教育。讲解治安处罚法和消防基本知识，预防事故发生。

第四章　考试与考核

第十二条　军训基本知识考试：

（一）新生军训基本知识考试实行“半开卷”考试，即学生可带听课笔记进入考场，不准带其他书籍和资料。

（二）因报到延迟、病事假缺课、旷课而参加军训实际学时未达到军训总时 2/3（10 天）者，不准参加考试，应在开学后参加补训。

（三）考试成绩不及格，或因病事假缺考者，于军训结束后一周内补考。补考仍不及格，应在下一年级军训时补训、补考。

（四）无故旷考，或考试作弊，不予补考，考试成绩和学分记为 0 分，记入学生档案，并视情节轻重给予纪律处分。

（五）实际参加军训时间超过总学时 2/3（10 天），军训基本知识考试及格者为军训合格，获 2 个学分，记入学生档案。军训出满勤、表现突出、考试成绩优秀的学生，可评为优秀军训生。

第十三条　单兵队列动作考核评比：

（一）由军训学生自愿报名，连排推荐，军训连长、指导员批准，可参加学校组织的单兵队列动作考核，评选占军训新生人数 5% 的学生为优秀军训生，在全校进行表彰。其中前 10 名表彰为“十大标兵”。

（二）考核评分标准：

1. 立正、稍息、跨立、移步、敬礼、报告词（20 分）；
2. 停止间转法、蹲下、起立、脱戴帽（20 分）；
3. 齐步（20 分）；
4. 跑步（20 分）；
5. 正步（20 分）。

第十四条　军训连集体考核：

（一）考核评比内容：

1. 阅兵式；
2. 连会操；
3. 队列操；
4. 分列式；
5. 队列歌曲。

（二）考核评比方法。以军训连为单位，以会操方式进行，由学校领导和军训教官组成考核组评分，按得分高低，评出若干个连为优胜连，予以表彰。其中分列式考核评比，在参加开学典礼或军训结业典礼时实施。

（三）连队列考核评分标准：

1. 着装统一，精神振作（10 分）；
2. 呼号歌声，整齐洪亮（20 分）；
3. 动作准确，姿态端正（30 分）；
4. 队列整齐，协调一致（40 分）。

（四）队列歌曲比赛评分标准：

1. 服装统一，精神饱满（10 分）；
2. 队列整齐，姿态端正（20 分）；
3. 指挥正确，处理艺术（30 分）；
4. 准确和谐，整齐洪亮（40 分）。

第十五条　军训连长、指导员考核评比。军训结束前，各军训连长、指导员应分别写出“军训工作小结”，总结优缺点和心得体会，作为述职报告，分别交各二级学院领导评阅，结合军训期间的工作表现（是否到位尽责、认真负责、有无创造性和军训事故等），及本连集体考核成绩，由学校评出优秀教官、优秀班主任，予以表彰。

第五章　奖励与处罚

第十六条　军训结束后，结合军训期间的表现与评比成绩，由学校评出先进军训连、优秀教官、优秀指导员（班主任）、优秀军训学生和十大标兵，颁发奖状，予以表彰和奖励。对优秀军训学生，可由二级学院酌情加品德分。

第十七条　对在军训期间，违反军训纪律和学校规章制度，发生军训事故的学生、连长、指导员和干部，视情节轻重，分别予以通报批评或纪律处分，情节特别恶劣者，直至开除学籍或解聘。

第六章　附则

第十八条　本细则由学工处负责解释。

九、共青科技职业学院心理健康教育与咨询中心工作细则

为全面推进素质教育，加强学生心理健康教育工作，根据教育部《关于加强普通高等学校大学生心理教育工作的意见》（教社政〔2001〕1 号）和省教育厅的要求，学校成立心理健康教育领导小组和心理咨询中心。为提高认识、规范工作，特制定本细则。

一、大学生心理健康教育工作的重要性

《中共中央国务院关于深化教育改革全面推进素质教育的决定》强调，在全面推进素质教育工作中，必须更加重视德育工作，加强学生的心理健康教育。《中国普通高等学校德育大纲（试行）》明确提出，要把心理健康教育作为高等学校德育的重要组成部分，大学生应具备良好的个性心理品质和自尊、自爱、自律、自强的优良品格，具有较强的心理调适能力。

加强大学生心理健康教育工作是新形势下全面贯彻党的教育方针，实施素质教育的重要举措，是促进大学生全面发展的重要途径和手段，是高等学院德育工作的重要组成部分。

二、心理健康教育与心理咨询中心的主要任务

1. 根据学生的心理特点，有针对性地讲授和宣传心理健康知识，开展辅导和心理咨询工作，组织心理素质训练活动。

2. 帮助学生树立心理健康意识，优化心理品质，增强心理调节能力和社会生活的适应能力，预防和缓解心理障碍。

3. 帮助学生处理好环境适应、自我管理、学习成才、人际交往、交友恋爱、求职择业、人格发展的情绪调节等方面的困惑，提高心理健康水平，促进德、智、体、美全面发展。

4. 组织心理教育与咨询的科学研究和对外学术交流，参加省高等学校心理健康教育研究会的有关活动。

5. 组织教师和班主任心理健康教育岗位培训和上岗培训，以提高广大教师和班主任的心理素质和对学生进行心理辅导的能力，并提高本中心心理指导和咨询教师的专业业务水平，建设一支高素质的心理健康教育和咨询的师资队伍。

6. 指导学生心理健康协会的工作，在学生中进行心理卫生的普及宣传，加强大学生心理自我保健，及时发现心理问题，提供心理资助，以促进大学生顺利完成学业。

三、大学生心理健康教育课的主要内容

课堂教学是进行心理健康教育的主要渠道之一。根据我校实际，目前主要开设专题讲座，逐步过渡到单独设课，或在思想道德修养课中安排。主要讲授以下 8 个方面的内容：

1. 如何树立现代健康新观念，心理健康对成才的重要性，心理咨询的含义和意义。

2. 如何树立正确的自我意识，合理认知，克服自卑心理。

3. 如何塑造健康人格，形成良好的个性心理品质。

4. 如何掌握科学、有效的学习方法，养成良好的学习习惯，培养创新精神和实践能力。

5. 如何建立积极的心理挫折承受机制以及心理危机预防。

6. 社会适应、人际交往中的心理调适以及心理困惑的排除。

7. 恋爱心理和性心理调适。

8. 择业心理和就业心理准备。

讲授的内容和形式要贴近学生实际，注重实效，加强针对性，提高心理健康教育的吸引力。必要时聘请心理专家和教师来我校讲课或举办讲座。

四、学生心理咨询与测试工作

1. 建立心理咨询室，对学生进行个别心理咨询，有针对性地提供有效的心理健康指导和服务。

2. 开展团体辅导活动、心理行为训练、书信咨询、热线电话咨询、网络咨询等多种形式的心理咨询工作，向学生提供经常、及时、有效的心理健康指导和服务。

3. 在学生自愿的前提下，对学生进行各类收费心理测验，及时发现心理问题，持续进行心理辅导。并建立学生心理档案，跟踪诊治。收费合理，不以营利为目的。

4. 在心理咨询、测试工作中，发现严重心理障碍和心理疾病的学生，要将他们及时转介到专业卫生机构治疗。

五、宣传和师资队伍建设工作

1. 充分利用学校广播、电视、计算机网络、橱窗、校报、板报等宣传媒体，广泛宣传、普及心理健康知识，强化学生的参与意识，提高学生的兴趣。

2. 通过加强校园文化建设，营造积极、健康、高雅的氛围，陶冶学生高尚的情操，促进学生的全面发展和健康成长。

3. 通过培训、外聘、引进等多种形式，建立一支精干专职教师为骨干，专兼结合、专业互补、相对稳定的心理健康教育和咨询工作队伍。

4. 心理咨询专职和外聘教师的心理咨询、测试工作和讲课，应有记录，并据以计算教学工作量，按规定发给课时补贴。对有突出贡献者，给予表彰和奖励。

六、其他

本细则由学工处负责解释。

十、“共青科技职业学院奖助学金”评选办法

根据《国务院关于建立健全普通本科高校、高等职业学校和中等职业学校家庭经济困难学生资助政策体系的意见》（国发〔2007〕13号）文件精神，为调动广大学生积极性，激发学生奋发向上，刻苦学习，促进德、智、体、美全面发展，培养有理想、有道德、有文化、有纪律的优秀人才，经校务委员会研究决定，对在籍学生，分国家奖学金、国家励志奖学金、国家贫困助学金、航天奖学金进行评定，每学年评选、奖励一次，评选办法如下：

一、评选“共青科技职业学院奖学金”基本条件

在本学年内具备下列条件，可参与“共青科技职业学院奖学金”评选：

（一）政治思想好，热爱共青科技职业学院，有上进心，能积极主动在学生群众中做思想政治和安全稳定工作；

（二）品德分为优，未受过处分；

（三）本学期所修课程全部及格，无补考课程，无作弊行为；

（四）“大学生身体健康素质”考核合格，身心健康；

（五）获得 2 个以上学科等级证书或职业资格证书（计算机等级证书）；

（六）在同等条件下，家庭贫困者优先。

二、评奖条件

具备以上基本条件，有下列情况之一者，可分别评定国家奖学金、国家励志奖学金、国家贫困助学金、航天奖学金。

（一）国家奖学金：

1. 学习成绩优秀，本学年各专业课程考试成绩平均在 85 分以上，考试成绩排名在班级前三名；

2. 在学校或校外竞赛中获大奖；

3. 在学校某项工作中有突出贡献，或为学校争得特别荣誉。

（二）国家励志奖学金：

1. 学习成绩优良，本学期各课程考试成绩平均在 80 分以上，或考试成绩排名在班级前 6 名；

2. 在学校或校外竞赛中获过奖；

3. 对学校作出较大贡献，或为学校赢得荣誉。

4. 家庭贫困者，携家庭情况调查表和三级证明，且具有当地民政部门盖章。

（三）国家贫困助学金：

1. 学习成绩良好，本学期各课程考试成绩平均在 60 分以上，无挂科现象；

2. 在二级学院以上竞赛中获过奖；

3. 在二级学院以上作出较大贡献，为二级学院赢得荣誉；

4. 家庭贫困者，携家庭情况调查表和三级证明，且具有当地民政部门盖章。

（四）航天奖学金：

1. 学习成绩优良，本学期各课程考试成绩平均在 80 分以上，或考试成绩排名在班级前 6 名；

2. 在学校或校外竞赛中获过奖；

3. 对学校作出较大贡献，或为学校赢得荣誉；

4. 家庭贫困者，携家庭情况调查表和三级证明，且具有当地民政部门盖章。

以上四类奖助学金，均在未被学校或国家执法部门通报或处罚的学生中选评。

三、评选步骤

（一）学生本人申报，写出书面申报材料。

（二）辅导员组织全班学生根据评定表讨论推荐，辅导员主持团支部、班委会联席会议决定推荐名单，再由班级评定小组讨论推荐名单并签字上报二级学院。

（三）二级学院领导主持召开二级学院全体扩大会议（学生代表列席参加），会议对申报名单进行审核讨论，按比例提出名单，公示一周后，确定名单上报。

（四）学工处根据二级学院上报名单，审核申请奖助学金材料和二级学院推荐过程材料。

（五）学工处审核所有参评资料无异议后，报学校领导审批，再报省资助中心终审。

四、评选比例和奖金

（一）各二级学院严格按学校制定的评定表格进行打分、排名等条件审核评选，学校按照省资助中心下发文件中名额，按注册在籍学生总人数比例分配。

（二）学工处进行审核和综合平衡，发现弄虚作假、超过比例者，予以除名，且不准增补。确定名单后报学校领导审批。

（三）国家奖学金：每人每年 8000 元；国家励志奖学金：每人每年 5000 元；国家贫困助学金：一档每人每年 4400 元、二档每人每年 3300 元、三档每人每年 2200 元。学校颁发国家奖学金和国家励志奖学金荣誉证书，各二级学院同时向学生家长颁发喜报。

五、奖助学金发放

（一）省学生资助中心审核完成后，由学校财务处根据奖助学金审核名单、标准发放。

（二）发放方式由学校开户银行统一转账。如有跨行或跨省银行转账所产生的费用由学生本人承担。

（三）学校开户行及账号：中国建设银行共青支行 3600 1859 0000 5988 8888

六、其他

（一）评选时间定为每年的 10 月份。

（二）奖学金的评选不得重复计算。

十一、共青科技职业学院学生团体管理办法

第一章　总则

第一条　为进一步规范我校学生团体管理机制，使团体走上正规化、多元化、可持续发展的道路，丰富和活跃学生的“第二课堂”，繁荣校园文化生活，加强学生素质教育，依照省高校学生团体管理条例及学校的有关规定，特制定本办法。

第二条　本条例所称学生团体，是指我校学生自愿组成，为实现成员共同意愿，按照其章程开展活动的学生群众组织。

第三条　学生团体必须遵守宪法、法律、法规和国家政策，严格按照国家教育方针以

及我校的规章制度开展活动，不得从事与本团体宗旨无关的活动，全心全意为学生服务。

第四条　学生团体的基本任务：

（一）遵循和贯彻党的教育方针，促进德、智、体、美全面发展，培养和提高综合素质；

（二）坚持“自我教育、自我管理、自我服务”的原则；

（三）开展健康有益，丰富多彩的课外活动，服务和团结同学；

（四）发挥学生团体基层组织建设的载体作用，以丰富的内容、灵活的形式，配合各学科专业教学，开展具有学生团体特点的学术科研活动。

第五条　学生团体受校党委、学工处和校团委、学生会的领导和各二级学院指导。在有关部门的指导下通过校团委社团部承担学生团体的日常管理工作。

（一）校团委对学生团体的政治方向负责把关，在思想上、组织上、工作上统一领导，做到党、团领导进社团；

（二）学工处对学生团体的管理全面负责，日常工作侧重于学生团体的登记注册、活动审批、经费的审核以及违纪处理等行政事务；

（三）学工处对团体的工作进行引导、监督，并负责学生团体的评估表彰及其他管理服务工作，委托社团部对其主要干部进行指导培训；

（四）各二级学院必须派出和聘请有专业特长的学科尖子教师进行指导。

第六条　各学生团体的活动经费主要从会员费和二级学院经费中支出，还可以通过接受奖励或捐赠等其他正当方式获得经费，所有经费均归团体财务部统一管理，各团体财务活动必须遵守团体部财务监督和审查。

第七条　学生团体成立，应当经校团委审查，报学工处审定批准，并依照本办法的规定登记并注册。

学生团体名称应简单明了，组织活动、发放宣传物品时必须使用名称。

第二章　学生团体的成立

第八条　一个团体只能进行一类申请登记。

第九条　学生团体的成立审核程序为团委团体部初审、学工处审核、报校长或分管副校长批准。

第十条　成立学生团体，应当具备下列条件：

（一）向校学工处提出申请，并获得批准；

（二）由在籍学生发起，成立筹备专门组织负责筹建事宜。发起人必须具备有开展团体活动所必备的基本素质，且未受过校纪校规处分。

（三）有规范的团体名称和相应的组织机构；

（四）有规范的活动性质，能较准确反映其团体特征；

（五）有至少一名团体指导老师；

（六）有规范的团体章程；

（七）学生团体的名称应当符合法律、法规的规定，不得违背校园文明风尚。

第十一条　申请筹备成立学生团体，发起人应当向校学工处提交下列文件：

（一）申请书；

（二）章程；

（三）发起人和拟任负责人的基本情况介绍，学生证、身份证复印件；

（四）指导老师基本情况，身份证明。

第十二条　学生团体章程应当包括下列事项：

（一）名称、活动性质；

（二）宗旨、活动范围和活动方式；

（三）学生团体类别；

（四）团体成员资格及其权利、义务；

（五）组织管理制度，执行机构的产生程序及权限；

（六）财务管理、经费来源及使用的原则；

（七）负责人的条件、权限和产生、罢免的程序；

（八）章程的修改程序；

（九）团体终止的程序；

（十）应当由章程规定的其他事项。

第十三条　校学工处在收到本办法第十二条所列全部有效文件之日起两周后指派团委团体部考评、初审，再根据初审后的基本情况作出批准或不批准筹备的决定。筹备期间发起人不得以学生团体的名义收取会费和组织筹备以外的活动。

第十四条　批准成立的学生团体应尽快以公告或其他方式宣布成立。

第十五条　以下情况不得批准学生团体成立：

（一）团体宗旨、活动内容、范围不符合本办法第三条和第十条规定的；

（二）发起人受过校纪校规处分的；

（三）在申请筹备成立时弄虚作假的。

第三章　学生团体的监督管理

第十六条　学工处负责下列监督管理工作：

（一）负责学生团体的成立、变更、注销、登记和备案；

（二）监督团体开展的各项重大活动，对学生团体实施年度检查；

（三）对学生团体聘请校内外专家担任顾问的申请进行审查批准；

（四）对学生团体违反本条例的问题进行监督检查和处理。

第十七条　学生团体的经费必须用于章程规定的活动，任何人不得侵占、私分或挪用学生团体的财务，亦不得在团体成员中分配。学生团体接受捐赠、资助，必须向校团委报告接受、使用捐赠、资助的有关情况，并向全体成员公开。

第十八条　学生团体必须遵守团体部的财务管理制度，接受团体部的监督。学生团体在换届或者更换负责人之前，团体部应当对其进行财务检查。

第十九条　学生团体经申请注册审批后，每学期初应向团体部、学工处递交学期工作计划和年度工作总结报告。学生团体不得私自刻制公章，可以自备艺术图章和其他标志。如确因工作需要刻章，均须经学工处批准，到公安部门指定的地方刊刻椭圆形业务章一枚。

第二十条　每学期开学初各团体组织计划以外的重大活动，要提前申报，经批准后才能开展。每项活动结束后要做活动小结，交团体部存档。

第二十一条　学生团体可以创办内部刊物，但必须符合国家法律法规、学校规章制度和其他规定。内部刊物的编印和发行必须由校团委同意，二级学院领导审查通过。团委有权对违反本办法规定的团体刊物进行整改和停刊。

第四章　学生团体的组织机构

第二十二条　各团体负责人由学生团体会员代表大会选举产生，会员代表大会是学生团体的最高权力机构，依照《章程》的规定行使职权。

第二十三条　会员代表大会行使下列职权：

（一）选举和更改团体负责人；

（二）审议批准负责人的工作报告；

（三）对团体的变更、注销等事项作出决定；

（四）修改团体章程；

（五）监督团体财务活动；

（六）其他事项的表决。

第二十四条　会员代表大会应当每学年召开一次，并将大会形成的决议报给学工处和校团委团体部备案。

第二十五条　会员代表大会作出决议，必须经出席会议的会员半数以上通过；对团体变更、注销和修改章程作出决议，必须经出席会议的半数以上通过。

第二十六条　团体执行机构是会员大会领导下的团体日常事务处理机构，执行机构由团体主要负责人组成。

第二十七条　学生团体负责人主要指团体正副会长、各部部长及财务负责人，首届理事会成员应由筹备小组提出候选人名单经二级学院审查后再通过首次会员大会选举产生，学生团体的正副会长不得兼任财务负责人。

第二十八条　有下列情况之一者，不得担任或继续担任学生团体负责人：

（一）在校期间曾经受到校纪校规处分的；

（二）因违反有关规定被撤职或团体被宣布解散或注销的；

（三）有三门以上课程不及格的；

（四）其他不宜担任团体负责人的有关事项。

第五章　学生团体成员的权利义务

第二十九条　学生有权按照团体的章程规定申请加入或退出该团体。团体内部成员在享有权利和履行义务方面一律平等。

第三十条　团体成员有权了解所在团体的章程、组织机构和财务制度，对团体管理和活动提出建议咨询。

第三十一条　学生团体执行机构负责人违反本条例的有关规定和校纪校规，损害成员利益的，团体成员有权向学工处和校团委反映问题和情况。校团委团体部负责查处。

第三十二条　团体成员有按章程的规定选举担任团体职务的权利，并承担相应义务。

第三十三条　团体成员应当积极参加团体的各项活动，并有权向团体提出批评和建议，促进团体的健康发展。

第六章　学生团体的变更和注销

第三十四条　学生团体的登记需要变更的，应当在 7 日内向学工处申请变更登记。学生团体修改章程，应当在 7 日内报学工处核实批准。

第三十五条　学生团体有下列情况之一的，应当向团体部提出注销申请，报学工处批准执行：

（一）违背学生团体章程规定的；

（二）会员大会决议解散的；

（三）分立、合并的；

（四）团体被责令关闭或解散的；

（五）由于其他原因终止的。

第三十六条　学生团体提出注销申请，应当提交由团体负责人签名、经会员大会通过的注销申请书。团体部组织对其财务进行清算，并出具清算报告。清算期间，学生团体不得开展清算以外的活动。

第三十七条　学生团体应当自清算结束之日起 15 日内向学工处办理注销登记。

第三十八条　学生团体处理注销后的剩余财产，交校团委团体部后返还团体成员。

第三十九条　学生团体的注销，报批后以公告形式宣布。

第七章　学生团体的奖惩制度

第四十条　学校每学年评选一次“优秀团体”“优秀团体干部”，并组织参加共青省高校团体的评比。

第四十一条　学校“优秀团体”“优秀团体干部”评选条件和比例另行制定发布。

第四十二条　学生团体有下列情况之一者，团体部和上级组织有权责令其停止活动，进行整顿：

（一）活动范围、内容与团体宗旨、章程不符合；

（二）不接受本办法规定；

（三）财务制度混乱；

（四）不接受监督、不参加年度检查的；

（五）团体执行机构有严重违纪行为的；

（六）组织纪律性较差，不参加团体部例会的；

（七）其他应当进行整顿的。

第四十三条　学生团体有下列情形之一者，团体部和上级组织有权将其解散：

（一）团体活动违反宪法、法律、法规和规章的；

（二）团体执行机构知道或应该知道有成员利用团体名义从事非法活动而未予以有效制止的；

（三）背弃团体宗旨，情节恶劣的；

（四）应当进行定期注册而未注册，进行整顿后仍未注册的；

（五）团体连续两学期未开展活动的。

第八章　附则

第四十四条　本办法自发布之日起执行。

第四十五条　本办法将制定相关的细则和规章制度。

第四十六条　本办法由学工处负责解释。

十二、共青科技职业学院学生会章程

第一章　总则

第一条　共青科技职业学院学生会，是由校党委领导的，校团委指导的学生群众组织。

第二条　本会以马克思列宁主义、毛泽东思想、邓小平理论、“三个代表”重要思想和科学发展观为指导思想，引导学生用科学理论武装自己，在坚持学生会自身发展的基础上，努力促进全院学生健康成长。本会承认《中华学生联合会章程》，并作为团体会员加入中华学生联合会和省学生联合会。

第三条　本会围绕学校培养社会主义建设需要的合格人才的中心任务，坚持“自我教育、自我管理、自我服务”的方针，为促进同学成为社会主义建设所需要的合格人才而服务，为把共青科技职业学院建成一所优秀的高等院校而努力。

第四条　本会的任务：

（一）在维护学校总体利益的前提下，代表和维护同学的正当利益。包括倾听和反映同学对教学、生活等方面的意见和要求，协助学校落实各项制度、规定，切实起到桥梁和纽带作用；并在学校支持下，主要依靠自己的力量，解决同学的一些具体困难，使本会成为为同学们工作的服务部门。

（二）为同学服务。根据广大同学的特点，组织开展学习、科研、文体等健康有益的各种活动，以及勤工助学等各种社会实践，以激发同学们开拓、进取、参与的热情，提倡高尚的道德情操，从而提高广大同学的文化修养及各种能力。

（三）促进同学之间、同学与教师和职工之间的团结，负责我校与其他院校及社会各

界的联系交往，使本会成为团结和联络的渠道。

（四）密切联系各二级学院学生会，在一定程度和范围内领导其工作，成为各二级学院学生会的核心。

第二章　会员

第五条　凡共青科技职业学院的学生，不分层次，不分民族、性别、宗教、信仰，承认本会章程者均可成为本会会员（留校察看期间者除外）。

第六条　会员的权利和义务：

（一）有选举和被选举权，有权参加本会的一切活动。

（二）监督本会的领导机构和干部，对本会工作有讨论、批评和建议的权利。

（三）有遵守本会章程、执行本会决议、完成本会交给的各项任务的义务。

第三章　组织和职责

第七条　本会的组织原则是民主集中制。

第八条　全校学生代表大会：

（一）全校学生代表大会是本会的最高权力机构。全校学生代表大会每一年召开一次，如有特殊情况，经党委批准，可适当提前或延迟召开。

（二）参加全校学生代表大会的代表，由各班民主选举产生（代表人数为学生人数的1/15），代表任期至下届学生代表大会召开为止。

（三）学生代表大会的任务和职权：

1. 听取和审议上届学生会的工作报告；

2. 讨论和决定本届学生会的工作任务；

3. 讨论、修改本会章程；

4. 选举产生新一届学生会委员会。

第九条　学生会委员会：

（一）学生会委员会是全校学生代表大会的权力象征，在学生代表大会闭会期间行使学生代表大会权力，其职责履行至下届学生代表大会选举的学生会委员会产生为止。

（二）学生会委员会由若干名委员组成，其中选举产生校学生会主席1人，副主席4~5人，秘书长1名，副秘书长1~2名，组成常务委员会，负责学生会日常工作的领导和决策。

（三）校学生会设秘书长1名，聘请校团委专职老师担任，代表团委指导、协调和帮助校学生会的工作。

（四）在校学生会常务委员会的领导下，由委员会负责学生会日常工作，并对各二级学院学生会的工作进行具体的指导与协调。

（五）学生会委员会的职权：

1. 委员会的提议有三分之二委员通过的情况下，有权免去校学生会主席或副主席的职务，推选产生新的校学生会主席或副主席；

2. 讨论、制订学生会整体工作计划，听取各二级学院学生会的工作汇报，领导学生会各级组织的工作；

3. 解释本会章程，监督本章程的实施；

4. 在工作需要的情况下，委员会可邀请有关二级学院学生会主席、学生社团负责人参加委员会扩大会议，商讨学生会有关工作；

5. 委员会可根据工作需要，设立若干辅助性工作机构，交流总结各二级学院学生会工作情况，检查学生会工作计划执行情况；

6. 筹备和召开全校学生代表大会。

（六）关于委员会委员更替。学生代表大会闭会期间，若学生会委员本人因特殊原因无法继续担任或不宜于担任学生会委员工作，须由本人或其所在的二级学院代表组提出书面申请，经学生会委员讨论并半数同意后，可免去其委员资格，并由该委员所在代表组推荐新的替补人选，经委员会讨论并经半数同意后，成为正式委员，行使学生会委员的权利和义务。

第四章　二级学院学生会和班委会

第十条　二级学院学生会：

（一）二级学院学生会是本会的基层组织，是校学生会的执行机构，受所在二级学院党组织领导，接受所在二级学院团总支和校学生会的指导帮助。

（二）二级学院学生会职权：执行学生代表大会的决议和决定，负责二级学院学生会的日常工作；完成校学生会布置的工作；行使二级学院党政组织授予的其他职权。

（三）二级学院学生会由主席 1 人、副主席 1~2 人和各职能部门负责人组成，负责日常工作。

第十一条　各班委会：

（一）班委会是实现本会各项工作的基层单位。班委会由班长、副班长、学习委员、生活委员、纪律委员、文体委员、劳动委员等组成，实行集体领导、分工负责制。

（二）班委会的工作接受班主任指导，受学校、二级学院学生会行政领导，负责本班的日常工作，并有义务完成校、二级学院学生会交给的任务。

（三）班委会由全班同学民主选举产生，每学期或每学年改选一次，并报二级学院学生会备案。

十三、共青科技职业学院校友会章程

第一章　总则

第一条　本会定名为共青科技职业学院校友会。会址设在共青科技职业学院校内。

第二条　本会宗旨是：联系校友，增进友谊，相互支持，共谋发展。本会将充分发挥

母校与校友间的桥梁和纽带作用，凭借校友的影响力，宣传好共科院；凝聚校友的力量，共同建设好共科院。团结广大校友，为母校的发展，为鄱阳湖生态经济圈和昌九一体化共青先导区建设贡献力量。

第三条　本会将严格遵照国家宪法、法律、法规和政策开展活动。秉承“励志、博学、厚德、创新”校训，发扬母校的优良校风，把本会建设成独具特色的社会团体。

第二章　会员

第四条　凡在共青科技职业学院学习过的毕业生（含自考生、委培生）及工作过的教职工，均属于学校校友。校友中凡赞同本会章程者，并自愿申请，均为本会会员。

第五条　非本校校友，但对共科院的建设和发展作出较大贡献者，经本会讨论通过，可授予本会名誉会员资格。

第六条　会员的权利和义务：

（一）会员的权利：

1. 在校友会内，会员有选举权、被选举权和表决权；

2. 有权对本会或母校工作提出意见和建议；

3. 有权参加校友会组织的各项活动；

4. 有权获得校友会的各类信息和资料；

5. 对本会的工作有监督权。

（二）会员的义务：

1. 遵守本会章程及有关规定；

2. 维护本会的声誉和合法权益；

3. 执行本会的决议，接受并完成本会委托的任务；

4. 关心本会及母校的工作，积极参与母校组织的有关活动；

5. 努力做好本职工作，为母校争光；

6. 维护母校的声誉和形象，对损坏母校声誉和形象的行为敢于进行批评和纠正。

第七条　对违背本会宗旨或损害本会名誉的会员，经校友会讨论通过，取消其会员资格。

第三章　组织机构

第八条　会员代表大会是本会的最高权力机构，一般每届五年。因特殊情况需提前或延期换届的，需经校友会讨论通过。会员代表大会设校友会会长（会长由学校办学法人担任）、副会长和秘书长等职。会员代表大会的主要任务是：

（一）制定和修改校友会的章程；

（二）讨论决定校友会的方针、计划和重大问题；

（三）制订校友会工作计划，撰写各项报告；

（四）做好召开会员代表大会的筹备工作；

（五）加强与各地校友会分会的信息交流；

（六）审批会员。

第九条　本会日常办事机构是校友会办公室，可设主任、副主任等职，其主要工作任务是：

（一）执行校友会的决议；

（二）拟定校友会工作计划和总结；

（三）负责校友来信和接待校友来访；

（四）负责本会经费预算、使用和管理；

（五）负责在校园网上不定期发布校友信息。

第四章　职责范围

第十条　本会的职责范围是：

（一）广泛联系和凝聚省内外各地校友，构建校友的信息网络，增进友谊，团结协作，共同关注、促进母校的建设和发展，努力为母校的发展建设献策献力；

（二）协助各地建立校友分会，服务广大校友，为校友回校继续学习提供方便，为加强校友间的资源整合，搭建情感联络、事业合作的平台；

（三）协同各地校友会，积极配合母校做好招生宣传工作，动员推荐当地考生报考共青科技职业学院；

（四）充分发挥广大校友为母校学生提供就业咨询的作用，言传身教，有力推动学生就业；

（五）通过各地校友分会，促进学院与地方、与企业在项目开发和人才培养方面的合作，不断提高母校的品牌和声誉。

第五章　经费

第十一条　经费来源：

（一）学校拨付；

（二）校友捐赠；

（三）企事业单位、社会团体捐赠；

（四）其他合法收入。

第十二条　本会经费必须用于本章程规定的作用范围。严格遵守财务管理制度规定，并定期向校友会报告财务的收支情况，接受广大会员监督。

第六章　附则

第十三条　本章程的修改权属会员代表大会，本章程的解释权属校友会办公室。

第十四条　本章程经会员代表大会通过，自社会团体行政主管核准注册管理登记之日起生效。

十四、共青科技职业学院学生十要十不准

一、要准时上课、自习，勤奋学习；不准上课、自习时迟到、早退、闲逛、泡网吧。
二、要养成良好的生活习惯；不准吸烟、赌博、酗酒、随地吐痰。
三、男女交往要文明大方，举止得体；不准搂抱过市、有伤风化。
四、要诚实守信，讲究礼貌；不准说脏话、粗话、假话。
五、要团结友爱，遵守秩序；不准聚众喧哗、起哄、拉帮结派、打架斗殴。
六、要有环保意识，保持清洁，讲究卫生；不准乱扔纸屑杂物、乱倒污水。
七、要爱护校园环境；不准损坏公物、践踏花草。
八、要穿戴整洁，形象高雅；不准衣着邋遢，不准男生留长发、染发。
九、要加强修养，举止文明，爱护环境；不准乱贴乱画、踢墙踢门。
十、要守纪律、讲文明；不准违反校纪校规。

十五、共青科技职业学院“三好学生”和“优秀学生干部”评选办法

为全面贯彻党的教育方针，推进素质教育，培养热爱中国共产党和社会主义祖国，有理想、有道德、有文化、有纪律，具有艰苦奋斗、开拓创新精神的优秀人才，激励上进，表彰德、智、体、美全面发展的优秀学生，充分调动广大学生的积极性，学校对学生进行一年一度的“三好学生”“优秀学生干部”、个人单项优秀奖的评选活动。评选办法如下：

一、评选条件

（一）“三好学生”评选条件
1. 品德分为优，未受过处分。
2. 所修课程全部及格，无补考，学业成绩排名居本班前 20 名。
3. 经常参加文娱体育活动，身体、心理健康。
（二）“优秀学生干部”评选条件
具备三好学生条件（学业成绩可酌情放宽到排名居本班前 30 名），担任学生干部（包括班干部、学生会干部、团干部）表现突出，成绩较显著。
（三）个人单项优秀奖评选条件
个人单项优秀奖是为学生在学习、科研活动、精神文明建设以及学校开展的各项活动方面，成绩特别突出，为学校赢得了荣誉，而设立的单项奖。本项奖励在评选条件及授奖时间上均可根据具体情况灵活掌握。

二、评选比例

1. “三好学生”“优秀学生干部”分别占本班人数 6%。
2. 先进组织（青年先锋队、军训教官队、校学生会）和社团评选“优秀学生干部”

分别占本社团人数的 10% 和 8%。

3. 个人单项优秀奖根据事迹而定，不受名额限制。

三、评选程序

1.“三好学生”和“优秀学生干部”候选人名单，由班主任组织本班学生民主推选确定，二级学院评选，学工处审核，学校领导审批。

2. 个人单项优秀奖由本人提出申请或由班级、二级学院、有关部门推荐，学工处审核，报校长审批。

四、奖励办法

“三好学生”“优秀学生干部”和个人单项优秀奖由学校张榜表扬，颁发荣誉证书；表现突出者，颁发“共青科技职业学院奖学金”。“三好学生”“优秀学生干部”和个人单项优秀奖及“共青科技职业学院奖学金”获得者，获奖登记表存入本人档案。必要时，可向学生家长寄发“喜报”。

五、荣誉与奖励的撤销

凡因违纪受到学校警告以上处分的学生，已获得“三好学生”“优秀学生干部”等个人荣誉称号者，撤销其已获得的荣誉称号，停发奖学金。

十六、共青科技职业学院“优秀毕业生”和“优秀共青团干部”评选办法

为全面贯彻党的教育方针，激励广大学生努力学习，推进素质教育，培养德、智、体、美全面发展的社会主义事业建设者和接班人，做有理想、有道德、有文化、有纪律，具有艰苦奋斗、开拓创新精神的优秀人才，充分调动广大学生的积极性，学校对学生进行一年一度的“优秀毕业生”“优秀共青团干部”的评选活动。评选办法如下：

一、评选时间和对象

“优秀毕业生”“优秀共青团干部”评选在学生毕业当年的 4—6 月份进行，评选范围为本校能如期完成学业并取得学历证书的应届毕业生。

二、评选条件和要求

（一）评选条件

1. 热爱祖国，拥护中国共产党的领导和社会主义制度，具有坚定、正确的政治方向和过硬的思想政治素质，积极践行社会主义核心价值体系；模范遵守和执行《普通高等学校学生管理规定》《高等学校学生行为准则》和共青科技职业学院《学生手册》，在校期间未受过任何处分或通报批评。

2. 积极参加社会实践和其他各项活动，起到模范带头作用，关心集体，团结同学，在广大同学中具有较高的威信。

3. 学习刻苦，勇于探索，努力掌握现代科学文化知识和实践技能，在校期间学习成绩优异，无不及格科目。

4. 在校期间品德优秀，无违纪行为。

5. 按照专业教学计划组织开展的顶岗实习、毕业实习及社会实践成绩合格。

6. 在校期间受到国家、省及市级表彰一次以上（含一次），或受到校级表彰两次以上（含两次）。

7. 具有创业意识，并积极开展创业实践活动的毕业生，在同等条件下优先评选。

8. 除上述条件要求之外，还可具备下列条件之一：

（1）被评为校级三好学生（含优秀党、团员）或优秀学生干部（含优秀党、团干部）等校级以上荣誉；

（2）获得校级以上技能大赛的人员；

（3）在某一方面表现突出，成绩显著，曾获得省、校级奖励。

（二）确定评优学生名单

各二级学院组织被推荐的毕业生认真填写《共青科技职业学院优秀毕业生 / 共青团干部审批表》，对优秀毕业生审批表进行仔细审核，做到内容真实、字迹工整，各项不得空缺。各二级学院学工负责人须填写《共青科技职业学院 ×××× 届毕业生评优评先汇总表》。对各二级学院上报的优秀毕业生推荐材料，由学工处按评优标准进行审核，确定优秀毕业生名单，并将相关材料放入毕业生档案。

（三）时间安排

请各二级学院于每年 6 月 15 日前将相关材料上报。

1. 优秀毕业生 / 共青团干部审批表及辅助材料，以二级学院汇总上报。

2. 汇总表需上交电子版和纸质版，纸质版上要有各部门审核情况并加盖公章或签字报至学工处，电子稿发送至学工处秘书处，逾期不报视为自动放弃参评资格。

三、评选办法

1. 班级提名。在班级全体学生充分酝酿的基础上，由班级提出推荐对象名单。

2. 各二级学院审查各班提名人员，为学工处提供真实参考依据，并在学院内进行公示。

3. 学工处考查。由学工处考查各二级学院班级提名对象，并广泛征求其他教师和其他同学的意见，向学校报告被提名对象的考察情况，并在校内公示。

4. 学校审定。学校全面审核推荐对象的有关情况及其推荐材料，确定优秀毕业生名单。

四、奖励办法

1. 优秀毕业生和优秀共青团干部比例控制在学校当年毕业生总人数的 15% 和 2% 以内（详情见附表 4）。

2. 经评定的优秀毕业生和优秀共青团干部，由学校授予“优秀毕业生”“优秀共青团干部”称号，颁发荣誉证书，并在全校通报表扬，记入本人档案。

3. 经学校评定的优秀毕业生、优秀共青团干部，还将具备参评省级优秀毕业生的资格。

十七、共青科技职业学院先进学院和先进班级评选办法

一、先进学院条件

1. 政治思想工作有力。坚持正确的政治方向，坚持四项基本原则，勇于改革创新。学院党支部组织健全，能发挥战斗堡垒作用，党课教育、组织发展、思想政治工作有安排，有措施，有检查，常抓不懈，卓有成效。学院政治空气浓。团结和谐，积极向上，无任何事故发生。

2. 学院领导班子团结协作。主动工作，严格要求，以身作则，有威信，有凝聚力。团总支、学生分会组织健全，主动积极开展工作。党员模范带头，发挥作用。教师骨干无严重违纪，无责任事故。

3. 教学教改业绩显著。学院教学秩序稳定有序，教学质量检查严谨。学生考试成绩不断提高，作弊现象明显减少。专业建设、学科建设、师资队伍建设抓得好，有创新。教学改革，学术科研，出成果，出人才。学校布置的各项工作任务圆满完成。

4. 学生管理工作到位。经常开展各项活动，抓紧学生文明纪律教育，妥善处理各种问题，基本做到“六无”：无打架斗殴，无聚众闹事，无小偷小摸，无旷课离校，无破坏公物，无安全事故，学院教室、寝室、环境卫生责任区清洁卫生好。

二、先进班级条件

1. 政治空气浓。坚定正确的政治方向，坚持四项基本原则，思想政治工作常抓不懈，卓有成效。班会、班级活动经常开展，生动活泼，全班团结和谐，尊师爱生，积极向上，圆满完成各种工作任务，在各种评比竞赛活动中力争第一，夺红旗，集体荣誉感强。

2. 班级骨干强。班主任到岗到位，认真负责，热爱学生，方法灵活，有威信。团支部、班委会组织健全。班级会议和活动记录齐全。班干部团结协作，积极主动，以身作则，模范带头，有凝聚力。

3. 班风学风正。全班绝大多数同学学习态度端正，勤奋学习。学生到课率 95% 以上，出操率 95% 以上，胸卡佩戴率 95% 以上。课堂纪律好，自习秩序好，作业按时交，考试无作弊，全班学习成绩居本学院同年级先进行列。

4. 文明纪律好。讲文明、讲礼貌、讲道德、守纪律。尊敬老师做到“五个一”：上课起立道一声“教师好”，课间擦一次黑板，送一杯开水，课后擦一次讲台，每周写一篇表扬老师稿。班级实现“六无”：无打架斗殴，无聚众闹事，无小偷小摸，无旷课离校，无破坏公物，无安全事故。

5. 清洁卫生好。教室、寝室、环境卫生责任区按时清扫，保持整洁，装饰布置有文化氛围。检查评比优良，名次居本学院前列，有环保意识，不随地吐痰，不损坏草木，不

乱扔废物，不搞“白色污染”。

三、流动红旗评选方法

每月评选一次先进学院、先进班级，并颁发流动红旗。评选方法：

1. 各学院参照先进班级条件评选。每月 28 日前，各学院向学工处呈交本月工作小结，并呈报先进班级名单（班级名称、班主任、班长、团支书姓名）和先进班级工作小结。

先进班级名额上限：各学院按 10% 上报（不足 10 个班的学院报 1 个班，其他按四舍五入计算名额）。

2. 学工处审核。学工处参照先进学院条件，会同教务处、保卫处研究提供先进学院候选名单，并审核先进班级名单，一般尊重学院意见，若有异议要求学院重新评选。

3. 学院领导审核公布，先进学院的第一名先进班级为本月“国旗班”。

4. 颁发流动红旗。每月第一个星期一早晨升国旗仪式上颁发上月先进学院流动红旗和先进班级流动红旗，并由国旗班代表讲话。

升国旗仪式由军体部主持，校卫队实施；流动红旗颁发仪式由学工处主持，学校领导宣布和颁发。

四、表彰和奖励

1. 对每月评选出的先进学院院长、先进班班主任将颁发奖状和奖金。

2. 每学期从获得过月流动红旗的学院和班级中评选本学期先进学院和先进班级，由学校领导审批公布，并颁发奖状和奖金。

五、本办法由校务委员会制定和修改，学工处负责解释。

十八、共青科技职业学院升国旗仪式和颁发流动红旗仪式实施办法

一、时间安排

每月第一个学习日（星期一）早晨 7:30 在学校广场举行升国旗仪式，进行爱国主义、集体主义和革命英雄主义教育。

二、主持和参加

升国旗仪式由学工处主持，军教部负责指挥，教官队负责升旗，广播站负责音响设备和播放乐曲。

参加升旗仪式的班级是：获得先进学院流动红旗的学院领导和全学院各班级班主任和全班同学；获得先进班级流动红旗的班级班主任和全班同学；“国旗班”班主任和同学在旗杆前单独列队。

学校学生会和团委干部在指挥台一侧列队。欢迎全校教职员工参加升国旗仪式。

三、升国旗仪式程序

1. 集合。各班级在7:25前按指定位置成四路纵队集合、整队，班主任和领队站在本班右侧前列，持班牌的学生站在本班前面中央。各学院和班级领队向指挥员报告学院（班级）名称和人数。

2. 整队。口令："立正！向右看齐！向前看！稍息！"全体按口令整队。

3. 迎国旗。口令："升国旗仪式开始！立正！迎国旗！"广播放《歌唱祖国》乐曲，校卫队持国旗正步入场，全体肃立行注目礼。

4. 升旗。口令："升国旗！唱国歌！向国旗敬礼！"广播放《国歌》乐曲，升旗手、各班领队行举手礼，全场行注目礼并随国歌乐曲高唱国歌。

5. 仪式结束。口令："礼毕！各班跑步散开！"广播放院歌乐曲，校卫队跑步退场。各班集体跑步离场，进行早操活动。

四、颁发流动红旗仪式

每月月初第一次升旗仪式之后，举行颁发先进学院、先进班级流动红旗仪式，以表示对先进单位的褒奖。

颁发流动红旗仪式在上述"升旗"程序后接着进行，由学工处主持。程序如下：

1. 请学校领导宣读上月先进单位名单。当宣读到每个单位名称时，该单位全体同学集体答"到！"全场热烈鼓掌表示祝贺，该单位代表跑步到主席台前列队准备接旗。

2. 颁发流动红旗。由学校领导向各单位代表颁发流动红旗，广播播放欢迎乐曲。

3. 国旗班代表国旗下演讲。国旗班代表出列走到国旗下做演讲。全场应热烈鼓掌。

必要时，学校领导或学工处领导还可做简短讲话。

4. 唱院歌。广播播放《我们走在大路上》，全场随乐曲高唱。

5. 仪式结束。口令："各班跑步带开！"校卫队跑步退场。各班集体跑步离场，进行早操活动。

五、本办法由学工处制定并负责实施和解释。

十九、共青科技职业学院学生证、学生校徽管理办法

一、证件发放

凡本院正式录取的学生在入学取得学籍后，发给学生证一个、校徽一枚。均由学生本人签名领取。

二、证件的使用和保管

1. 学生证是学生的身份证明，校徽是学生身份标志，只限本人使用，不得转借、涂改或赠送他人。

2. 每学期开学时，学生须持本人学生证到所在二级学院办理报到、注册手续，并由班主任统一到学工处加盖注册章。

3. 学生证、校徽要注意爱护，妥善保管，谨防丢失。

三、证件的更换、补发、回收

1. 凡不慎遗失学生证、校徽，应立即向所在系部报告。经系部核准后，填写补发证件申请表，并由班主任、系部签署意见，到学工处办理补证手续，并缴纳补证、挂失费。

2. 凡因损毁证件或专业调整等原因需换发证件者，除不需挂失外，参照本条第 1 款办理。

3. 补、换证件的时间为每周三下午，节假日顺延。

4. 学生毕业或因各种原因注销学籍离校时，应将学生证、校徽交回学工处；如有遗失，参照本条第 1 款处理。

四、在办理证件过程中弄虚作假、伪造证件或利用他人证件进行违纪、违法活动者，按学校有关规定严肃处理。

二十、共青科技职业学院学生请假制度

一、学生应按时参加学校规定的一切活动。早操、升国旗、上课、自习、实验、上机、实习、参观、劳动、开会等都要严格考勤，因故不能参加者，必须请假。

二、有病有事请假，必须办理请假手续，由本人写好请假条，说明原因，批准签字后生效。

三、请假一天以内由辅导员批准；两天以内，由二级学院审批，并报学工处备案；三天以上、一周以内由学工处审批，并报送书记；一周以上由分管校长审批。所有请假条由辅导员保管，作为考勤根据。

四、请假期满应按时返校，并及时向辅导员及有关部门办理销假手续。

五、请假未经批准或请假逾期未经续假者，均按旷课论处，一天按旷课 6 学时计。

二十一、共青科技职业学院学生交费注册规定

一、新生入校和老生新学年开学时，应按学校规定的交费标准一次性缴纳本学年的全部学费。凭学校财务处的收费单据到教务处注册，方能取得学籍，编班参加学习。不缴学费者，不能注册。

二、对于经济上确有困难的学生，由本人提出申请，并出具乡镇级以上的证明，经辅导员、二级学院签署意见，报学工处。在学校确定是否减缓免的意见后，将通知学生所在二级学院和班级。

三、未经学校批准，每学年的整个上学期仍未缴清学费者，不能说明贫困原因或办理

缓缴手续者，不能注册，按自动退学处理。

四、对于恶意欠缴学费的学生，在规定缴费期内未缴的，按照休学或退学处理。

五、留级生按留级后所在专业（年级）的缴费标准缴费。

六、学费之外的住宿费等一律不减免。住宿公寓的学生，住宿费标准由学校另行规定。

七、缴费注册后因特殊原因需要退费，按《江西省民办高校学生退（转）学退费办法》执行。

二十二、共青科技职业学院文明宿舍评选条例

一、为强化学生宿舍精神文明建设，促进学生良好习惯的形成，鼓励先进，学校每学期在学生宿舍中评选一次“文明宿舍”。

二、文明宿舍评选的条件是：

1. 在一学期的历次卫生检查和抽查中成绩均为优良。

2. 宿舍成员无违反学生宿舍管理规定的现象，无违规用电、抽烟酗酒和异性互窜宿舍现象。

3. 政治氛围好。宿舍成员在政治上积极要求进步，能开展有益于身心健康，不影响宿舍纪律的文化生活。

4. 文明有礼。宿舍成员团结互助，能模范遵守学院各项规章制度，并能批评和制止违反宿舍管理的行为；爱护公物，并能主动参与宿舍楼的公益劳动。

5. 学习好。宿舍成员学期学习成绩总评没有不及格现象。

三、学期初，由宿舍长向楼层管理员和班主任提出参评先进宿舍的书面申请。学期末，由宿舍长代表本宿舍写出符合参评先进宿舍条件的报告给楼层管理员和班主任。班主任会同楼层管理员初评同意后，报二级学院复审，再报学工处审批。

四、学工处颁发“文明宿舍”红旗。

二十三、共青科技职业学校学生校风校纪检查制度

为加强文明校园建设，在日常校园管理工作中提高学生自我教育、自我管理水平，我校组建由学工处领导的学生校风校纪监察队。

一、监察队员岗位职责及考评

（一）职责

1. 监察学生自觉遵守学校的各项规定，并起表率作用。协助学校有关部门维护校园正常的教学和生活秩序，制止和纠正各种违反校纪校规和其他管理规定的行为以及一切不文明举止，并做好纠正违纪的记录。

2. 积极收集和反映学生对校风、学风建设有关规定执行情况的意见和要求。

3. 对不服从管理、触犯校规校纪者，向学工处提出违纪情况及处理意见，并通报违

者所在的二级学院和班级。

（二）考核

对监察队员在其岗位上的工作表现，学工处将向学校党组织和各二级学院反馈，作为考查他们的重要内容。对表现突出的监察队员，学校将在年度总结中给予表彰和奖励。对不负责的监察队员，将给予批评直至撤换。

二、监察组织设置及工作范围

（一）组织设置

监察队由学工处负责组织指导，学生会纪检部直接执行，副部长任队长，监察员由学生党员和学生中申请入党积极分子组成。队员按有关规定履行职责，上岗时须戴标志。

（二）工作范围

监察队主要对教学区及公共场所（厕所除外）出现的学生吸烟、酗酒，在公共场所大声喧哗，使用肮脏语言，使用侮辱性语言，以及男女同学勾肩搭背，拥抱接吻等不文明行为实施监察和纠正，以维护校园文明风貌。

三、对违纪同学的处理办法

1. 监察队员有权要求违纪者出示证件，并让其填写违纪情况单，写出书面检查，送交学工处。

2. 对违纪者给予全校通报批评，同时将被取消当年的一切荣誉评比资格。

3. 对两次或两次以上违犯的同学将视情节给予相应处分。

二十四、共青科技职业学院学生办理离校手续规定

一、学生因毕业等各种原因离校，必须在离校前规定期限内还清所借用的学校财物，方能办理离校手续。

二、毕业生应在学校规定的时间内，办理离校手续。勒令退学和开除学籍者，应在决定宣布 2 日内办理离校手续。

三、凡离校者都应到教务处领取《离校手续单》，并按《离校手续单》所开列的单位，逐一办清离校手续，并由办理者签字，加盖公章，最后交回教务处，方可认定离校手续已办理完毕。

四、学生办完离校手续后，教务处将会同学工处，按学生的去向办理好学生档案的转递手续。

五、学生自退学之日起，不再享受本学校学生的一切待遇。

六、具体流程按下图进行。

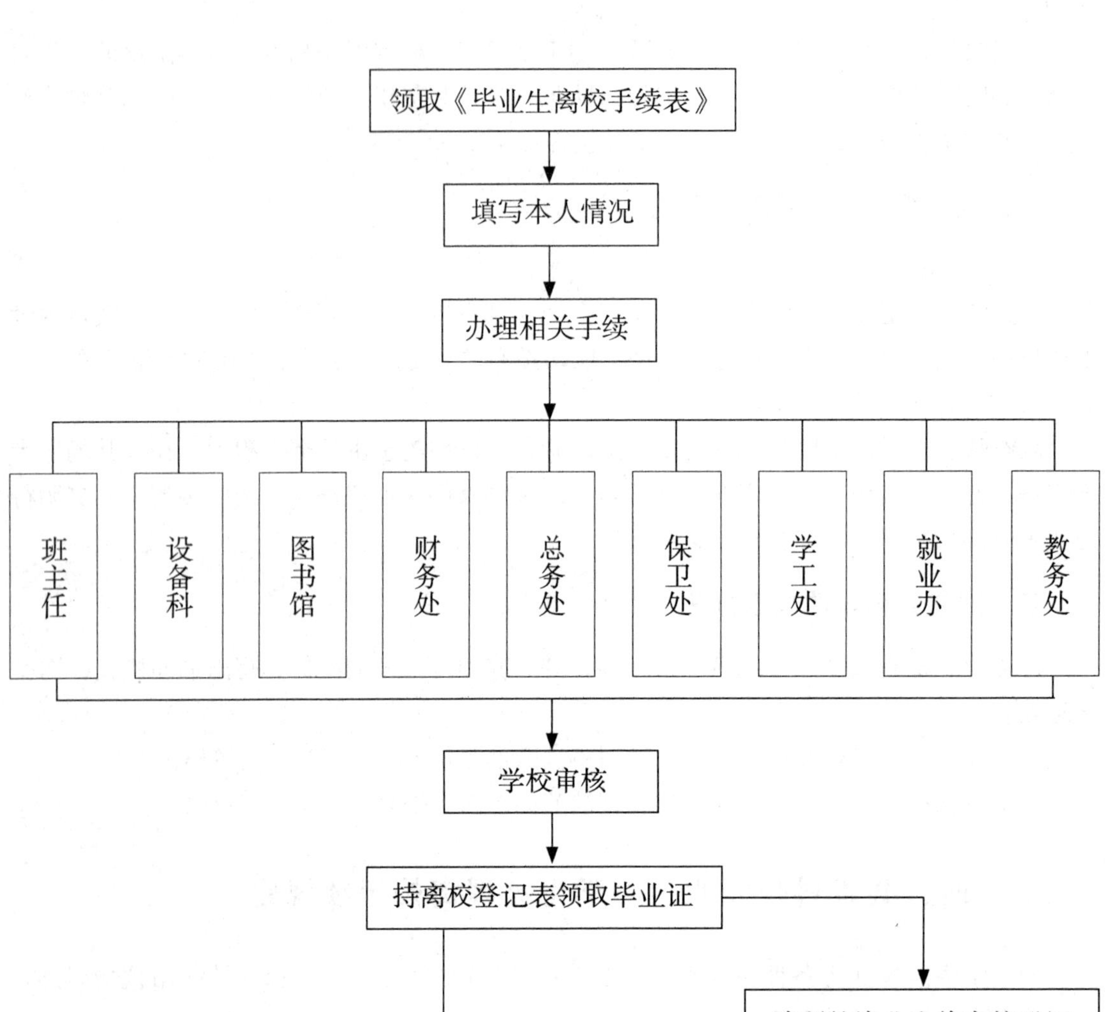

领取《毕业生离校手续表》
填写本人情况
办理相关手续
班主任
设备科
图书馆
财务处
总务处
保卫处
学工处
就业办
教务处
学校审核
持离校登记表领取毕业证
读研的毕业生将离校登记表交就业办公室
离校

二十五、共青科技职业学院学生 28 项诚信承诺书

本人＿＿＿＿＿＿＿＿＿＿＿＿，身份证号码：＿＿＿＿＿＿＿＿＿＿＿＿＿＿＿＿

监护人	姓名	政治面貌	工作单位	职务	家庭住址	联系电话
父亲						
母亲						

<table>
<tr><th>序号</th><th>类别</th><th>本人郑重诚信承诺：努力成为理论基础扎实、实践能力强、具有社会责任感、创新精神的高素质技术技能型人才。在校学习生活期间，严格遵守共青科技职业学院的各项规章制度。具体承诺如下：</th></tr>
<tr><td>1</td><td rowspan="7">行为规范类</td><td>遵守国家宪法和法律、法规，遵守共青科技职业学院规章制度，不参与违反四项基本原则、影响国家统一和社会稳定、邪教和封建迷信等活动，不传播谣言和其他不当言论；努力宣传共科文化，维护学校声誉和形象。</td></tr>
<tr><td>2</td><td>热爱祖国，服务人民。弘扬中华传统美德。努力践行社会主义核心价值观：富强、民主、文明、和谐、自由、平等、公正、法治、爱国、敬业、诚信、友善。</td></tr>
<tr><td>3</td><td>遵守国家和学校关于网络使用的有关规定，文明使用互联网，不登录非法网站和传播非法文字、音频、视频资料等，不编造或者传播虚假、有害信息；不攻击、侵入他人计算机和移动通信网络系统。</td></tr>
<tr><td>4</td><td>按时缴费、注册，每学年在规定时间内按规定缴纳学费、住宿费、书本费，本人亲自到学校收费大厅缴纳学费等，或将学费等通过银行或学校指定微信收费系统直接转入共青科技职业学院公账，取得国家税务局通用机打发票。不委托其他任何人交费，否则，由此产生的一切后果由本人承担。</td></tr>
<tr><td>5</td><td>遇到困难或问题，第一时间电话或书面报告辅导员，若辅导员暂时无法解决，越级报告。发现和遇到安全隐患问题，第一时间报告辅导员，并同时报告学校安全保卫处。</td></tr>
<tr><td>6</td><td>诚实守信，严于律己。不酗酒，不在公共场所吸烟，不打架斗殴，不赌博，不吸毒，不传播、复制、贩卖非法书刊和音像制品；不参与任何网贷、非法传销；不从事或者参与有损大学生形象、有悖社会公德的活动。不使用或藏匿管制刀具等法律明令的违禁物品。</td></tr>
<tr><td>7</td><td>如果本人未满十八周岁，来校报到后，第一时间联系本人监护人，每学期到校报到第一周内将该承诺书寄回家中，让其监护人签署“委托学生所在班级辅导员进行监管”意见，并提交监护人证明或由本人户口所在地公证处公证后，通过邮寄的方式寄回学校，交予相应部门存档。</td></tr>
</table>

续表

<table>
<tr><td>8</td><td rowspan="3">行为规范类</td><td>积极参加文体活动，保持身心健康；参加学校统一组织的游泳，如在校内游泳池游泳，需到学校教务处培训科报名，参加统一培训后，在有专业教练员看护情况下进行。严格遵守学校关于禁止学生私自下江、河、湖、海游泳的规定。</td></tr>
<tr><td>9</td><td>遵守学校一卡通管理制度。进出校门、宿舍自觉接受门卫、宿管检查，按照门岗管理要求做好个人信息登记。</td></tr>
<tr><td>10</td><td>遵守请假销假制度，请假经批准后方可离校。</td></tr>
<tr><td>11</td><td rowspan="8">文明修身类</td><td>尊老爱幼，孝敬父母、尊敬师长，关心同学，文明礼貌，团结友爱，与老师见面，点头微笑，遇到佩戴共科校徽胸章的专家和教师主动问候“老师好”。</td></tr>
<tr><td>12</td><td>在公共场所讲普通话，穿戴得体，不穿拖鞋、背心进教室和实训室，不随地吐痰，不乱扔垃圾，不大声喧哗；积极做保护校园环境的卫士，及时制止校园不文明行为。</td></tr>
<tr><td>13</td><td>树立正确的恋爱观，不因感情纠纷做出伤人害己的过激行为。生活中遇到困难，树立战胜困难的信心和勇气，积极借力解决；不因遇到问题、重复去想相同的问题增加自己的压力，加大心理负担，影响自身持续发展。</td></tr>
<tr><td>14</td><td>加强自身修养。养成学习业务知识项目实践、反复钻研专业领域的好习惯。不玩黄色、暴力游戏，不浏览黄色网站，不看色情书刊、光盘、视频。</td></tr>
<tr><td>15</td><td>保持宿舍、教室等公共场所墙面、地面的卫生整洁，不乱丢乱放，不乱涂乱画，按自己的班级学号对应座位的良好秩序。</td></tr>
<tr><td>16</td><td>不攀爬阳台和窗、门；乘坐电梯或上下楼梯时，按先后顺序排队。前进往右，礼让在左，礼让来校访学、考察的专家来宾。</td></tr>
<tr><td>17</td><td>有序排队，文明用餐，按规定将餐盘放置回收处，并清理餐桌。勤俭节约，不铺张浪费。不使用塑料餐盒等白色污染物。</td></tr>
<tr><td>18</td><td>乐于助人，积极参加志愿者服务活动；热爱劳动，积极参加班级活动和公益活动，积极参加科技活动。</td></tr>
<tr><td>19</td><td rowspan="3">学习类</td><td>遵守学校人才培养方案规定，三年制大专总课时量2500节，其中校外实习480节。其他时间参加教务处培训科组织的计算机基础考试，在大一学年期间参加培训考证，大二学年期间参加专业技能培训考证，即1个学历证+2个技能证书取得予以毕业。本人已经了解人才培养方案规定最后一学年的12月份开始校外实习。校外实习安全等一切责任由本人承担。</td></tr>
<tr><td>20</td><td>刻苦学习，认真完成学业。做好课前预习，按时完成课后作业；遵守课堂和考试纪律，尊重自己及他人的作品和项目成果。积极参与案例讨论、分析，每月至少两次以上。积极参加小组课内外讨论。遵从学术规范，恪守学术道德，不作弊，不剽窃。</td></tr>
<tr><td>21</td><td>勤勉好学，不断提高自主学习能力，充分利用好课后业余时间，利用图书馆、实训室、网络进行自学。积极参加大学生创业孵化项目和创新创业活动。</td></tr>
</table>

续表

22	学习类	遵守班级班会制度，按时参加辅导员召开的班会，不迟到，不早退，不缺席，服从班级管理和班干组织。
23		积极参加课外活动，参加1个以上的学生社团，并遵守学生社团的规章制度。
24		遵守课堂纪律，不迟到、不早退。按照考勤制度，认真登记本人上课的考勤记录；不带食品进入教室，下课清洁自己座位，确保地面没有灰尘。
25	宿舍管理类	保持良好作息习惯，营造和谐宿舍环境。按时作息，良好的生活习惯是22时30分前入睡，特殊情况下在23时30分前必须归寝上床，夜间不喧哗吵闹；自觉保持宿舍卫生，物品摆放整齐，宿舍窗外不悬挂物品。
26		爱护学校资产。不损坏宿舍楼栋内公共设施，禁止向宿舍窗户外乱扔物品。及时上报宿舍维修报修单，积极创造良好的生活环境。
27		提高安全意识，杜绝安全隐患。保管好贵重物品，以防财产丢失。远离明火、易燃易爆品，规范用电，确保安全。不在宿舍使用大功率电器；给手机充电时远离易燃物品，在宿舍无人的情况下不给手机等电子产品充电。
28		爱护消防设备，杜绝偷电、偷水以及盗用网络信号等违规行为。

备注：学生签本承诺书时应仔细阅读再签名按手印，签完后统一上交学工处备案。

（最新修改版2019年8月25日）

二十六、共青科技职业学院学生文明公约

一、传承航天精神，培育共科特质。以实际行动做共科人的形象代表，做现代文明的使者。

二、踏实主动学习，培养创新精神。遵循“实”字校风，端正学习目的，心无旁骛，主动学习，勇于创新，积极实践。

三、遵守社会公德，树立良好形象。公共场所保持肃静，不喧哗，不妨碍他人工作、学习；文明就餐，不吸烟，不酗酒；文明使用网络，自觉抵制不良信息，不传播淫秽视频和图片，不观看淫秽网站，文明上网；遵守公共道德，男女交往文明。

四、举止大方文明，倡导社会新风。仪表端庄，服饰整洁；待人礼貌，尊敬师长，尊重他人，乐于助人，团结友爱。

五、遵守校纪校规，规范个人习惯。遵守课堂纪律，不迟到，不早退，不旷课；树立诚信意识，恪守学术道德，不抄袭，不作弊，不剽窃；遵守宿舍管理，按时作息，不晚归，不使用违章电器，不留宿校外人员，不在校外租房住宿，不在学生宿舍叫、送外卖。

六、关心学校发展，爱护校园环境。热爱学校，维护学校利益；爱护公共设施，爱护花草树木，珍惜环境资源。

七、注重勤俭节约，积极参加活动。关心集体，热爱劳动，积极参加社会实践；生活节俭，不乱花钱，合理有效使用奖助学金，不向家庭提出超越实际的生活要求。

八、遵纪守法，争做合法公民。倡导健康的生活方式，远离“黄、赌、毒”。

九、内强自身素质，争做文明先锋。努力提高个人综合素质，保持心理健康，提高适应能力，增强安全意识，防止意外事故，全面成长成才，争做“健康、文明、积极、上进”的新一代大学生。

二十七、共青科技职业学院辅导员、班主任队伍建设实施办法

第一章　总则

第一条　为深入贯彻落实《中共中央国务院关于加强和改进新形势下高校思想政治工作的意见》（2017 年 2 月印发）、《中共中央国务院关于全面深化新时代教师队伍建设改革的意见》(2018 年 1 月 20 日新华社) 文件精神，切实加强学校辅导员、班主任队伍建设，根据《普通高等学校辅导员队伍建设规定》（教育部令第 43 号）、《关于贯彻落实 < 普通高等学校辅导员队伍建设规定 > 的实施意见》（赣教社政字〔2018〕18 号）等文件精神，推动学校辅导员、班主任队伍的职业化、专业化建设，特制定本实施办法。

第二条　辅导员是指在高等学校中从事学生日常思想政治教育和管理的专职工作人员，具有教师和管理人员双重身份。辅导员是开展大学生思想政治教育的骨干力量，是高等学校学生日常思想政治教育和管理工作的组织者、实施者和指导者。

第三条　加强辅导员、班主任队伍建设，应围绕立德树人根本任务，坚持育人为本、德育为先，促进学校改革、发展与稳定，促进培养德、智、体、美全面发展的社会主义事业建设者和接班人，按照政治强、业务精、纪律严、作风正的要求，通过精心选拔、积极培养、科学考核、优先发展，着力构建辅导员、班主任队伍建设的长效机制。

第二章　配备与选聘

第四条　学生辅导员的配备坚持专职为主、专兼结合的原则。学校本、专科学生辅导员总体上按照不低于 1:200 的比例配备，有全日制本科学生的学院都必须配备专职辅导员。且配备时要有针对性地充分考虑学生年级、专业和人数的不同，注意学员、性别结构的合理搭配，原则上一名辅导员负责的年级不超过两个。并严格落实师生比 1:50 的比例设置专职少数民族辅导员岗位的要求，并足额配备到位。

第五条　辅导员选聘应当坚持如下标准：

（一）具有坚定正确的政治方向，具有一定的政治理论水平，必须是中共党员或预备党员，在重大政治问题上立场坚定，能与党中央保持一致，坚决维护党和国家的利益和学

校的稳定；

（二）具有思想政治教育工作相关学科的宽口径知识储备，具备较强的组织管理能力和语言、文字表达能力及教育引导能力，有一定的分析问题和解决问题的能力，能运用相关知识解决学生工作的实际问题；

（三）道德品质优良，作风正派，乐于奉献，潜心教书育人，有较强的事业心和责任感，热爱大学生思想政治教育事业；

（四）身心健康，具备工作岗位所必需的身体素质和心理素质；

（五）具备本科以上学历，大学期间曾担任二级学院及以上主要学生干部或相关社会兼职。

第六条　选聘原则：

（一）坚持德才兼备和全面发展的原则；

（二）坚持公平、公正、公开的原则；

（三）坚持竞争与择优选聘的原则；

（四）坚持优化队伍结构的原则。

第七条　辅导员的选聘在学校理事会、党委、行政的统一领导下进行，由学工处（部）牵头，会同组织、人事及相关部门人员组织完成，按照辅导员选聘标准，采取组织推荐和公开招聘相结合的方式进行，通过笔试、面试、心理测试和考核等形式进行选聘。

第八条　专职辅导员的选聘程序：

（一）用人学院提出选聘计划，学工处汇总调剂，报人事处核定选聘人数；

（二）发布招聘信息；

（三）学工处（部）组织报名；

（四）学工处（部）牵头，会同组织部、人事处、纪检、用人学院、心理咨询中心等部门领导对拟聘人员进行资格审查、面试、笔试、心理测试和考核，并将考核结果公示一周；

（五）学工处（部）提出选聘意见，并报学校理事会审批；

（六）签订劳动合同。

第九条　新聘任的辅导员要接受一定的岗前培训，经考核合格后，方能成为正式的辅导员。正式辅导员就职前要进行宣誓，辅导员誓词：我志愿成为一名高校辅导员，拥护党的领导，献身教育事业；恪守职业规范，提升专业素养；情系学生成长，做好良师益友；为国家培养有理想、有本领、有担当，适应新时代发展需求的青年大学生而努力奋斗。

第十条　辅导员选聘实行试用期制度，试用期为一年，试用期满经考核称职者，予以录用任职；不称职，不予以录用。辅导员试用期满正式录用，试用期计算为辅导员岗位连续工作年限。

第十一条　辅导员的转入与转出须报学生处（部）审批备案，各部门、学院不得随意调动辅导员岗位。专职辅导员必须在辅导员岗位工作满三年后，方可转岗。

第十二条　新聘任的青年专业教师，应该从事一年以上时间的辅导员工作，方能参与专业教师的职务（职称）评聘。

第三章　要求与职责

第十三条　辅导员工作的要求是：

（一）恪守爱国守法、敬业爱生、育人为本、终身学习、为人师表的职业守则。

（二）围绕学生、关照学生、服务学生，把握学生成长规律，不断提高学生思想水平、政治觉悟、道德品质、文化素养。

（三）引导学生正确认识世界和中国发展大势、正确认识中国特色和国际比较、正确认识时代责任和历史使命、正确认识远大抱负和脚踏实地，成为又红又专、德才兼备、全面发展的中国特色社会主义合格建设者和可靠接班人。

（四）定期开展工作调研。深入学生班级和宿舍，全面了解和准确分析学生思想、学习和生活情况，及时调整工作思路和方法。

（五）注重运用各种新工作载体，特别是网络等现代科学技术和手段，努力拓展工作途径，增强教育的吸引力和感染力。

第十四条　辅导员的主要工作职责是：

（一）思想理论教育和价值引领。以习近平新时代中国特色社会主义思想为指导，引导学生深入学习习近平总书记系列重要讲话精神和治国理政新理念新思想新战略，深入开展中国特色社会主义、中国梦宣传教育和社会主义核心价值观教育，帮助学生不断坚定中国特色社会主义道路自信、理论自信、制度自信、文化自信，牢固树立正确的世界观、人生观、价值观。掌握学生思想行为特点及思想政治状况，有针对性地帮助学生处理好思想认识、价值取向、学习生活、择业交友等方面的具体问题。

（二）党团和班级建设。开展学生骨干的遴选、培养、激励工作，开展学生入党积极分子培养教育工作，开展学生党员发展和教育管理服务工作，指导学生党支部和班团组织建设。

（三）学风建设。熟悉了解学生所学专业的基本情况，激发学生学习兴趣，引导学生养成良好的学习习惯，掌握正确的学习方法。指导学生开展课外科技学术实践活动，营造浓厚学习氛围。

（四）学生日常事务管理。开展入学教育、文明行为和习惯养成教育、毕业择业观教育及相关管理和服务工作。组织开展学生军事训练。组织评选各类奖学金、助学金。指导学生办理助学贷款。组织学生开展勤工俭学活动，做好学生困难帮扶。为学生提供生活指导，促进学生和谐相处、互帮互助。

（五）心理健康教育与咨询工作。协助学校心理健康教育机构开展心理健康教育，对学生心理问题进行初步排查和疏导，组织开展心理健康知识普及宣传活动，培育学生理性平和、乐观向上的健康心态。

（六）网络思想政治教育。运用新媒体新技术，推动思想政治工作传统优势与信息技术高度融合。构建网络思想政治教育重要阵地，积极传播先进文化。加强学生网络素养教

育，积极培养校园好网民，引导学生创作网络文化作品，弘扬主旋律，传播正能量。创新工作路径，加强与学生的网上互动交流，运用网络新媒体对学生开展思想引领、学习指导、生活辅导、心理咨询等。

（七）校园危机事件应对。组织开展基本安全教育。参与学校、学院危机事件工作预案制定和执行。对校园危机事件进行初步处理，稳定局面，控制事态发展，及时掌握危机事件信息并按程序上报。危机事件后应对其研究分析和总结。

（八）职业规划与就业创业指导。为学生提供科学的职业生涯规划和就业指导以及相关服务，帮助学生树立正确的就业观念，引导学生到基层、到西部、到祖国最需要的地方建功立业。

（九）理论和实践研究。努力学习思想政治教育的基本理论和相关学科知识，参加相关学科领域学术交流活动，参与校内外思想政治教育课题或项目研究。

第四章　培训与培养

第十五条　建立辅导员岗前培训、日常培训和骨干培训制度。新聘任辅导员必须先培训后上岗，学校有计划、有组织地安排辅导员参加各种岗位培训，专职辅导员培训纳入学校师资培训计划。组织辅导员每年参加一次校内学术交流活动，定期举办辅导员论坛和辅导员工作沙龙，不断丰富辅导员学习培训的内容和形式，拓展辅导员学习交流的空间。

第十六条　建立辅导员学习考察制度。定期选拔优秀辅导员参加业务进修，到其他高校学习交流，使其开阔眼界，丰富阅历，提升能力。辅导员外出参加学术活动、学习考察等，纳入学校师资培训计划。

第十七条　学校支持辅导员在做好大学生思想政治教育工作的基础上攻读相关专业更高层次的学位，支持辅导员开展大学生思想政治教育工作课题和项目研究，鼓励和支持专职辅导员成为思想政治教育工作方面的专门人才。

第十八条　辅导员考核优秀且在任职期间获得与辅导员工作相关的省级以上荣誉者，在职务晋升上予以优先考虑，并给予一定的物质奖励。

第十九条　辅导员队伍是学校后备干部培养和选拔的重要来源。学校要加强辅导员队伍建设，对优秀的辅导员给予重点培养，在选拔中层干部时重视选拔有辅导员工作经历的干部，在保证学生工作队伍相对稳定、专业化水平不断提高的基础上，有计划地向校内管理岗位选派优秀辅导员。

第五章　管理与考核

第二十条　辅导员实行学校和学院双重管理。学工处（部）是学校管理辅导员队伍的职能部门，与学院共同做好辅导员管理工作。学院对辅导员进行直接领导和管理。

第二十一条　辅导员日常管理实行坐班制和五天住校制，各学院负责检查辅导员坐班和住校情况，学工处（部）负责抽查。各学院每周至少召开一次辅导员工作会议，布置工作任务，听取班级工作汇报，交流工作经验，及时解决、反馈班级学生中出现和遇到的各种问题与困难。

第二十二条　各学院要加强辅导员工作作风建设和师德师风建设，严守“六严禁”底线。“六严禁”内容：

（一）严禁在评奖评助、推优入党、评优评先中向学生“索、拿、卡、要”；

（二）严禁私自带学生出去或介绍推荐他人参加应酬或出入娱乐场所；

（三）严禁与学生发生纠纷，尤其发生肢体冲突；

（四）严禁与学生发生经济往来，并通过各种形式利用学生赚取财物（如非法推荐学生参加校外的各种培训：技能考证、专升本、英语等级、本升硕等）；

（五）严禁代收学生学费、杂费、公寓费；

（六）严禁与非毕业生谈恋爱，不允许辅导员在办公场所外的私人场所找异性聊天。

凡一经发现辅导员有以上行为之一者，取消带班资格；情节严重者按照校纪校规处理；构成犯罪的，一律移送司法机关处理。

第二十三条　辅导员的考核工作由学工处（部）负责。具体工作按照《共青科技职业学院辅导员、班主任考核办法》执行。坚持日常业务考核与年终学生测评、学院主管领导测评、学工处（部）测评相结合的全方位考核原则，健全考核体系，规范考核程序，加大量化考核力度，使考核结果与辅导员评奖评优、绩效奖励及晋升挂钩。建立十大“最美辅导员”表彰体系，每学年举行一次“最美辅导员”表彰活动。

第二十四条　考核不合格的辅导员两年内不得提拔重用，并予以诫勉，诫勉期为半年，诫勉期满有明显改进的可以留用，继续从事辅导员工作；如果仍表现不好的，按照规定调离辅导员岗位。学校人事部门、学生工作部门根据（赣人社发〔2017〕51 号）、（赣教社政字〔2018〕18 号）要求，共同制定青年教师晋升高级专业技术职务（职称），必须有两年担任辅导员工作经历并考核合格的实施细则。

第二十五条　辅导员有下列情形之一，不得继续从事辅导员工作，且调离辅导员队伍：

（一）在事关政治原则、政治立场和政治方向问题上不能与党中央保持一致；

（二）学生评价差，在学生中威信低；

（三）因个人工作失职而直接造成重大事故，产生严重不良后果；

（四）不能履行辅导员工作职责；

（五）其他不得从事辅导员工作的情形。

第六章　辅导员晋升与待遇

第二十六条　学校对认真履行工作职责，工作成绩突出，年度考核为优秀的辅导员，授予“优秀辅导员”荣誉称号，予以表彰，颁发荣誉证书，并给予一定的物质奖励。

第二十七条　专职辅导员的定级以考核结果为依据，由二级学院报学工部(处)、人事处审定，报校务委员会审定。担任专职辅导员三年以上，符合条件，经考核评议优秀

者，可聘定为四级辅导员，享受副科级工资待遇；担任四级辅导员三年以上，符合条件，经考核评议优秀者，可聘定为三级辅导员，享受正科级工资待遇；担任三级辅导员三年以上，符合条件，经考核评议优秀者，可聘定为二级辅导员，享受副处级工资待遇；担任二级辅导员四年以上，符合条件，经考核评议优秀者，可聘定为一级辅导员，享受正处级工资待遇。已具有级别的党政干部从事辅导员工作，可根据实际情况，聘定相应级别辅导员。

第二十八条　学校将培养一支素质好、业务能力强、有发展潜力的中青年辅导员作为学校的后备干部，具备条件的，可优先考虑提拔到各级领导岗位。

第二十九条　对在聘期考核不合格的辅导员，根据情况予以解聘。

第七章　附则

第三十条　在专职辅导员没有配备到位的情况下，兼职辅导员、班主任的选聘、录用、考核等工作参照本办法执行。

第三十一条　本实施细则自公布之日起执行，解释权归学工处（部）。

二十八、共青科技职业学院辅导员、班主任工作考核实施办法

第一章　总则

第一条　辅导员、班主任是学校思政工作队伍和管理队伍的重要组成部分，是学生日常教育管理工作的组织者和实施者。为了全面、客观、公正、准确地评价辅导员、班主任工作，建立健全科学合理的辅导员、班主任考核指标体系，逐步实现辅导员、班主任考核工作的制度化、规范化和科学化，激励和促进辅导员不断提高政治素质和业务水平，根据《普通高等学校辅导员队伍建设规定》（教育部令第 43 号）、《高等学校辅导员职业能力标准（暂行）》、《共青科技职业学院辅导员、班主任队伍建设实施办法》要求，特制定本考核办法。

第二条　辅导员、班主任考核坚持定量考核和定性考核相结合、日常考核与集中考核相结合，自我评价、学生评议与组织评议相结合的原则，力求公开、公正、公平，实事求是，注重实效。

第三条　本办法适用于全校专、兼职辅导员、班主任。

第二章　考核组织

第四条　学校成立辅导员、班主任考核工作领导小组，由分管学生工作的校领导任组长，学工处（部）负责人任副组长，相关职能部门负责人及二级学院分管学生工作的负责人为组员，全面负责全校辅导员、班主任考核的组织协调、结果审定与申诉处理。领导小组办公室设在学工处（部）。

第五条　学院成立由院长任组长，分管学生工作的书记或副院长任副组长，学工科成

员、辅导员、班主任代表为组员的学院辅导员、班主任考核工作小组，由组长和副组长具体负责本院系辅导员、班主任考核工作的实施。

第三章　考核内容与标准

第六条　辅导员、班主任考核以《共青科技职业学院辅导员、班主任队伍建设实施办法》中规定的基本条件、工作要求和工作职责等为主要内容，从“德、能、勤、绩、廉”五方面进行考核，总分 100 分。主要包括职业道德、思想引领、班风学风建设、学生行为养成教育、学生宿舍管理、维护校园安全稳定等内容，重点是“绩”的考核。考核项目中“绩”项所占比例为 50%，“德、能、勤、廉”占 50%。具体考核内容见《共青科技职业学院辅导员、班主任工作考核评分细则表》（附件 2）。

第七条　考核结果分为优、合格、基本合格、不合格四个等级。

（一）优秀辅导员测评标准：

1. 学生满意度测评平均值在 28 分以上（含 28 分）；

2. 测评综合分值在 90 分以上。

（二）合格辅导员测评标准：

1. 学生满意度测评平均值为 25~28 分；

2. 测评综合分值在 75~90 分（含 75 分）。

（三）基本合格辅导员测评标准：

1. 学生满意度测评平均值为 20~24 分；

2. 测评综合分值在 60~74 分。

（四）有下列情况之一者视为不合格辅导员：

1. 学生满意度测评平均值低于 20 分；

2. 测评综合分值在 60 分以下；

3. 在事关政治原则、政治立场等方面不能与党中央保持一致者；

4. 因个人工作不力造成班级学生发生重大事故，且造成严重后果者；

5. 在重大事件中不能及时上报且不及时到场处理者；

6. 因个人不能很好履行岗位职责导致班级管理混乱甚至失控者；

7. 违反共青科技职业学院辅导员、班主任“六严禁”规定；

8. 其他严重违反工作制度者。

第四章　考核方式与程序

第八条　辅导员、班主任的考核由月考核和年终考核相结合进行。其中月考核按照《共青科技职业学院辅导员、班主任月考核细则（试行）》实行，由辅导员、班主任所在学院负责考核；年终考核一般在每年年终进行，采取个人自评、学生评议、学院考评、学工处（部）考评的量化考核方式。学院辅导员、班主任考核工作小组根据本学院每位辅导员、班主任个人总结、学生评议情况，对照《共青科技职业学院辅导员、班主任工作考核

评分细则表》中的项目，对本学院所有辅导员、班主任的工作情况进行评定打分，并将考核结果报学校辅导员、班主任考核工作领导小组办公室，学校辅导员、班主任考核工作领导小组对各学院辅导员、班主任的考核结果进行审核和评定。

（一）个人自评。对照《共青科技职业学院辅导员、班主任队伍建设实施办法》的有关要求，辅导员、班主任对本人一年的工作作出全面的总结和梳理，填写《共青科技职业学院辅导员、班主任工作考核登记表》，交学院辅导员、班主任考核工作小组，由考核工作小组统一上交校辅导员、班主任考核工作领导小组。

（二）学生评价。各学院辅导员、班主任考核工作小组通过召开学生座谈会、学生评价打分（随机抽取学生填写《共青科技职业学院辅导员、班主任工作考核学生评价表》）等方式在学生中开展民主评议，掌握学生对辅导员、班主任的评价情况。参与评价的学生要有一定的代表性和广泛性，不少于本班学生的 30%。最后由各学院辅导员、班主任考核工作小组安排专人将学生评价情况进行汇总并计算平均分。

（三）学院考评。各学院根据辅导员、班主任平时的实际表现和工作实绩，参照学生的评议情况，组织辅导员、班主任考核工作小组人员对辅导员、班主任的工作情况进行评定，并按《共青科技职业学院辅导员、班主任工作考核评分细则表》中的项目进行打分。

（四）学工处（部）考核。学工处（部）组织开展辅导员、班主任工作检查，检查辅导员、班主任工作职责履行，辅导员、班主任工作台账建立、班级学习风气、参与学校组织活动等方面情况，并结合学校评奖评优、资助、特殊群体帮扶、安全教育等工作落实情况进行打分。

学工处（部）核算辅导员、班主任考核的最终得分，并对辅导员、班主任的考核结果进行汇总、上报；经学校辅导员、班主任考核领导小组审核、公示无异议后，确定最终结果。同时在辅导员、班主任工作档案中备案。

第五章　考核结果及作用

第九条　辅导员考核结果将作为职务聘任、职称评定、培训学习和各类奖惩的重要依据。

（一）辅导员工作考核每年进行一次，专、兼职辅导员工作考核分开进行。

（二）学校辅导员、班主任考核工作领导小组对全体辅导员、班主任考核成绩进行排序，辅导员、班主任工作满 1 年、考核结果为“优秀”且综合成绩排在前 10% 者，直接授予“共青科技职业学院优秀辅导员”荣誉称号。

（三）考核结果为基本合格者，学校辅导员、班主任考核工作领导小组将对其进行诫勉谈话，并根据下一年考核情况决定该同志的发展去向问题。考核结果为不合格者，对于当年新进辅导员、班主任将按照学校相关规定解除聘用合同，其他人员将视情况调离辅导员、班主任队伍，对因玩忽职守、失职渎职造成严重后果的，按学校人事制度解除聘任合同，并追究相关责任。

第六章　附则

第十条　在考核年度内，有下列情况之一者，不可评为优秀：

（一）所带毕业班学生初次就业率低于 75% 的；

（二）一学年无故请事假超过 15 天或旷工超过 5 天；

（三）所带班级发生重大人身及财产事故的，或发生群体性斗殴事件的；

（四）所带班级学生到课率低于 96% 的。

第十一条　在考核年度内，具备下列情况之一者，在同等情况下可以优先确定为优秀等级：

（一）辅导员在省级或以上比赛或竞赛中获得优异名次的；

（二）辅导员所带的班级集体（或团体）获省级以上表彰的；

（三）辅导员所带的学生个人获国家级以上奖励（国家奖学金除外）或表彰的，如大学生年度人物、大学生自强之星等；

（四）在维护校园稳定等方面贡献突出，受到学校表彰的。

第十二条　在考核年度内，具备下列情况之一者，直接确定为不称职等级：

（一）在师生中散布违反国家法律法规、影响校园和社会稳定的言论，造成恶劣影响的；

（二）不服从工作安排或屡次不能按时完成单位交给的工作任务，造成不良影响的；

（三）所带毕业班学生初次就业率低于 60% 的；

（四）故意虚报学生就业情况信息的；

（五）疏于教育管理，学生发生严重违纪现象，造成恶劣影响的；

（六）发生突发事件，未能及时到达现场并妥善处置的；

（七）学生发生重大人身伤亡事故，造成恶劣影响的；

（八）受到党纪、行政纪律处分及治安或刑事处罚的；

（九）违反江西省学生资助工作“十不准”规定的；

（十）对学生中的违纪行为隐瞒不报、故意包庇或纵容学生违纪，造成恶劣影响的。

第十三条　本办法自颁布之日起执行。

第十四条　本办法由学工处（部）负责解释。

附件 1：共青科技职业学院辅导员、班主任工作考核登记表；

附件 2：共青科技职业学院辅导员、班主任工作考核评分细则表；

附件 3：共青科技职业学院辅导员、班主任工作考核学生评价表；

附件 4：共青科技职业学院辅导员、班主任学工处（部）年度考核表；

附件 5：共青科技职业学院辅导员、班主任年度工作考核汇总表；

附件 6：共青科技职业学院优秀辅导员、班主任推荐审批表。

附件 1：

共青科技职业学院辅导员、班主任工作考核登记表

（　　　年度）

<table>
<tr><td>姓　名</td><td></td><td>性别</td><td></td><td>出生年月</td><td></td><td>政治面貌</td><td></td></tr>
<tr><td>职　务</td><td></td><td>职称</td><td></td><td>联系电话</td><td></td><td>学　历</td><td></td></tr>
<tr><td>毕业院校、专业</td><td colspan="3"></td><td>参加工作时　间</td><td colspan="3"></td></tr>
<tr><td colspan="4">担任辅导员时间及年限</td><td colspan="4"></td></tr>
<tr><td>所在学院</td><td colspan="2"></td><td>所带班级</td><td colspan="2"></td><td>总人数</td><td></td></tr>
<tr><td>本　人
年　度
总　结</td><td colspan="7">（详细总结附后）
自评分：
本人签名：
年　月　日</td></tr>
<tr><td>本年度
本　人
奖　惩</td><td colspan="7"></td></tr>
<tr><td>本年度
所带班
级奖惩</td><td colspan="7"></td></tr>
<tr><td>考核
得分</td><td colspan="7">自评分：　学生测评分：　学院测评分：　学生处（部）测评分：
考核总分：
学院党组织书记签字（盖章）：　年　月　日</td></tr>
<tr><td>学生处
（部）
意　见</td><td colspan="7">考核资格等次：
负责人签字（盖章）：　年　月　日</td></tr>
<tr><td>考核领导
小组意见</td><td colspan="7">考核结论：
负责人签字（盖章）：　年　月　日</td></tr>
</table>

注：1. 各项测评分以各分项应占百分比总和算定。

2. 考核结论为“优秀”“称职”“基本称职”“不称职”。该表存入个人工作业务考核档案。

附件 2:

共青科技职业学院辅导员、班主任工作考核评分细则表

学院：　　　　姓名：　　　　所带班级：

一级指标	指标要素	评价内容	各项得分	各项得分小计
德（7 分）	政治素质 思想品德 社会公德 职业道德	具有高度政治敏锐性和政治责任感，保持清醒的全局观和大局意识，组织性、纪律性强。（1 分）		
		了解学生教育、管理的一般规律和有关规定，引导学生进步。（2 分）		
		品德修养好，工作中以身作则，遵纪守法，为人师表。（1 分）		
		高度重视学校布置的各项工作和任务，组织观念强，自觉服从工作需要。（1 分）		
		爱岗敬业，具有强烈的服务意识，尊重学生，关心学生。（2 分）		
廉（8 分）	廉洁从政 廉洁从教 廉洁从业	处理问题公正、客观。（2 分）		
		廉洁自律。严格遵守共青科技职业学院辅导员、班主任“六严禁”（6 分）		
能（15 分）	基本能力 专业技能 创新能力 协调能力	具备较强的语言表达能力和文字写作能力，善于与学生沟通。（3 分）		
		协调管理能力强，能处理好各种学生事务。（3 分）		
		观察能力强，能及时发现和处理学生中存在的问题，快速妥当处理、解决突发事件。（3 分）		
		学习能力强，能不断加强自身学习。（3 分）		
		探索学生工作中的新思路、新方法；能积极组织班级学生开展有特色、有影响的活动。（3 分）		
勤（20 分）	出勤率 组织纪律 责任心 积极性	坚持深入班级、宿舍，关心学生学习生活，重点关注夜不归宿的学生，每周住校五天（即周一、二、三、四、日），特殊情况下需每天住校，未报批的视为缺勤；（6 分）与学生谈心，及时了解学生的思想状况；（2 分）大力开展思想引领，经常组织开展政治理论学习和各种主题教育活动等，传播正能量。（4 分）		
		经常与学生家长联系，并有文字记载。（2 分）		
		按时参加学校、院系召开的各种会议、活动和培训。（2 分）		
		不迟到、不早退、不旷工、不无故请假。（2 分）		
		按要求及时完成学校和学院部署的各项任务，无延误现象。（2 分）		

续表

一级指标	指标要素		评价内容	各项得分	各项得分小计
奖分	道德风尚 竞赛奖励 荣誉称号		创造性地开展教育、管理和服务工作，有值得推广的经验。（受官方媒体报道或获得政府、官方奖励，国家级加 10 分，省级加 8 分，市级加 5 分，学校加 3 分。）		
			辅导员、班主任或辅导员、班主任所带班集体或学生在全国、省、市参加重大活动和比赛中，受到表彰和嘉奖。（荣获国家级一、二、三等奖的分别加 10 分、8 分、6 分；荣获省级一、二、三等奖的分别加 6 分、5 分、4 分；荣获市级一、二、三等奖的分别加 5 分、4 分、3 分；荣获校级一、二、三等奖的分别加 3 分、2 分、1 分。）		
			学生工作理论探讨与研究，成果显著，论文或案例参加全国、省、市、校比赛获奖的。（按国家级、省级、市级分别每篇加 10 分、8 分、6 分、4 分。）		
			在维护校园稳定等方面作出重大贡献，受到学校重大表彰的，加 5 分。		
绩（50 分）	工作数量 工作质量 工作效益	学生日常事务管理效果（10 分）	完整地统计和及时更新所带班级学生个人及家庭情况基本信息，学生档案资料齐全，可随时调阅。（2 分）		
			建立和及时更新贫困生档案信息，关心、帮扶家庭经济困难学生，奖、贷、助等工作实施到位。（2 分）		
			学生综合素质测评成绩有理有据，评优评先、典型学生培养等事迹材料齐全。（2 分）		
			责任教室、责任区、所带班级学生寝室卫生状况良好，及时更新教室文化窗、黑板报等。（2 分）		
			有规范健全的班级规章管理制度（班规）。（1 分）		
			班级组织机构健全，职责分明，能很好地选拔和培养班干部。（1 分）		
		考风学风建设（10 分）	对学生进行法制法规、民族政策和校纪校规教育得力，所带班级学生举止文明、行为规范。（2 分）		
			及时纠正和查处学生违纪行为，对受处分学生的再教育工作及时到位。（2 分）		
			经常召开学习经验交流会和学习竞赛，以赛促学，并积极采取措施推动学风建设。（4 分）		
			考前做好宣传教育工作，严肃考风考纪。（2 分）		

续表

<table>
<tr><th>一级指标</th><th colspan="2">指标要素</th><th>评价内容</th><th>各项得分</th><th>各项得分小计</th></tr>
<tr><td rowspan="12">绩（50分）</td><td rowspan="12">工作数量
工作质量
工作效益</td><td rowspan="2">组织学生开展思想教育的效果（10分）</td><td>组织政治学习、主题班会及团日活动，有记录，效果明显。（6分）</td><td></td><td rowspan="12"></td></tr>
<tr><td>积极引导和指导学生参与有益身心健康的体育、文艺、科技等比赛竞赛和各种社会实践活动等。（4分）</td><td></td></tr>
<tr><td rowspan="3">心理健康教育（6分）</td><td>关心班级学生成长，经常开展班级心理健康教育活动，效果良好。（2分）</td><td></td></tr>
<tr><td>有完整的寝室信息员、班级心理委员工作网络，信息工作渠道畅通。（2分）</td><td></td></tr>
<tr><td>关心、帮助、教育在学习、心理、生活等方面存在问题的学生，及时反映和处理班级学生的不良心理问题。（2分）</td><td></td></tr>
<tr><td rowspan="3">就业创业教育（6分）</td><td>教育学生做好职业生涯规划，对学生的就业、创业进行指导和帮扶，及时在班级学生中发布就业、创业信息。（2分）</td><td></td></tr>
<tr><td>完整准确地统计毕业生就业情况并及时上报；做好毕业生就业情况核查工作（包括待就业毕业生信息、家庭经济困难、残疾和就业困难毕业生信息等），收集好毕业生就业证明相关材料。（2分）</td><td></td></tr>
<tr><td>引导、鼓励学生积极参与“西部计划”“三支一扶”“应征入伍”等国家基层就业项目以及研究生和公务员考试。（2分）</td><td></td></tr>
<tr><td>缴费率（2分）</td><td>辅导员、班主任所带班级存在欠缴学费情况。（注1）</td><td></td></tr>
<tr><td>到课率（3分）</td><td>辅导员、班主任所带班级存在缺课情况。（注2）</td><td></td></tr>
<tr><td>巩固率（3分）</td><td>辅导员、班主任所带班级存在学生流失情况。（注3）</td><td></td></tr>
<tr></tr>
<tr><td colspan="4">综合得分</td><td colspan="2"></td></tr>
</table>

注1：缴学费率大于等于98%，小于99.5%的，扣1分；大于等于95%，小于98%的，扣2分；小于95%的，扣3分。

注2：到课率大于等于96%，小于98%的，扣1分；大于等于90%，小于96%的，扣2分；小于90%的，扣3分。

注3：巩固率大于等于99%，小于99.5%的，扣1分；大于等于98%，小于99%的，扣2分；小于98%的，扣3分。

考核人签名：

考核日期：

附件 3：

共青科技职业学院辅导员、班主任工作考核学生评价表

辅导员姓名：　　　　　　　　所属学院（盖章）：

评价项目	评价内容	学生评分
德 （20 分）	1. 政治素质高，引导学生进步。（4 分）	
	2. 品德修养好，为人师表。（4 分）	
	3. 考虑问题能从全局出发，正确处理各方面的关系。（4 分）	
	4. 处理问题能把握公平、公正原则，廉洁自律，无违反“六严禁”行为。（4 分）	
	5. 具有强烈的责任感和奉献精神。（4 分）	
能 （20 分）	1. 语言表达能力强，善于与学生交流沟通。（4 分）	
	2. 组织能力强，能对学生进行有效管理，处理好学生事务。（4 分）	
	3. 洞察力强，能及时发现学生中存在的问题。（4 分）	
	4. 能全面分析问题并使问题得到圆满解决。（4 分）	
	5. 创造力强，能生动活泼地开展学生工作。（4 分）	
勤 （30 分）	1. 工作积极主动，经常深入学生寝室，关心学生的学习和生活。（6 分）	
	2. 工作到位，能及时掌握学生思想状况，解决学生学习和生活中的实际困难。（6 分）	
	3. 坚持岗位，在学生需求时能得见其人。（6 分）	
	4. 能按时完成上级的各项工作部署。（6 分）	
	5. 主动思考学生工作中遇到的问题，在理论学习和实践工作中探索。（6 分）	
绩 （30 分）	1. 学风建设有成效，学生中养成良好的学习风气和科研氛围，有优良考风和成绩表现。（6 分）	
	2. 培养出一支优秀的学生干部队伍，党团组织出色，在校各项评比活动中成绩优良。（6 分）	
	3. 校园文化建设有成效，形成良好的文化氛围。（6 分）	
	4. 学生工作有创新，能够形成新思路，新经验。（6 分）	
	5. 积极参与学生工作研究，并形成科研成果。（6 分）	
合 计		

共青科技职业学院学生工作部　制

附件 4：

共青科技职业学院辅导员、班主任学工处（部）年度考核表

序号	学院	姓名	所带班级	思想引领分（30 分）					服务学生成长成才（25 分）				学生行为养成（10分）	安全教育（15分）	工作作风（10分）	工作论文或案例（10分）	总分	备注
				主题教育（5 分）	树典型，鞭策后进（5 分）	正能量宣传（5 分）	诚信感恩教育（5 分）	精准帮扶（10 分）	学风建设（10 分）	学生奖助（5 分）	宿舍管理（5 分）	第二课堂（5 分）						

注：1. 辅导员、班主任考核以辅导员、班主任年终工作总结的内容为主，对照打分，并结合学工处（部）平时的考核综合评定；

2. 学生行为养成　学工处（部）每通报 1 人次扣 0.5 分；

3. 安全教育：班级每发生一起安全隐患，扣 1 分；

4. 班级有安全事故和辅导员、班主任工作作风有问题实行一票否决制，不能参与评优；

5. 每个辅导员、班主任必须上交一篇辅导员工作论文或工作案例（论文必须与思政工作相关），未上交，作零分处理；抄袭、雷同，同样处理。

学工处（部）制

附件 5：

共青科技职业学院辅导员、班主任年度工作考核汇总表

序号	学院	姓名	所带班级	任职时长	个人自评（10 分）	学生评价（20 分）	学院考评（30 分）	学生处（部）考评(40 分）	总分	评定等级	备注

附件 6：

共青科技职业学院优秀辅导员、班主任推荐审批表

学院：________________　　　　　　　　　　　　填表日期：______年____月____日

<table>
<tr><td>姓　名</td><td></td><td>性　别</td><td colspan="2"></td><td>出生年月</td><td></td></tr>
<tr><td>政治面貌</td><td></td><td>文化程度</td><td colspan="2"></td><td>所带班级</td><td></td></tr>
<tr><td colspan="2">所带学生人数</td><td>人</td><td colspan="2">学生年平均到课率</td><td colspan="2">%</td></tr>
<tr><td colspan="2">所带班级学生违纪受处分人数</td><td>人</td><td colspan="2">所带班级学生欠费率</td><td colspan="2">%</td></tr>
<tr><td rowspan="3">辅导员、班主任个人获奖、科研等情况</td><td>辅导员、班主任个人获奖情况</td><td colspan="5"></td></tr>
<tr><td>科研成果（与学生工作有关）</td><td colspan="5"></td></tr>
<tr><td>业务学习情况（校外会议、培训、进修）</td><td colspan="5"></td></tr>
<tr><td rowspan="2">辅导员、班主任所带班级学生获奖情况</td><td>集体获奖（校级及以上）</td><td colspan="5"></td></tr>
<tr><td>学生个人获奖（省级及以上）</td><td colspan="5"></td></tr>
<tr><td colspan="2">学生评价得分</td><td colspan="2"></td><td colspan="2">学院考评得分</td><td></td></tr>
</table>

续表

主要事迹简介	
学院考核意见	签名（盖章）： 年　月　日
学校意见	签名（盖章）： 年　月　日

学工处（部）制

参 考 文 献

[1]. 马纪岗 . 大学生入学教育 [M] . 北京：北京理工大学出版社，2018.

[2]. 刘学 . 大学生入学教育 [M] . 北京：人民邮电大学出版社，2011.

[3]. 马纪岗 . 大学生安全法制教育 [M] . 北京：北京理工大学出版社，2018.

[4]. 张敏 . 大学生入学教育教材：大学新生 [M] . 北京：中国水利水电出版社，2014.